प्रबंधन के गुरुमंत्र

सुरेश कांत

जन्म : 16 जून, 1956, ***गाँव*** : करौदा-हाथी, ***जिला*** : मुजफ्फरनगर, उत्तर प्रदेश।

शिक्षा : दिल्ली विश्वविद्यालय से प्रथम श्रेणी में एम. ए. (हिंदी); राजस्थान विश्वविद्यालय, जयपुर से पत्रकारिता में स्नातकोत्तर डिप्लोमा और पी-एच.डी.। 'प्राचीन भारत में बैंकिंग का स्वरूप और शब्दावली' विषय पर डी.लिट्. के लिए शोधरत।

प्रकाशन : ***उपन्यास*** : *धम्मं शरणम्* (पुरस्कृत), *युद्ध, जीनियस, नवाब साहब, कनीज;* ***कहानी*** : *उत्तराधिकारी, गिद्ध, क्या आप एस.सी. दीक्षित को जानते हैं ?;* ***नाटक*** : *रजिया, प्रतिशोध, विदेशी आया, गवाही, कौन ?* ***व्यंग्य*** : *ब से बैंक* (पुरस्कृत), *अफसर गए बिदेस* (पुरस्कृत), *पड़ोसियों का दर्द, बलिहारी गुरु* (पुरस्कृत), *अर्थसत्य;* ***बाल साहित्य*** : *कुट्टी, रोटी कौन खाएगा, चलो चाँद पर घूमें, भाषण बाबू, भैंस का अंडा, विश्व-प्रसिद्ध बाल कहानियाँ (पाँच भाग);* ***आलोचना*** : *हिंदी गद्य लेखन में व्यंग्य और विचार;* ***अन्य*** : *प्रबंधन के गुरुमंत्र, कुशल प्रबंधन के सूत्र, सफल प्रबंधन के गुर, आदर्श प्रबंधन के सूक्त, उत्कृष्ट प्रबंधन के रूप, बैंकों में हिंदी का प्रयोग, इन्साइक्लोपीडिक डिक्शनरी ऑफ बैंकिंग एंड रिलेटिड टर्म्स* (शीघ्र प्रकाश्य) आदि।

दैनिक 'अमर उजाला कारोबार' में हर रविवार को प्रकाशित होने वाला उनका साप्ताहिक व्यंग्य-कॉलम *अर्थसत्य* और हर मंगलवार को प्रकाशित होनेवाला साप्ताहिक *प्रबंधन-कॉलम* बहुत चर्चित हुए हैं।

नुक्कड़ व्यंग्य-नाटक *विदेशी आया* के 100 से भी ज्यादा प्रदर्शन।

सम्मान : साहित्य कला परिषद् (दिल्ली), हिंदी अकादमी (दिल्ली), उ. प्र. हिंदी संस्थान (लखनऊ) के पुरस्कार।

आवरण : नरेन्द्र श्रीवास्तव

विख्यात ग्राफिक डिजायनर। कुछ समय अध्यापन के उपरांत इस समय स्वतंत्र कार्य। 1972 में नेहरू फेलोशिप से विभूषित। भारत और पेरिस में साथ-साथ कार्य किया। हिंदी टाइपोग्राफी पर शोध, देवनागरी के अक्षरों और 'ओ३म' का रचनात्मक अंकन। कई संस्थाओं व विख्यात डिजायनर्स के लिए प्रतीक-रचना।

प्रबंधन के गुरुमंत्र

सुरेश कांत

समझदार पेपरबैक्स
राधाकृष्ण

पहला पुस्तकालय संस्करण
राधाकृष्ण प्रकाशन प्राइवेट लिमिटेड द्वारा
2005 में प्रकाशित

राधाकृष्ण पेपरबैक्स में
पहला संस्करण : 2007
पहली आवृत्ति : 2012

राधाकृष्ण पेपरबैक्स : उत्कृष्ट साहित्य के जनसुलभ संस्करण

राधाकृष्ण प्रकाशन प्राइवेट लिमिटेड
7/31, अंसारी रोड, दरियागंज
नई दिल्ली-110 002
द्वारा प्रकाशित

शाखाएँ : अशोक राजपथ, साइंस कॉलेज के सामने, पटना-800 006
पहली मंजिल, दरबारी बिल्डिंग, महात्मा गांधी मार्ग, इलाहाबाद-211 001

वेबसाइट : www.radhakrishnaprakashan.com
ई-मेल : info@radhakrishnaprakashan.com

बी.के. ऑफसेट
नवीन शाहदरा, दिल्ली-110 032
द्वारा मुद्रित

मूल्य : ₹ 125

आवरण : नरेन्द्र श्रीवास्तव

PRABANDHAN KE GURUMANTRA
by Suresh Kant

ISBN : 978-81-8361-140-4

प्रिय मित्र डॉ. रमाकांत शर्मा को
जिनसे मुझे जिंदगी में
न जाने कितने बहुमूल्य मंत्र
बिना मूल्य मिले

क्रम

निर्णयकारिता

भूमिका : क्या, कैसे और किसके लिए

आज से लगभग चार साल पहले हिंदी के पहले बिजनेस-डेली 'अमर उजाला कारोबार' के प्रकाशन के साथ हिंदी की व्यावसायिक पत्रकारिता के क्षेत्र में एक क्रांति हुई थी। उसके खूबसूरत कलेवर, पेशेवराना प्रस्तुति और उच्चस्तरीय सामग्री ने मुझे भी उसके साथ बतौर लेखक जुड़ने के लिए प्रेरित किया। और तब से उसमें हर मंगलवार को प्रकाशित होनेवाले अपने कॉलम में मैं प्रबंधन के विभिन्न पहलुओं पर नियमित रूप से लिखता रहा।

एक विषय के रूप में प्रबंधन की ओर मेरा झुकाव रिज़र्व बैंक में अपनी कानपुर-पोस्टिंग के दौरान अपने कार्यालय-अध्यक्ष श्री केवल कृष्ण मुदगिल की प्रेरणा से हुआ। बाद में कानपुर से दिल्ली आने पर दिल्ली-कार्यालय के अध्यक्ष श्री सैयद मुहम्मद तक़ी हुसैनी ने मुझे नया कुछ करने की प्रेरणा दी, तो मेरा ध्यान प्रबंधन पर लिखने की तरफ ही गया। हिंदी में इस तरह के लेखन का नितांत अभाव था और 'हिंदीवाला' होने के नाते मैं इस अभाव की पूर्ति करना अपना कर्तव्य भी समझता था। लिहाजा मुदगिल जी और हुसैनी साहब जैसे हितैषियों की प्रेरणा, अपने कर्तव्य-बोध और 'कारोबार' के प्रकाशन की शुरुआत—इन तीनों ने मुझे इस विषय पर लिखने की राह पर डाल दिया।

प्रबंधन मेरी नजर में आत्म-विकास की सतत प्रक्रिया है। अपने को व्यवस्थित-प्रबंधित किए बिना आदमी दूसरों को व्यवस्थित-प्रबंधित करने में सफल नहीं हो सकता, चाहे वे दूसरे लोग घर के सदस्य हों या दफ्तर अथवा कारोबार के। इस प्रकार आत्म-विकास ही घर-दफ्तर, दोनों की उन्नति का मूल है। इस लिहाज से देखें, तो प्रबंधन का ताल्लुक कंपनी-जगत के लोगों से ही नहीं, मनुष्य मात्र से है। वह इंसान को बेहतर इंसान बनाने की कला है, क्योंकि बेहतर इंसान ही बेहतर कर्मचारी, अधिकारी, प्रबंधक या कारोबारी हो सकता है। प्रबंधन पर लिखते समय मेरे ध्यान में यह पूरा लक्ष्य-समूह रहता है और मैं अखबार से मिलनेवाले फीडबैक तथा पाठकों से सीधे प्राप्त होने वाली प्रतिक्रियाओं के आधार पर कह सकता हूँ कि मैं प्रबंधन को हिंदीभाषी छात्रों, अध्यापकों, शोधार्थियों, कारोबारियों और कर्मचारियों-अधिकारियों-प्रबंधकों के बीच ही नहीं, इस विषय से सीधा संबंध न रखनेवाले आम आदमी के बीच भी लोकप्रिय बनाने में कामयाब रहा हूँ।

इस व्यापक लक्ष्य-समूह को मद्देनजर रखते हुए और साथ ही प्रबंधन की विभिन्न

अवधारणाओं को समझने में हो सकनेवाली गफलत की आशंका को दूर करने के उद्देश्य से भी, मैंने हिंदी के साथ-साथ अंग्रेजी के शब्दों का भी बहुतायत से प्रयोग किया हे और इसके लिए 'यानी'वाली शैली अपनाई है, जैसे अंतःक्रिया यानी इंटरएक्शन, प्रत्यायोजन यानी डेलीगेशन, कल्पना यानी विजन आदि। जहाँ हिंदी के शब्द अप्रचलित और क्लिष्ट लगे, वहाँ मैंने केवल अंग्रेजी के शब्दों का प्रयोग करने से भी परहेज नहीं किया। शुद्धतावादी इससे कुछ परेशान हो सकते हैं, पर हिंदी को जीवंत और रवाँ बनाए रखने के लिए यह जरूरी था। मैं शुद्धतावादियों का खयाल रखता या अपने पाठकों और अपनी हिंदी का? शुद्धतावादियों की जानकारी के लिए बता दूँ कि खुद 'हिंदी' शब्द विदेशी है। और भी ऐसे अनेक शब्द, जिनके बारे में हम सोच भी नहीं सकते कि वे हिंदी के नहीं होंगे, हिंदी के नहीं हैं। कागज, कलम, पेन, कमीज, कुर्ता, पाजामा, पैंट, चाकू, चाय, कुर्सी, मेज, बस, कार, रेल, रिक्शा, चेक, ड्राफ्ट, कामरेड, दफ्तर, फाइल, बैंक आदि में से कोई अंग्रेजी का शब्द है, तो कोई अरबी, फारसी, तुर्की, रूसी, जापानी आदि में से किसी का। और ऐसे शब्दों की एक लम्बी सूची है। असल में यह हिंदी की ताकत है, कमजोरी नहीं।

लेखों में अनेक देशी-विदेशी प्रबंधन-गुरुओं, विद्वानों, शास्त्रियों, व्यावसायिक सलाहकारों, कार्यपालकों आदि के उद्धरण मिलेंगे; यह ज्ञान बघारने या बोझ से मारने के लिए नहीं, बात को स्पष्ट करने और प्रामाणिक बनाने के लिए है।

अशोक महेश्वरी जी ने जब मुझे पत्र लिखकर सूचित किया कि वे 'कारोबार' में मेरे लेख नियमित रूप से पढ़ रहे हैं और उनसे स्वयं उन्हें भी बहुत लाभ पहुँचा है, तो मेरे उत्साह की कोई सीमा न रही। अब वे उन्हें पुस्तक-रूप में छापने का दायित्व भी उठा रहे हैं। हरीश आनंद जी ने भी अनेक महत्त्वपूर्ण सुझाव देकर मेरी सहायता की है। उनके द्वारा सुनाया गया किस्सा मुझे अब तक याद है और वह यह कि एक व्यक्ति ने अपने हाथों में पकड़े एक पक्षी को पीठ पीछे ले जाते हुए अपने मित्र से पूछा— बताओ, यह पक्षी मरा हुआ है या जिंदा? मित्र ने झट से कहा—ऑप्शन तुम्हारे पास है, क्योंकि अगर मैं कहूँगा कि जिंदा है, तो तुम पीछे ही इसकी गर्दन मरोड़कर मुझे दिखा सकते हो; और मैं कहूँ कि मरा हुआ है, तो जिंदा तो तुम इसे दिखा ही दोगे। इसी की तर्ज पर मैं भी यह कहना चाहता हूं कि प्रबंधन एक ऐसी विद्या है, जिसके द्वारा हम अपने व्यक्तित्व, घर-परिवार, दफ्तर और कारोबार—सबकी काया पलट सकते हैं और उन्नति के मार्ग पर अग्रसर हो सकते हैं। हम ऐसा करें या नहीं, यह विकल्प हमारे अपने हाथ में है।

अंत में, जिस-जिससे भी मुझे अपने इस प्रयास में सहायता मिली, उन सबके प्रति मैं शायर के इन शब्दों में आभार व्यक्त करता हूँ :

नशेमन पे मेरे एहसान सारे चमन का है,
कोई तिनका कहीं का है, कोई तिनका कहीं का है।

—सुरेश कांत

व्यक्तित्व-विकास

अपनी क्षमताएँ पहचानिए

आपने उस छोटी चिड़िया की कहानी तो सुनी ही होगी, जो खुद को बदसूरत मानते-मानते इस कदर आत्मविश्वासहीन हो गयी कि अपनी बोली भी भूल गयी। एक दिन अचानक उसने साफ जल में खुद को देखा, तो महसूस किया कि वह अब छोटी चिड़िया नहीं, बल्कि एक खूबसूरत हंस हो चुकी है। खुद को पहचान कर वह इतनी खुश हुई कि उसके मुँह से उसकी स्वाभाविक बोली निकल पड़ी। और वह सिंह-शावक, जो परिस्थितिवश भेड़ों के बीच पला-बढ़ा और खुद को भेड़ का मेमना ही समझने लगा, उन्हीं की तरह व्यवहार करने लगा! एक शेर ने जब उसे जबरन पकड़कर नदी के पानी में उसके अपने रूप का दर्शन कराया, तब कहीं उसके मुँह से मिमियाहट के बजाय दहाड़ निकली।

किसी एक काम में विफलता का मतलब सारे रास्ते बंद हो जाना नहीं है

खुद को पहचानिए

कहीं आप तो अपने को उस चिड़िया की तरह नहीं समझते? उस सिंह-शावक की तरह अपने असली रूप को भुला तो नहीं बैठे? अगर हाँ, तो अपने को पहचानने की कोशिश करें। आपके भीतर भी कोई हंस, कोई सिंह छिपा है, जो बाहर आने को बेताब है।

कई युवक ऐसे हैं, जो आत्महीनता के शिकार होकर अपना बहुमूल्य समय इसी चिंता में गँवा देते हैं कि वे समझदार नहीं हैं। अगर किसी परीक्षा में अपेक्षित अंक नहीं मिले, तो वे खुद को बेवकूफ मानकर कुंठित होना शुरू कर देते हैं, जबकि सच्चाई

यह है कि यदि कोई पढ़ाई में अच्छा नहीं है, तो इसका यह अर्थ बिल्कुल नहीं कि वह किसी और क्षेत्र में सफल हो ही नहीं सकता। हो सकता है कि उसमें एक सफल राजनीतिज्ञ, व्यापारी, उद्यमी या सैनिक अधिकारी बनने की संभावनाएं छिपी हों! आपको भी सिर्फ अपने अंदर छिपी संभावनाएँ पहचाननी हैं और फिर उसी क्षेत्र में कुशलता प्राप्त करनी है।

कार्य में कुशलता ही योग है

गीता में भी कहा गया है कि 'योगः कर्मसु कौशलम्' यानी अपने क्षेत्र में कुशलता हासिल करना ही वास्तविक योग है। आपको एक किस्सा बताता हूं। जब मैं दिल्ली में था, तो दफ्तर जाते समय एक मोची से अपने जूते पॉलिश कराता था। निरीह सा दिखनेवाला वह मोची मुझसे पूछता, 'के टेम होया हुजूर?'

एक दिन मेरे साथ मेरे एक मित्र भी थे, जिन्होंने बातचीत के दौरान अपने जूतों की चरमराहट का जिक्र किया। यह सुनकर उस मोची ने उच्च गुणवत्ता के चमड़े और जूते बनाने की प्रक्रिया पर ऐसा भाषण दिया कि हम लोग दंग रह गये। बेचारगी टपकाते उस शख्स के अंदर भी कम से कम एक क्षेत्र में निपुणता का आत्मविश्वास था और फिर किसी भी समाज में एक मोची का भी उतना ही महत्त्व है, जितना एक लुहार, प्रबंधक या दार्शनिक का। आपको यह कभी नहीं मानना चाहिए कि चूँकि आप किसी क्षेत्र-विशेष में नहीं हैं, इसलिए आप दूसरी श्रेणी के इनसान हैं। हाँ, यदि आपको कभी जूते बनाने का ही काम करना पड़े, तो कोशिश करें कि आपको सड़क के किनारे न बैठना पड़े। कोशिश करें कि आपकी खुद की दुकान हो और एक निर्माण-इकाई भी। इसके लिए आपको सही तरीका भी ढूँढ़ना होगा। अपनी योजना किसी बैंक को सौंपें और यदि आपकी योजना सही हुई, तो कोई वजह नहीं कि बैंक आपको अपनी इकाई शुरू करने के लिए ऋण न दे।

संस्कृत का एक श्लोक है :

अमंत्रण अक्षरं नास्ति
नास्ति मूलं अनौषधम्
अयोग्य पुरुषो नास्ति
योजका तत्र दुर्लभः।

अर्थात् वर्णमाला में ऐसा कोई अक्षर नहीं, जिसका उपयोग मंत्रोच्चारण में न हो पाए, न ही कोई ऐसी जड़ी है, जिसमें औषध के गुण न हों। इसी तरह कोई मनुष्य भी ऐसा नहीं हो सकता, जो अक्षम हो—सिर्फ एक आयोजक मिलना मुश्किल होता है, जो अक्षर को मंत्र में प्रयुक्त कर ले, जड़ी को औषधि के रूप में इस्तेमाल कर ले और व्यक्ति-विशेष को उसकी क्षमताओं से परिचित करा दे।

आज के युग में काम की असीम संभावनाएँ हैं, फिर भी युवा वर्ग हतोत्साहित नजर आता है। मैं एक ऐसे युवक को जानता हूँ, जिसे बारहवीं कक्षा में 82 फीसदी अंक लाने के बावजूद मेडिकल में प्रवेश नहीं मिल सका था। वह इस कदर निराश हुआ कि उसने एक हफ्ते तक कुछ खाया-पिया नहीं और बस, अपने कमरे में बंद पड़ा रहा। लेकिन फिर वह अपनी निराशा से उबर गया और आज वह एक उद्योगपति है, जो डिस्पोजेबल सीरीज बनाता है। वह न सिर्फ खुश है, बल्कि उसकी आय कई डॉक्टरों से ज्यादा है।

परीक्षाएँ व्यक्तित्व की जाँच नहीं कर पातीं

याद रखिए, परीक्षाएँ सिर्फ यह जाँच पाती हैं कि एक छात्र की याद रखने की क्षमता कितनी है, वह पुस्तकों की सहायता के बिना प्रश्नपत्र में पूछे गये कितने प्रश्नों के उत्तर दे सकता है। यह सही है कि परीक्षा में अच्छे अंक प्राप्त करने के लिए अच्छी याददाश्त का होना जरूरी है, पर यह कहना सही नहीं है कि सिर्फ अच्छे अंक प्राप्त करनेवाला छात्र ही जिंदगी में सफल हो सकता है।

थामस अल्वा एडीसन की विधिवत शिक्षा मात्र कुछ महीने ही हो पायी थी और शिक्षक उन्हें 'कूढ़ मगज' कहते थे। अल्बर्ट आइंस्टीन दसवीं की समकक्ष एक परीक्षा में अनुत्तीर्ण हो गये थे।

येल्लप्रगदा सुब्बाराव भी दसवीं की परीक्षा में दो बार अनुत्तीर्ण हुए थे। इसी बीच उनके पिता की मृत्यु हो गयी। उनकी माता ने उसके हाथ में कुछ पैसे रखते हुए कहा था, 'सुब्बू, यह राजमुंदरी जाने का किराया और परीक्षा की फीस है।' सुब्बाराव की परीक्षा का केंद्र राजमुंदरी था। आश्चर्य में डूबकर सुब्बाराव ने पूछा कि आखिर ये पैसे आये कहाँ से? 'मैंने अपने गहने बेच दिये,' माँ का जवाब था।

सुब्बाराव आज तक यही समझते आये थे कि उनकी माँ उनके साथ कठोर बरताव करती है। जिंदगी में पहली बार उन्होंने माँ का प्यार महसूस किया था। अब वे सिर्फ अपनी माँ की खुशी के लिए उत्तीर्ण होना चाहते थे। तीसरी कोशिश में वे सफल हो भी गये, पर फिर इंटर तक पहुँचते-पहुँचते वे इतनी गरीबी देख चुके थे कि उन्होंने रामकृष्ण मिशन जाकर संन्यास लेने की मंशा जाहिर की। वहाँ उन्हें लोगों का कष्ट दूर करने के लिए चिकित्सा की पढ़ाई करने का सुझाव दिया गया, जो उन्हें पसंद आया, परंतु बदकिस्मती से अंतिम परीक्षा में उन्हें शल्य-विज्ञान में अपेक्षित अंक नहीं मिले और एमबीबीएस की डिग्री की जगह उन्हें एलएमएस का प्रमाणपत्र दिया गया। इस बीच उनके भाई की भी 'ट्रॉपिकल स्प्रू' नामक बीमारी से मृत्यु हो गयी।

जो चल पड़ा, सो पहुँच गया

भाई की मृत्यु से वे इतने विचलित हो गये कि उन्होंने इसका इलाज ढूँढ़ने के लिए कमर कस ली। वर्षों तक अमेरिका में अध्ययन, अनुसंधान करते-करते आखिरकार उन्होंने इसकी दवा ढूँढ़ ही ली। बाद में सुब्बाराव लेडरले लेबोरेटरीज के अनुसंधान निदेशक बने।

ये सारे उदाहरण क्या दर्शाते हैं? यही कि एक लक्ष्य को सामने रखकर काम करनेवाला व्यक्ति किस तरह अपनी धुन में चलता हुआ आखिरकार मंजिल तक पहुँच ही जाता है।

पर हाँ, ऐसा लक्ष्य निर्धारित करने की भूल न करें, जिसे पाना असंभव हो। मसलन, यदि कोई चिड़िया की तरह उड़ने का लक्ष्य निर्धारित कर ले, तो तय है कि वह औंधे मुँह जमीन पर आकर गिरेगा। इसलिए जब लक्ष्य निर्धारित करें, तो पूरी ईमानदारी से खुद से पूछें, 'क्या मैं अपने लक्ष्य में सफल हो सकता हूँ?' यदि जवाब सकारात्मक हो तो फिर देखें कि सफलता पाने के लिए आपकी तैयारी क्या है। ऐसा न हो कि आपने लक्ष्य तो निर्धारित कर लिया, उसे पाने में आप सक्षम भी हैं, पर उसे पाने की दिशा में आपका प्रयास अधूरा रह जाए। यदि प्रयास में कमी है तो इसका साफ मतलब है कि आपकी अपने लक्ष्य में पूरी रुचि नहीं है। वरना कहने को तो छः साल का बच्चा भी कह देता है कि 'मैं पापा की तरह डॉक्टर बनूँगा', या 'चाचा की तरह इंजीनियर बनूँगा'।

जब न्यूटन से पूछा गया कि गुरुत्वाकर्षण के नियम के आविष्कार में उन्हें सफलता कैसे मिली, तो न्यूटन का जवाब था, 'मैं हमेशा इसके बारे में ही सोचता था।'

तो फिर तय किया आपने कि आपकी जिंदगी का लक्ष्य क्या होना चाहिए?

भाग्यशाली बनने के लिए भाग्य के भरोसे न बैठें

पिछले बीस वर्षों में मैंने सैकड़ों स्त्री-पुरुषों से यह बात पूछी होगी कि भाग्यवान लोग आखिर ऐसा क्या करते हैं, जो अभागे नहीं कर पाते? उनके जवाबों से मैं इस नतीजे पर पहुँचा हूँ कि पाँच बातें ऐसी हैं, जो भाग्यवानों और अभागों में अंतर कर देती हैं। लोग उन बातों को अपनी रोजमर्रा की जिंदगी में उतार लें तो उनकी किस्मत बदल जाए। ये पाँच बातें इस प्रकार हैं :

दोस्ती का दायरा बढ़ाइए

आम तौर पर भाग्यशाली लोग वही होते हैं, जिनके बहुत सारे दोस्त हों और जिनकी अच्छी-खासी जान-पहचान हो। ऐसे लोग बहुत मिलनसार होते हैं। दोस्ती बनाने और बढ़ाने के लिए तकलीफ उठाने में उन्हें हिचक नहीं होती। वे अपरिचितों से भी बात कर लेते हैं; सबके साथ हिल-मिल जाना, हँसी-खुशी में शामिल हो जाना, स्वागत-सत्कार करना उनके सहज गुण होते हैं।

भाग्यशाली होने की पात्रता भी सिद्ध करनी पड़ती है

पेंसिलवानिया के मनोचिकित्सक डॉ. स्टीफन बारट की स्पष्ट धारणा है कि भाग्यवान लोग खुद तो दोस्त बनाना-बढ़ाना जानते ही हैं, उनमें यह आकर्षण भी होता है कि दूसरे खुद-ब-खुद उनसे दोस्ती करने चले आएँ। बारट ने इस गुण को 'संवाद-क्षेत्र' नाम दिया है। उनका विश्वास है कि चेहरे के हाव-भाव, आवाज का उतार-चढ़ाव, शब्दों का चुनाव, आँखों की भाषा, अंगों का

संचालन आदि सभी कुछ मिलाकर इस संवाद-क्षेत्र का निर्माण करते हैं और इन गुणों से संपन्न लोग दूसरों की नजर में आसानी से आ जाते हैं। आपकी दोस्ती का दायरा जितना विस्तृत होगा, जिंदगी में स्वर्णिम अवसर हाथ लगने की उतनी ही संभावना रहेगी।

अंतःप्रेरणाओं पर उचित ध्यान दीजिए

आपके मन में अंतःप्रेरणाएँ बेवजह नहीं आतीं। ये मानसिक स्फूर्तियाँ किन्हीं तथ्यों के आधार पर बनती हैं, जिन्हें आपके मस्तिष्क ने सही ढंग से देखा, परखा और गुना है और तभी कोई राय कायम की है। इन तथ्यों की ओर आपका ध्यान प्रकटतः नहीं गया होता है। आपके अवचेतन ने उन्हें देखा, सुना और समझा होता है।

विश्व के होटल-व्यवसाय का एक दिग्गज नाम है कॉनराड हिलटन। उनकी ऐतिहासिक सफलता का बहुत-कुछ श्रेय उनकी सुदृढ़ अंतःप्रेरणाओं को दिया जा सकता है। एक बार वह शिकागो में एक पुराना होटल खरीदनेवाले थे। होटल के मालिक का कहना था कि जो भी खरीददार सबसे ऊँचे दाम का टेंडर देगा, वह उसी को होटल बेच देगा। सभी ने अपने प्रस्ताव सीलबंद लिफाफों में प्रस्तुत किये। एक निश्चित तिथि को उन्हें खोला जाना था।

हिलटन ने अपने प्रस्ताव में होटल का दाम 1,65,000 डॉलर लगाया था, लेकिन उस रात वह ठीक से सो नहीं सके। बार-बार उन्हें यही लगता रहा कि उन्होंने कहीं कोई गलती कर दी है और टेंडर उनके नाम नहीं खुलेगा। बाद में उन्होंने बताया भी, 'मुझे कुछ जम नहीं रहा था।' अपनी इस अंतःप्रेरणा के भरोसे उन्होंने दूसरा प्रस्ताव भेजा। इसमें उन्होंने होटल का मूल्य लगाया था 1,80,000 डॉलर। निश्चित तिथि को सभी प्रस्ताव खोले गये। हिलटन का प्रस्ताव सबसे ऊँचा था। होटल उन्हें मिल गया। दूसरे नंबर के खरीददार का प्रस्ताव 1,79,00 डॉलर का था, यानी सिर्फ 1,000 डॉलर कम।

हिलटन की पुरानी धारणा क्यों बदली और कैसे उन्हें नयी का ध्यान आया, इसकी कोई प्रत्यक्ष वजह नहीं हो सकती, लेकिन यह विचार यों ही आ गया हो, ऐसा भी नहीं। मन की परतों में कहीं अनुभवों का खजाना अपना काम करता चल रहा था। अपनी युवावस्था में उन्होंने टेक्सास में पहला होटल खरीदा था, तब से होटल-व्यवसाय संबंधी उनका ज्ञान निरंतर बढ़ रहा था। यही वजह थी कि शिकागोवाले होटल की कीमत लगाते वक्त उनके मन में अपने प्रतिद्वंद्वियों का ध्यान रहा होगा। कई तरह के तथ्य, जो दिमाग के कोनों में पड़े थे, एक जगह आकर जमा हो गये होंगे। दिमाग के अंदर ही अंदर अप्रकट रूप से कंप्यूटर चलने लगा होगा। इसी अप्रत्यक्ष कंप्यूटर ने चेतन मस्तिष्क को नतीजा निकालकर दे दिया होगा, 'सावधान ! तुम्हारे अनुमान में बड़ी गलती बाकी रह गयी।' उन्होंने इस

चेतावनी से लाभ उठाया और सभी जानते हैं कि उनका निर्णय कितना सही साबित हुआ।

दिलेर बनिए

भाग्यवान लोग दिलेर होते हैं। अपवाद की बात अगर छोड़ दें तो डरपोकों में से शायद ही कोई भाग्यशाली मिले। संभवतः सौभाग्य के साथ साहस भी स्वतः आ जाता है, लेकिन साहस सौभाग्य की राह सहज ही खोल सकता है, इसमें संदेह नहीं।

कहावत है कि 'लीक छोड़ तीनों चलें—शायर, सिंह, सपूत'। बंधी-बंधाई लीक छोड़कर नये रास्ते अपनाने में झिझकिए मत। कभी कोई सुअवसर हाथ आता लगे तो हिम्मत के साथ उसे स्वीकार कीजिए। लेकिन ध्यान रखिए, दिलेरी और दुस्साहस में अंतर है। किसी ऐसी योजना पर अपना सर्वस्व लगा देना, जो भव्य नजर आती हो, पर जिसमें सबकुछ खत्म हो जाने का खतरा भी बना रहे, अविवेक है, हठ है। इसके विपरीत आपको किसी महत्त्वपूर्ण पद पर काम करने का अवसर मिल रहा है जिससे आप अपरिचित हैं और फिर भी आप उसे स्वीकार करने का साहस करते हैं, तो यह दिलेरी है।

नुकसान से बचिए

भाग्यशाली लोग ऐसी किसी स्थिति को दूर रखना जानते हैं, जो बद से बदतर बनानेवाली हो। यह तरकीब है तो आसान, लेकिन बहुत-से लोगों ने, खास तौर पर भाग्यहीनों ने, इसे सीखने की कभी कोशिश नहीं की। कोई नया काम शुरू करने पर जब वह बिगड़ने लगे, तो एक ऐसा समय अवश्य होता है, जब उसे छोड़ देने में कोई नुकसान न होता हो या हो भी तो नाममात्र का हो, लेकिन यह समय बहुत जल्दी सरक जाता है और जहाँ यह सरका, कठिनाइयों का शिकंजा आपके गिर्द तेजी से कसने लगता है। कभी कभी तो व्यक्ति इसी में सारी जिंदगी के लिए जकड़ा रह जाता है।

अपनी भूल स्वीकार कर लेना बड़ा मुश्किल होता है। 'मैंने गलती की,' इतनी छोटी-सी बात कहने में सीने पर से पहाड़ गुजरने लगता है। उस प्रयत्न को छोड़ने में तकलीफ होती है, जिसमें पैसा, श्रम, समय आदि लगा हो या जिसके प्रति कोई वादा किया गया हो, लेकिन फिर भी स्थिति बिगड़ने पर कम से कम नुकसान को ही गनीमत मानना चाहिए। शेयर-बाजार के धंधे में बड़े प्रखर व परम भाग्यशाली माने जानेवाले स्व. जेराल्ड लोब का कहना था, 'यह जान लेना कि कब क्या बेच देना है और उसे बेच देने की हिम्मत भी कर लेना, सफलता की आवश्यक शर्तों में से एक है।'

समस्याओं के लिए तैयार रहिए

भाग्यशाली लोग काम के धूमिल पक्ष की संभावनाओं को सदा ध्यान में रखते हैं। इस तरह वे खतरों के प्रति स्वयं को आगाह किये रहते हैं और उन्हें न्यूनतम रखने में सफल होते हैं। करोड़पति व्यापारी पॉल गेटी का कहना था, 'मैं कोई सौदा करता हूँ तो मेरा ध्यान सबसे पहले इस बात की तरफ जाता है कि अगर मामला बिगड़ गया तो मेरे बचाव का रास्ता क्या होगा।'

अच्छी किस्मतवालों के इस निराशावाद को मरफी के इस नियम के प्रकाश में अच्छी तरह समझा जा सकता है, 'अगर कोई चीज बिगड़ सकती है, तो यह मानकर चलिए कि वह अवश्य बिगड़ेगी।' इस गलतफहमी में हरगिज न रहिए कि सौभाग्य की कृपा आप पर सदा बनी रहेगी। सावधानी के दामन कभी मत छोड़िए।

भाग्यशाली स्त्री-पुरुष, भाग्यहीनों की अपेक्षा, खास तौर से यह मानकर चलते हैं कि किसी भी व्यक्ति की जिंदगी पूरी तरह से स्वयं उसके बस में नहीं होती। अगर आप इस भ्रम में रहेंगे कि सबकुछ आपके नियंत्रण में है, तो आप दुर्भाग्य के प्रति सचेत रहने की कभी नहीं सोचेंगे और बुरा समय आ गया तो उसका सही तरह से सामना करने का नैतिक साहस जुटाना मुश्किल हो जाएगा।

आम धारणा के अनुसार भाग्यशाली व्यक्ति वे हैं जिन पर सौभाग्य की कृपा है, लेकिन यह कृपा उन पर यों ही नहीं हो जाती। एक तो उन्हें स्वयं को इस लायक बनाना पड़ता है, अपनी पात्रता सिद्ध करनी होती है और दूसरे, वे यह कभी मानकर नहीं चलते कि उन पर सौभाग्य की दया-दृष्टि होगी ही। असल में, भाग्यशाली बनने के लिए भी भाग्य के भरोसे नहीं बैठा रहा जा सकता।

बुरी आदतें छोड़ने के लिए अच्छी आदतें डालिए

इस बार क्यों न कुछ ऐसा करें, जो हमारे भविष्य को खुशियों से भर दे—एक ऐसा काम, जिसे करने की इच्छा तो आपके मन में है, पर करने से डरते हैं। मेरा मतलब बुरी आदतें छोड़ने से है, जैसे धूम्रपान, नाखून चबाना, जरूरत से ज्यादा खाना और हर काम को अगले दिन पर टालना। इन बुरी आदतों को छोड़ने की वास्तविक कुंजी है—बदले में अच्छी आदतें डालना और इस प्रकार का परिवर्तन तो आप महीने भर में ला सकते हैं। प्रस्तुत हैं कुछ लाभकारी सुझाव :

मन कमजोर होने पर बुरी आदतें फिर से लगने का खतरा बना रहता है

शुभस्य शीघ्रम

इस काम को तुरंत शुरू कर दीजिए, क्योंकि जरा-सी भी देरी असफलता की शंका पैदा कर देगी। अलबत्ता पुरानी आदतें छोड़ने के लिए कोई त्योहाररहित महीना चुनिए। कारण, मेहमानों की आवाजाही और त्योहारों पर काम का तनाव बुरी आदतों को प्रोत्साहित करता है और उन्हें हम फिर शुरू कर देते हैं।

पहचानिए उस आदत को जिसे छोड़ना है

संता सिंह को शराब पीने की लत थी। एक दिन उसकी बीवी ने अखबार उसके सामने लहराते हुए कहा, 'लो देखो, इसमें शराबखोरी के कितने नुकसान गिनाये गये हैं।' संता सिंह ने अखबार लेकर पढ़ा और दृढ़ निश्चय के साथ बोला, 'बस, आज ही से बंद!' उसकी बीवी ने खुश होते हुए पूछा, 'शराब

पीना ही न?' संता सिंह ने स्पष्ट किया, 'नहीं, अखबार पढ़ना।'

कोई भी आदत सिर्फ इसलिए मत छोड़िए कि दूसरे लोग ऐसा चाहते हैं, वरना आप कभी सफल नहीं होंगे। आप सचमुच अपनी आदतें नहीं छोड़ना चाहते या केवल तर्क के आधार पर छोड़ना चाहते हैं, तो आपका अवचेतन मन इसे फिर पकड़ लेगा। तब आप कुछ भी नहीं कर पाएँगे और पुरानी आदतों से चिपके रहेंगे।

नरेश ने धूम्रपान सिर्फ इसलिए छोड़ने का फैसला किया कि उसके घरवाले ऐसा चाहते थे। वह स्वयं यह समझता था कि धूम्रपान छोड़ने से उसे परेशानी होगी, किसी काम में मन नहीं लग पाएगा या फिर वह उसे ठीक से नहीं कर पाएगा और जब उसने धूम्रपान छोड़ने के लिए अपने को तैयार करना शुरू किया तो एक ऐसे व्यक्ति को देखा, जो सिगरेट पीने के बावजूद एकदम स्वस्थ था। अंततः नरेश ने अनुभव किया कि असल में उसे अपने आलसीपन से छुटकारा पाने की जरूरत है। उसने सिगरेट तो नहीं छोड़ी, हाँ, एक व्यायामशाला जाना शुरू कर दिया।

नरेश के घरवाले तो उसके इस फैसले से खुश नहीं थे, लेकिन उसने जो कदम उठाया, वह बिलकुल सही था। अपनी जिस आदत को वह सच्चे मन से छोड़ना चाहता था, उसमें उसे सफलता मिलने की पूरी संभावना थी।

व्यायामशाला में महीने-भर तक जाने के बाद बेशक नरेश की कमर कई सेंटीमीटर कम हो गयी, पर उसके अंदर इतनी सहनशक्ति नहीं थी, जितनी उसके साथ व्यायाम करनेवाले अन्य लोगों में थी। एक दिन उनमें से एक व्यक्ति ने नरेश को समझाया, 'तुम धूम्रपान करते हो तो तुम्हारे अंदर सहनशक्ति होगी ही कैसे?' अंततोगत्वा नरेश में धूम्रपान छोड़ने की प्रवृत्ति जाग उठी।

उस आदत को भली भांति परखिए

कोई भी जान-बूझकर बुरी आदतें नहीं सीखता, ये आदतें तब पड़ जाती हैं, जब आप इनकी ओर से लापरवाह होते हैं। आपने एक दिन सिगरेट पी ली अथवा नाखून चबाना शुरू किया और अगले दिन देखते हैं कि हर समय वही करते रहते हैं। यह सब कब, क्यों और कैसे शुरू हुआ? अपनी बुरी आदतों से परिचित होने के बाद अपने-आपसे कुछ प्रश्न कीजिए। जवाब पाने के लिए समय दीजिए। आखिर आप एक रहस्य की गुत्थी सुलझा रहे हैं और वह यह कि आप-जैसा व्यक्ति अनचाहे ही इन बुरी आदतों के चक्कर में आ कैसे गया? अपने दैनिक कार्यकलाप शुरू करते समय एक कलम और कॉपी तैयार रखिए। सिगरेट या मिठाई की तरफ हाथ अपने-आप बढ़ने लगे तो अपनी कॉपी उठाइए और उन तमाम चीजों की सूची बना लीजिए, जो आपको इस ओर प्रवृत्त करती हैं। दिन का वह कौन-सा समय है? आप कहाँ हैं? किसके साथ हैं? प्रेरणा-स्रोत क्या है?

उषा ने अपना वजन घटाते समय यह सतर्कता बरती। उसे पता चला कि जब भी उसका बॉस कोई अप्रत्याशित माँग कर बैठता है या उसके बच्चे उसे तंग करते

हैं अथवा मियाँ-बीवी में किसी बात को लेकर कहा-सुनी होती है, तब उसे चॉकलेट खाने की तलब उठती है। उषा उसे मानसिक तनाव कम करने के लिए खाती थी, अर्थात् चॉकलेट उसके लिए सुकून पाने का साधन बन गयी थी।

मनोकामना से काम लें, इच्छाशक्ति से नहीं

आदतें तब पड़ती हैं, जब अवचेतन मन व्यक्ति के व्यवहार का संबंध सुख की अनुभूति, सांत्वना अथवा संतुष्टि से जोड़ देता है। फलतः आदतों के बिना व्यक्ति को भय और बेचैनी महसूस होती है। अवचेतन मन का संबंध विवेकशील मस्तिष्क से नहीं, भावना से जुड़ा होता है। मस्तिष्क कहता है, 'इस आदत से तुम अपनी जिंदगी बरबाद कर रहे हो,' परंतु अवचेतन मन इसे अनसुना कर देता है। वह उस आदत को छोड़ने से डरता है, जिससे विश्वसनीय रूप से तसल्ली मिलती है।

अवचेतन मन पर विवेकशील मस्तिष्क को थोपना प्रायः घाटे का सौदा रहता है। अनुभव बताता है कि कोई भी आदत छोड़ने के मामले में आम धारणा के विपरीत इच्छाशक्ति के बजाय मनोकामना अधिक प्रभावी होती है, क्योंकि यह अवचेतन मन को तसल्ली देने के लिए उसी कल्पनाप्रवणता का सहारा लेती है, जो उसे प्रायः आदत से प्राप्त होती है।

विकल्प खोजें

अपने अंदर अच्छी आदतें डालने की सोचेंगे तो पुरानी आदतें छोड़ पाना और आसान हो जाएगा, जैसे रत्न मिल जाने पर मुट्ठी में रखे कंकड़-पत्थर अनायास छूट जाते हैं। ऐसी स्थिति में आप किसी चीज से लंबे समय तक जुड़े रहने के बाद उससे वंचित होने के बजाय यह महसूस करेंगे कि जीवन में कोई बहुमूल्य वस्तु पा रहे हैं और नयी आदत यदि ऐसी हो, जिसका किसी पुरानी आदत से सामंजस्य न हो, तो और भी अच्छा।

एक बार में एक ही कदम उठाएँ

एक बार आदतों में परिवर्तन लाने की ठान ही ली है तो उसके लिए अपना लक्ष्य भी निर्धारित कर लीजिए। उसे यथार्थ रूप दीजिए और अपनी लक्ष्य-प्राप्ति की मनोकामना को काम करने दीजिए। बड़े काम को छोटे-छोटे खंडों में विभाजित करके चलिए।

लक्ष्य-प्राप्ति की कामना को अधिक प्रेरित करने के लिए अपने आपको पुरस्कृत कीजिए। उदाहरण के लिए, वजन घटानेवाला हर व्यक्ति हर एक किलो वजन कम करने के बाद किसी आहारेतर पुरस्कार का अधिकारी हो सकता है।

हिम्मत मत हारिए

सफलता पाने पर पुरस्कार तो मिलना ही चाहिए, लेकिन असफलता के लिए दंड की व्यवस्था नहीं होनी चाहिए। परिवर्तन-मास के दौरान यदि आपसे कोई भूल अथवा गलती हो जाए तो अपनी भर्त्सना मत कीजिए, न प्रयास ही छोड़िए। हां, भूल फिर दोहराई नहीं जानी चाहिए।

उषा एक दिन आइसक्रीम की दुकान पर पहुँच गयी। इसके बाद वह अपना वजन घटाने का इरादा ही त्याग देनेवाली थी, क्योंकि उसने सोचा कि वह अपने प्रयास में असफल रही है। पेंसलवानिया विश्वविद्यालय, फिलाडेलफिया के मनोवैज्ञानिक केली ब्राउन के शब्दों में उषा की यह प्रतिक्रिया वस्तुतः 'एटिट्यूड ट्रैप' यानी प्रवृत्तिगत छल है। उनका कहना है कि गलती करने के बाद स्वयं वह गलती नहीं, बल्कि उस पर होनेवाली हमारी प्रतिक्रिया हमें असफल बनाती है।

शुरू-शुरू में पुरानी आदत छोड़ने के मुकाबले उससे दूर रहना ज्यादा कठिन होता है, लेकिन जैसे-जैसे आप अपने नये स्वरूप को अधिक गहराई से पहचानना शुरू करेंगे, वैसे-वैसे उस व्यग्रता से जूझना भी आसान होता जाएगा, जिसने आपको सुखी, स्वस्थ और आत्मविश्वासी जीवन से वंचित कर रखा है। व्यक्ति के भीतर की यह नयी पहचान कि जिंदगी पर उसका नियंत्रण है, न कि वह स्वयं बुरी आदतों से नियंत्रित होता है—वह मूलमंत्र है जिसके बल पर खराब आदतों से सदा-सदा के लिए मुक्ति पायी जा सकती है।

जिन खोजा तिन पाइयाँ

क्या आप भी अपने सीमित व्यावसायिक जीवन के कीचड़ में फँसे सोच रहे हैं कि सफलता क्यों आपके हाथ आते-आते फिसल जाती है? व्यवसाय-विशेषज्ञों के पास आपके इस सवाल का जवाब है, लेकिन क्या आप उसे सुनने को तैयार हैं? अगर हाँ, तो सुनिए—सफलता आपको इसलिए धोखा दे जाती है क्योंकि अभी तक आपने विफलता का भरपूर स्वाद नहीं चखा है।

सफलता की रामबाण दवा

बहुत से व्यवसाय-विशेषज्ञ विफलता को सफलता की कड़वी मगर कारगर औषधि मानते हैं। इसका यह अर्थ नहीं कि जादुई ढंग से सफलता पाने की आशा में आप खुद को किसी आफत में झोंक दें; बल्कि इसका सीधा अभिप्राय यह है कि जो लोग स्वेच्छा से विफलता का जोखिम उठाते हैं और हानि से सीखने को तत्पर रहते हैं, उनके हर काम में सफल होने की संभावना सबसे प्रबल होती है। यदि आप बुरी तरह गिरे नहीं हैं, तो संभव है कि आप किनारे खड़े हों और गिरने के भय से बहुत कम खतरे उठा रहे हों। अच्छा, आपको स्कूल या प्यार में थोड़े धक्के लगे थे, लेकिन आपका इतनी विफलताओं से साबका नहीं पड़ा कि वे अर्थवान हो जाएँ।

विफल हुए बिना सफलता का आनंद नहीं लिया जा सकता है

विफलता की पहचान आसान है। 'आम तौर पर इसमें धन, आत्मसम्मान या पद की हानि होती है,' कैरोल हयात अपनी पुस्तक 'ह्वेन स्मार्ट पीपुल फेल' में लिखती हैं, 'संक्षेप

में कहा जाए तो अपनी इच्छा के अनुरूप न पाने को विफलता कहते हैं।' इसका यह मतलब नहीं कि लोगों को विपत्ति की कामना करनी चाहिए। लेकिन दुर्भाग्य का कड़वा घूंट एक कष्टप्रद किंतु प्रायः प्रभावी शिक्षक होता है। 'ह्वेन बैड थिंग्स हैपन टु गुड पीपुल' के लेखक रावी हैराल्ड कुश्नर के शब्दों में 'यह आपको आपकी शक्ति के ज्ञान के साथ-साथ आपकी सीमाओं से भी परिचित कराता है, जो परिपक्वता का महत्त्वपूर्ण अंग है।'

हानि से भी लाभ

सफल व्यवसायियों को ऐसे ही जुझारू लोगों की तलाश रहती है, जो हानि से भी लाभ उठा लेते हैं। एक धनी उद्योगपति एच. रास. पेरो कहते हैं, 'निरंतर सफलता अहंकार और आत्मसंतुष्टि पैदा करती है। मैं तो ऐसे लोगों को पसंद करता हूँ, जो विफलता का जोखिम उठाने को तत्पर रहते हैं। इसमें ईमानदार गलतियां करनेवाले शामिल हैं।' वे आगे कहते हैं, 'विफल लोगों की स्वभावगत विशेषता होती है कि वे अपनी चतुराई से लाभ के पीछे मौजूद रहनेवाले खतरों को पहचानकर उन्हें टाल देते हैं।' आदमी, जो युक्ति असफल होती है, उससे ज्यादा सीखता है, सफल होनेवाली से नहीं। 'विफलता नयी चुनौतियों की तलाश की महज लागत होती है,' वे दोहराते हैं। यदि असफल होने का विचार ही आपको शिथिल कर देता है, तो आपके लिए कुछ उपयोगी परामर्श प्रस्तुत हैं :

1. **असफल शब्द का प्रयोग छोड़ दें :** 'महान उपलब्धियाँ प्राप्त करनेवाले लोग व्यक्तिगत जड़ता सूचित करनेवाले भारी-भरकम शब्द 'विफलता' का प्रयोग बहुत ही कम करते हैं,' यह कहना है 'पीक पर्फोर्मर्स : दि न्यू हीरोज ऑफ अमेरिकन बिजनेस' के लेखक चार्ल्स गारफील्ड का। इसलिए 'असफल' शब्द को अपने शब्दकोश से वैसे ही हटा दें, जैसे नेपोलियन ने 'असंभव' शब्द को अपने शब्दकोश से हटा दिया था।

2. **इसे निजी स्तर पर न लें :** व्यवसायी हार्वी मैके अपनी पुस्तक 'स्विम विद दि शार्क विदाउट बींग ईटन अलाइव' में सचेत करते हैं, 'विफलता एक दृष्टिकोण भी है और परिणाम भी।' जब चीजें आपके हाथ से निकल जाती हैं, तो क्या आप खुद पर पराजित होने का ठप्पा लगा लेते हैं? कैरोल हयात चेताती हैं, 'आप अपने लिए जिन शब्दों का प्रयोग करते हैं, वे आपके जीवन का यथार्थ भी बन सकते हैं।' खुद को बार-बार एक बेकार विक्रेता/अधिकारी/छात्र कहने से न केवल आप पर बेकार होने का ठप्पा लगता है, वरन् आपका सामर्थ्य भी सीमित होता है। बेहतर है, आप खुद को ऐसे व्यक्ति के रूप में देखें, जिसके सामने कई विकल्प हैं। ये विकल्प नए हुनर सीखने के लिए पढ़ने या कोई दूसरा कैरियर या पाठ्यक्रम चुनने से लेकर कुछ और भी हो सकते हैं।

3. **तैयार रहें :** अनर्थ की आशंका करके खुद को उसके लिए तैयार करें। खुद

सोचें कि सबसे बुरा क्या हो सकता है। अपने काम या जीवनसाथी के छिन जाने की कल्पना आपको बाध्य कर सकती है कि आप इन स्थितियों के व्यावहारिक विकल्पों पर स्पष्ट विचार करें। क्या आपकी बीमा-राशि और नकद बचत किसी आपातकाल में निर्वाह के लिए पर्याप्त है? क्या आपमें ऐसी प्रतिभा है कि आप नौकरी से बरखास्त किये जाने पर भी आय अर्जित कर सकते हैं? चीनी भाषा में 'संकट' के लिए जो चित्राक्षर प्रयुक्त होता है, उसका अर्थ 'खतरा' और 'अवसर' दोनों होता है। अपने समर्थकों की संख्या बढ़ाना भी बहुत महत्त्वपूर्ण है। हयात के अनुसार 'विफलता का जवाब संतुलित जीवन है जो परिवार, मित्रों और अभिरुचियों पर केंद्रित हो।'

कोई भी एक काम आपके समूचे भावनात्मक जीवन को संतुष्ट नहीं कर सकता। सांगठनिक मनोवैज्ञानिक मार्टियर आर. फेनबर्ग कहते हैं, 'यदि आप एक ही वातावरण पर निर्भर करते हैं, तो आप जीवाश्म बन जाएँगे। मैं जानता हूँ कि वह बेरोजगार सचमुच परेशानी में है जो यह पूछने पर कि नये काम के बारे में उसकी क्या योजनाएँ हैं, यह उत्तर देता है कि उसके पास ऐसी कोई योजना नहीं है।'

4. **बुद्धिमानी से सफल हों :** ह्यूस्टन विश्वविद्यालय टेक्सास के प्रोफेसर जैक मैट्सन ने एक ऐसा पाठ्यक्रम विकसित किया, जिसे उनके छात्रों ने 'विफलता 101' नाम दिया। मैट्सन ने अपने छात्रों से आइसक्रीम की डंडियों द्वारा ऐसी चीजें बनवायीं, जिन्हें किसी ने नहीं खरीदा। मैट्सन बताते हैं कि 'उन्होंने चूहों के लिए गरम टब और ऐसी पतंगें बनाईं जिन्हें तूफानों में उड़ाया जा सके।'

इस तरह के काम हास्यास्पद थे, लेकिन मैट्सन के छात्र इसे हार के बजाय नयी खोज से जोड़कर देखने लगे। उन छात्रों ने किसी भी चीज को आजमाने के लिए स्वयं को स्वतंत्र महसूस किया। चूंकि अधिकतर छात्र कम से कम पाँच विफलताओं के बाद ही अपने इच्छित व्यवसाय को चुन सके, अतः उन्होंने विफलता को अंतिम न मानने का पाठ सीखा।

5. **हार न मानें :** ग्लेन अर्ली की निर्माण-कंपनी 1975 में असफल हो गयी। उस समय मात्र 25 वर्ष की उम्र में अर्ली ने खुद को दिवालिया घोषित करने के बजाय अपना घर गिरवी रख दिया। वह निर्माण-क्षेत्र में काम करता रहा और प्रबंधन की जटिलताओं पर विजय पाने की कोशिश करता रहा। 1982 तक उसने बैंकों की दृष्टि से कठिनाइयां झेल जाने की ठोस छवि हासिल कर ली। फलतः उसने और अधिक उधार लेकर अपना निजी व्यवसाय शुरू करने की हिम्मत जुटा ली।

अर्ली ने सावधानी से अपने नये निर्माण-व्यवसाय का विस्तार किया। उसने व्यापार-प्रबंधन में प्रशिक्षण लिया। 1988 तक अर्ली की कंपनी ने 'इनकॉपोरेटिड' पत्रिका की सबसे तेजी से विकास करती 500 अमेरिकी निजी कंपनियों की सूची में

जगह बना ली। अर्ली आत्मसंतुष्ट नहीं है। कठिन दिनों की यादें उसे सालती हैं। वह कहता है, 'मैं सफलता का अहंकार नहीं पाल सकता। इसलिए मैं अपने व्यवसाय को निरंतर सुधारने के प्रयास में लगा रहता हूँ।' विफलता द्वारा संयमित इस दृष्टिकोण से वह भविष्य में सबसे ऊपर पहुँच सकता है। और हाँ, आप भी।

ज्ञान-वृद्धि का साधन है सीखते रहने की प्रवृत्ति

पिछली रात मैं अपने एक डॉक्टर-मित्र से मिलने गया। वे एक सफल सर्जन हैं। कई सारे ऑपरेशन करके वे शाम को चार बजे के करीब घर आते हैं। जब मैं पहुंचा तो वे अपने पढ़नेवाले कमरे में थे और एक पत्रिका पढ़ रहे थे। उनके आसपास उनके विषय से संबंधित देश-विदेश की अनेक पत्रिकाएं पड़ी थीं।

मैं पूछ बैठा, 'डॉक्टर साहब, आप तो स्वयं इतने बड़े सर्जन हैं कि लोग आपसे सीखें। आपको अब क्या सीखना है जो इतना अध्ययन करते हैं?' उनका उत्तर था, 'मैं अपने देश के हिसाब से कुछ हो सकता हूँ, पर यह देखो, इस पत्रिका में यह ऑपरेशन का नया तरीका बताया गया है, जिसे मैं नहीं जानता था। हर पत्रिका में मुझे कुछ न कुछ नया मिलता है, जिसका उपयोग कर मैं अपने काम में और बेहतरी लाता रहता हूँ। इसी का नतीजा है कि जिन ऑपरेशनों में मेरे साथियों को दो-दो घंटे लग जाते हैं, उन्हें मैं आधे-पौन घंटे में उनसे कहीं बेहतर ढंग से पूरा कर लेता हूँ। अभी कल ही मैं एक सेमिनार से लौटा हूँ। वहाँ जो बातें देखने-सुनने को मिलीं, उन्होंने तो मेरी आँखें ही खोल दीं कि मैं कितना कम जानता हूँ।'

ज्ञानवर्द्धन से किसी काम को सुचारु ढंग से करने की ताकत मिलती है

रोना समय की कमी का

मैंने जिज्ञासा प्रकट की, 'लेकिन आपको अपनी व्यस्तताओं के बीच पढ़ने का समय कैसे मिल जाता है?' तो उन्होंने कहा, 'समय न मिलने की शिकायत तो वही करते हैं, जिन्हें या तो

कुछ करना नहीं होता या जो कुछ करना ही नहीं चाहते; आखिर वे बाकी सारे काम तो करते ही हैं। तो भाई, मेरे पास तो समय की कमी नहीं है, खास तौर से अपने व्यवसाय के बारे में ज्ञान अर्जित करने के लिए। मेरी उम्र पैंसठ की है, पर नया सीखने का उत्साह मंद नहीं हुआ है।'

डॉक्टर-मित्र की बात कुछ समझ में आयी। ऐसे ही कुछ दिन पहले मुझे अपने एक एडवोकेट-मित्र के पास जाने का मौका मिला। वे भी वकालत से संबंधित पुस्तकों और लॉ-रिपोर्टरों से जूझ रहे थे। उनमें से वे अपने उपयोग में आनेवाली सामग्री निकालकर उसे क्रम से रख रहे थे, ताकि आवश्यकता पड़ने पर उसका उपयोग किया जा सके। कमरे में चारों तरफ शेल्फों में कानून की पुस्तकों का अंबार लगा था। पूछने पर उन्होंने बताया, 'जिस दिन मैं यह अध्ययन बंद कर दूँगा, उसी दिन से मेरे मुवक्किल कम होने शुरू हो जाएँगे।'

एक दिन सोचा, चलो देखें, सफल अधिकारीगण क्या करते हैं। एक मित्र एक सरकारी विभाग में सचिव के पद पर कार्यरत हैं। उनके विभाग में सामान्य काम के साथ-साथ कुछ तकनीकी काम भी होते हैं। उनकी मेज पर और बगल में रखे रैक में भी उनके विभाग से संबंधित तकनीकी पत्रिकाएँ और विज्ञान-पत्रिकाएँ पड़ी थीं। वे विज्ञान के प्रथम श्रेणी के विद्यार्थी रहे थे, अतः तकनीकी पत्रिकाओं के लेख उनकी समझ से बाहर नहीं थे। कभी-कभी बहस के दौरान और फाइलों पर भी वे ऐसी सटीक टिप्पणी देते थे कि तकनीकी अधिकारी तक उनकी जानकारी का लोहा मान जाते थे। स्वाभाविक था कि दफ्तर में छोटे-बड़े सभी की नजरों में उनका बहुत आदर था।

अध्यवसाय से उन्नति

कई अन्य सफल लोगों से मिलने का अवसर मिला। उन सभी से बातचीत करने पर यही पता चला कि चोटी पर वे ही लोग पहुँचे, जो लगातार अपने व्यवसाय का अद्यतन ज्ञान प्राप्त करने के लिए प्रयत्नशील रहे। बाकी लोग या तो जहाँ के तहाँ रह गये या वहाँ से नीचे आ गिरे।

एक मित्र ने अपने अध्यवसाय से अपनी स्थिति अच्छी बना ली थी। उनके पास बंगला था, कार थी, शानोशौकत थी। पर बाद में वह ढीले पड़ गये। पता चला कि उनकी साख गिर रही है। मैंने सलाह दी कि अपने व्यवसाय से संबंधित नया और अद्यतन ज्ञान प्राप्त करो। अपने विषय की पत्रिकाएँ-पुस्तकें पढ़ो। बोले, इसके लिए पैसा कहाँ से आएगा? बात केवल तीन-चार सौ रुपये की थी, पर उस खर्च को वे व्यर्थ समझ रहे थे। परिणाम यह हुआ कि उनके ज्ञान को जंग लगता गया। व्यवसाय डूबता गया और नौबत यहाँ तक आ पहुँची कि कार बेचनी पड़ी। शीघ्र ही मकान भी बेचना पड़े तो कोई ताज्जुब नहीं।

इस संबंध में एक उदाहरण याद आता है। एक परिचित लड़का रमेश एक बैंक

में क्लर्क के रूप में भर्ती हुआ था। अपनी स्थिति से उसे संतोष न था। मैंने उसे समझाया कि आज तुम्हारे बैंक में जितने भी अफसर हैं, उनमें से ज्यादातर कभी क्लर्क ही भर्ती हुए थे। यदि वे आगे बढ़ सके, तो तुम भी बढ़ सकते हो। उन सबने अपनी योग्यताएँ बढ़ाई थीं, परीक्षाएँ पास की थीं। तुम भी बैंकिंग और एकाउंटेंसी के पाठ्यक्रमों और परीक्षाओं की तैयारी में जुट जाओ। उसने ऐसा ही किया। मन लगाकर पढ़ना शुरू कर दिया और बैंकिंग का विस्तृत और अधुनातन ज्ञान प्राप्त कर लिया।

एक बार उसके बैंक के सामने एक विशेष समस्या आ गयी। अधिकारियों और कर्मचारियों की बैठक बुलाकर सबके सामने समस्या रखी गयी। सब चुप थे, पर अपनी जानकारी के बल पर रमेश ने उठकर एक समाधान सुझा दिया। उसने एक विदेशी पत्रिका में उस बारे में पढ़ा था। उसका सुझाव स्वीकार कर लिया गया। बैंक भर में उसकी वाहवाही हो गयी। जल्दी ही उसे पदोन्नति भी मिल गयी। महज इसलिए कि उसने अपना ज्ञानवर्द्धन किया था और उसका उपयोग कर अपने बैंक को लाभ पहुँचाया था। आज वह उस बैंक के प्रमुख अधिकारियों में से एक है।

ज्ञान ही असली शक्ति है

आम तौर पर लोग स्कूल-कॉलेज में पढ़ने के बाद नया सीखना बंद कर देते हैं। शिक्षा देने का ही काम करनेवाले अध्यापकों तक की यही स्थिति है। समझते हैं, बहुत पढ़ लिया। दो रोटी जुट जाती है, अब काहे के लिए पढ़ें ? फलतः नया सीखना तो दरकिनार, सीखे हुए पर भी जंग लग जाता है। जीवनभर फिर केवल दो रोटी का जुगाड़ ही होता रहता है। जीवन-स्तर ऊँचा नहीं उठता। उनके बच्चे भी अपना जीवन निचले स्तर से ही आरंभ करते हैं।

किसी भी काम को सुचारु रूप से संपन्न करने के लिए उपयुक्त शक्ति की आवश्यकता होती है। यह शक्ति आती है ज्ञान से और ज्ञान आता है सतत अध्ययन से। जिसे अपने क्षेत्र की जितनी अधिक जानकारी होगी, वह उस क्षेत्र में उतना ही अधिक सफल और प्रभावशाली होगा।

तीन तरह के लोग

हर क्षेत्र में तीन तरह के व्यक्ति मिलते हैं। एक तो वे, जो सफलता की चोटी पर रहते हैं, जिनके पीछे लोग भागते हैं। वे अत्यंत व्यस्त रहते हैं। लोग उनके पास काम लेकर अपने-आप आते हैं और मुँह-माँगा मेहनताना देते हैं। दूसरे, मध्यम श्रेणी के लोग होते हैं, जिनकी माँग उनसे कम होती है। तीसरी श्रेणी के लोगों को कोई पूछता नहीं। दुनिया में जिस अनुपात में जिसकी पूछ होती है, उसी अनुपात में उसे मान-सम्मान और धन मिलता है। उसी के अनुसार उसका जीवन-स्तर होता है। उसके बाल-बच्चे भी उसी प्रकार से आगे बढ़ते हैं।

जो व्यक्ति विशेषज्ञ है और जिसके पीछे लोग भागते हैं, वह एक दिन में उस स्तर पर नहीं पहुँचा। उसके पीछे उसका बरसों का अध्ययन और कठोर परिश्रम रहता है। यहाँ हर चीज की कीमत होती है। जब तक वह अदा नहीं की जाती, तब तक इच्छित वस्तु नहीं मिलती।

सतत ज्ञानार्जन

आधुनिक युग विशेषज्ञों का है। व्यक्तित्व और तौर-तरीके से 25 फीसदी सफलता पायी जा सकती है, पर उसके बाद तो सफलता उसी अनुपात में मिलती है, जितना उस विषय में आप विशेष ज्ञान रखते हैं। अतः अपने व्यवसाय से संबंधित जितना भी ज्ञान जहाँ से भी मिल सके, उसे प्राप्त करने के लिए सदा प्रयत्नशील रहना चाहिए। इसके लिए श्रम अपेक्षित है और सूझबूझ भी। अतिरिक्त ज्ञान अर्जित करने में कष्ट तो होता है, पर जो यह कष्ट उठा लेता है, वह हमेशा दूसरों से आगे रहता है। ऐसे व्यक्ति हमेशा नये ज्ञान की तलाश में रहते हैं और अपने पीछे नया ज्ञान छोड़ भी जाते हैं।

चिरयौवन का राज—सीखते रहना

हेनरी फोर्ड ने मोटर-उद्योग में अपना झंडा गाड़ा था। उनका मानना था कि जिस व्यक्ति ने नया सीखना बंद कर दिया, वह बूढ़ा हो गया। कोई पच्चीस साल का हो या पचास साल का, जब तक उसमें नया सीखने की उत्सुकता रहती है, वह युवा बना रहता है। जीवन में सबसे बड़ी बात यह है कि अपने मस्तिष्क को युवा रखा जाए।

हमेशा कुछ न कुछ नया सीखने-करने की प्रवृत्ति विकसित कर हम अपने ज्ञान में वृद्धि कर सकते हैं। ज्ञान ही शक्ति है—विद्या यस्य बलं तस्य। शक्ति से आत्मविश्वास उत्पन्न होता है और आत्मविश्वासी व्यक्ति जीवन से वह सब पा सकता है, जो जीवन उसे देने में समर्थ है।

खाली सपने ही मत देखिए

जीवन की दैनिक आवश्यकताओं के खर्चे पूरे करने और परिवार का पालन-पोषण करने में जो कठिनाइयाँ आती हैं, उनसे किसी भी व्यक्ति का सिर चकरा सकता है किंतु यदि आप घिसा-पिटा जीवन गुजारने की जगह अपने उन सपनों को साकार कर सकें जिन्हें आपने अपने हृदय के किसी कोने में सँजो रखा है या अब तक अविकसित अपनी प्रतिभा का विकास कर मनचाहा जीवन जी सकें, तो कितना अच्छा हो!

न्यूयॉर्क नगर की मनोचिकित्सक और व्यवसाय-सलाहकार बारबरा शैर ने हजारों लोगों को अपने सपने साकार करने में सहायता दी है। 'जीवन-निर्माण' की दिशा में शैर तब से रुचि लेने लगीं, जब मनोचिकित्सक के नाते उन्होंने अनुभव किया कि उनके रोगियों को लंबी अवधि तक चिकित्सा कराने की उतनी जरूरत नहीं है, जितनी एक ऐसे लक्ष्य, दिशा और लालसा की, जो उन्हें सुबह-सवेरे बिस्तर छोड़ने के लिए प्रेरित कर सके।

सपनों से नाता

सपना साकार करने की कोशिश भी करनी होगी

कठिनाई यह थी कि अधिकतर व्यक्तियों ने या तो अपने सपनों से नाता तोड़ लिया था, या समझ लिया था कि वे अपने सपने साकार नहीं कर सकते। शैर उनकी मनोदशा समझ तो सकती थीं, पर वे इसे स्वीकार नहीं कर सकती थीं। आखिर उन्होंने खुद भी तो अपना सपना साकार किया था। वे एक तलाकशुदा माँ थीं और सरकारी आर्थिक सहायता से गुजारा कर रही थीं। नृवंशशास्त्र में बी.ए. होने के बावजूद उन्हें कोई

नौकरी भी नहीं मिल पा रही थी। किंतु इन सब बाधाओं के बावजूद उन्होंने अपना मनपसंद कारोबार सफलतापूर्वक चलाया और अपने दोनों बच्चों को गैर-सरकारी स्कूल में पढ़ाया। उनका यह दृढ़ विश्वास था कि थोड़ी-बहुत सूझ-बूझ से और कुछ प्रोत्साहन व भावनात्मक सहारा पाकर प्रायः कोई भी सपना वास्तविकता में बदला जा सकता है।

कामना-पद्धति

इसीलिए शैर ने एक ऐसी पद्धति तैयार की, जिससे लोगों को अपनी पसंद का उद्देश्य चुनने में सहायता मिलती है। वे लोग अपने लक्ष्य तक पहुँचने का व्यावहारिक मार्ग बनाते हैं और ऐसे साधनों का सहारा लेते हैं, जो हम सबके पास हैं तो, लेकिन जिनका प्रयोग हम अभी तक नहीं कर सके हैं। ये साधन हैं—विचार, संपर्क, कौशल और मित्रों व परिवार का समर्थन। वे इस पद्धति को 'विश-क्राफ्ट' यानी कामना-कौशल कहती हैं। इस पद्धति के सिद्धांतों पर चलकर मनोरंजन की दुनिया में जाने की इच्छा रखनेवाली एक दादी माँ रेडियो पर कार्यक्रम देने लगीं और एक व्यापार-प्रबंधक, जो प्रकृति के निकट रहना चाहता था, अब पशु-पक्षियों के एक अभयारण्य का प्रबंध कर रहा है।

यह सही है कि अपनी साध पूरी करने के लिए किन्हीं चमत्कारों की आवश्यकता नहीं। आपको जिन साधनों की जरूरत है, वे सब या तो आप ही में या फिर आपके आसपास मौजूद हैं। ये उपाय अपनाकर आप अपना जीवन बदल सकते हैं :

1. **निश्चय कीजिए कि आपको क्या अच्छा लगता है :** शैर का कहना है, 'इस संसार में कम से कम एक या कुछ चीजें ऐसी होती हैं, जिनके बारे में सोचकर आपके दिल की धड़कन तेज हो जाती है।' हो सकता है कि वह वो व्यवसाय हो जिसे आप अपनाना चाहते थे, या ऐसा कोई पाठ्यक्रम जो आपको स्कूल में सबसे अच्छा लगता था। ऐसी कोई भी चीज, जिसके बारे में सोचकर आप अपनी सुध-बुध खो बैठें, आपके जीवन-निर्माण की कुंजी बन सकती है।

2. **किसी को बताइए :** शैर का सुझाव है, 'आप किसी को अपनी इच्छा बताइए।' इसके लिए ऐसा व्यक्ति पकड़िए, जिसे आपकी परवाह हो। यह व्यक्ति ऐसा होना चाहिए, जिस पर आपको यह विश्वास हो कि वह गंभीरता से आपकी बात पर ध्यान देता है। ऐसा व्यक्ति आपका अच्छा मित्र या आपका जीवनसाथी भी हो सकता है। अपने इस विश्वासपात्र मित्र या जीवनसंगी को अपनी वह इच्छा बताइए। दूसरे व्यक्ति की दृष्टि में आने पर आपकी वह इच्छा वास्तविक रूप ले सकती है। कारण, एक तो वह आपको उचित सलाह, सहायता और मार्गदर्शन दे सकता है और दूसरे, अपनी इच्छा पूरी करने के लिए आप उस दूसरे व्यक्ति के प्रति जवाबदेह भी बन जाते हैं।

3. **अपनी समस्या सुलझाने के लिए हर उपाय पर विचार कीजिए :** अकेले में

अपनी इच्छा पूरी करने के लिए तरह-तरह के उपाय सोचिए। जो भी विचार आपके मन में आए, चाहे वह कितना भी बेसिर-पैर का क्यों न हो—उसे कागज पर लिख लीजिए। अगर अपने मित्र या मित्र-मंडली के साथ बैठकर उस पर विचार करें, तो और भी अच्छा रहेगा। शैर का कहना है, 'आदमी दूसरे के लिए जितने अच्छे ढंग से सोच सकता है, उतना सिर्फ अपने लिए नहीं। इसलिए मित्रों आदि से अपने लिए अपने सुझाव प्राप्त कीजिए।'

4. **अमल शुरू कर दीजिए :** जिस चीज को आप पसंद करते हैं, उसमें अपने को तुरंत लगा दीजिए। यह सब शुरू करने के लिए निपुणता, प्रमाणपत्र या पैसा जमा करने की प्रतीक्षा मत कीजिए। हममें से अधिकांश व्यक्ति यह समझते हैं कि कोई भी काम शुरू करने का एकमात्र उपाय परंपरागत है। शायद आप कहें, 'मैं जीव-विज्ञान में स्नातकोत्तर उपाधि पाये बिना वन्य जीवन के संरक्षण का काम शुरू नहीं कर सकता।' लेकिन अपनी पसंद के किसी भी क्षेत्र में काम शुरू करने के कुछ बुनियादी और कम खर्चीले तरीके भी हैं। मसलन, यदि वन्य जीवन का संरक्षण आपको बहुत पसंद हो तो उसकी किसी समिति के सदस्य बन जाइए। उस समिति की स्थानीय गतिविधियों में हिस्सा लेना शुरू कर दीजिए और उसके काम में अपना समय व शक्ति लगाइए। यदि आपको फिल्म बनाने का शौक हो तो किसी से 8 एम.एम. का मूवी-कैमरा उधार ले लीजिए और उसे इस्तेमाल करना सीखिए। अपने बच्चों से फिल्म की पटकथा लिखवाइए और उन्हीं से अपनी फिल्म में अभिनय कराइए। अगर आपकी राजनीति में दिलचस्पी हो, तो अपने मनपसंद उम्मीदवार के चुनाव-आंदोलन में भाग लीजिए। इस बात की परवाह मत कीजिए कि उसका परिणाम क्या होगा। बस, काम शुरू कर दीजिए।

इच्छापूर्ति के लिए आप कला-कौशल का आदान-प्रदान कर सकते हैं। उपकरण उधार या किराये पर ले सकते हैं अथवा पुराना खरीद सकते हैं। सस्ते पाठ्यक्रम में अपना नाम लिखा सकते हैं। घर में बेकार जमा चीजें बेचकर पैसा जोड़ सकते हैं और अपने समय, शक्ति व योग्यता का योगदान करके किसी भी ऐसे क्षेत्र में अपना स्थान बना सकते हैं, जो आपको रुचिकर लगता हो।

ऐसी परिस्थिति उत्पन्न कीजिए, जिसमें आपके साथ और लोग भी शामिल हों। उदाहरण के लिए अपने-आप लिखना शुरू करने या फोटो खींचने की कोशिश करने की अपेक्षा लेखन या फोटोग्राफी सिखाने के किसी पाठ्यक्रम में भाग लेना अधिक उपयुक्त होगा क्योंकि, शैर के शब्दों में, 'अलग-थलग प्रयत्न करने से आपके स्वप्न जल्दी भंग हो सकते हैं।'

जब आपकी पकड़ में ऐसी कोई विचार आ जाए, जिस पर आप तुरंत अमल कर सकते हों, तो उसे साकार करना शुरू कर दीजिए। यही वह सीमा-रेखा है, जहाँ आदमी आम तौर पर भयभीत हो जाते हैं और यह भय होता है विफलता या परिवर्तन का। इसका एकमात्र उपाय उस दिशा में कदम उठाना है। मित्र इस संबंध

में सहायता कर सकते हैं।

5. **लक्ष्य तक पहुँचिए :** कोई काम अनौपचारिक रूप से शुरू करने और किसी व्यवसायी की तरह पूरा समय और शक्ति लगातार शुरू करने के बीच बहुत बड़ी दूरी दिखाई दे सकती है। लेकिन सच्चाई यह है कि अपने जीवन-निर्माण का काम शुरू करना सबसे अधिक महत्त्वपूर्ण कदम है, क्योंकि एक बार काम शुरू कर देने पर आप इतने रोमांचित हो उठेंगे कि आपको लगेगा, आप सफलता के शिखर पर पहुँच गये हैं। आपको पता चलेगा कि मनपसंद काम शुरू कर देने से जितनी खुशी होती है, उतनी उसके परिणाम से नहीं। जल्द ही आप एक चीज से दूसरी चीज पर पहुँचेंगे, लोगों से मिलेंगे, तरह-तरह की बातें सीखेंगे और ऐसे अवसरों को जानेंगे, जो आपको अपने लक्ष्य के ज्यादा निकट ले जाएँगे। शैर कहती हैं, 'मनुष्यों को जो अवसर मिलते हैं, अधिकांशतः संयोगवश ही मिलते हैं। लेकिन ऐसे संयोग प्राप्त उन्हीं लोगों को होते हैं, जो उन्हें पकड़ने के लिए जाल फैलाकर बाहर खड़े रहते हैं। ये अवसर उन्हें प्राप्त नहीं होते, जो दरवाजे बंद कर घर में बैठे रहते हैं और सपनों में डूबे रहते हैं।' जो दादी माँ मनोरंजन के क्षेत्र में जाना चाहती थीं, उनका संपर्क एक ऐसे रेडियो-अधिकारी से हुआ, जो पड़ोस में ही रहता था। उस अधिकारी ने रेडियो-कार्यक्रम के नमूने तैयार करने में दादी माँ की सहायता की। कुछ समय बाद दादी माँ रेडियो-वार्ताओं के कार्यक्रम में भाग लेने लगीं। ऐसा भी समय आ सकता है, जब आप विधिवत कोई काम शुरू करना चाहें—जब केवल अपने लिए काम करते रहना पर्याप्त न हो और आप बड़े और व्यापक स्तर पर काम करने की इच्छा और आवश्यकता महसूस करें। ऐसी स्थिति में आपने अब तक जो अनुभव, परिचय और ज्ञान प्राप्त किया है, वह आपके बहुत काम आएगा।

बकौल बारबरा शैर, 'सबसे अच्छी बात तो यह होगी कि आपकी आँखों में चमक होगी और होगा आपकी चाल-ढाल में अनोखा उत्साह। आपको दिन के चौबीस घंटे बहुत कम लगने लगेंगे और आप सुबह-सवेरे ही अपना बिस्तर छोड़ने के लिए तैयार रहेंगे।'

विपत्ति में भी अवसर ढूँढ़ने का हुनर चाहिए

राइस व ट्रॉउट की किताब 'हॉर्स सेंस' को पढ़ते हुए मैं स्कूल के उन सब लड़कों के बारे में सोचने लगा, जो साल-दर-साल कक्षा में लगातार प्रथम आते थे। मैंने लंबे समय से उनकी कोई खोज-खबर नहीं सुनी। उनमें से कुछ भारतीय विदेश सेवा में शामिल हो गये और अभी तक राजदूत नहीं बने। कुछ लोगों ने निजी क्षेत्र में नौकरी कर ली और अभी तक मुख्य कार्यकारी अधिकारी नहीं बने। पचपन साल के होने तक उन्हें इस पर आसीन हो जाना चाहिए था। उनमें से कुछ डॉक्टर व वकील बन गये और मुझे पता है कि अपनी जरूरतें पूरी करने के लिए वे कुछ मरीज व मुवक्किल जुटा ही लेंगे।

सफल होने का मूल मंत्र है, अप्रत्याशित अवसरों को मौका रहते थाम लेना

जिस चीज ने मुझे इस विवेचना के लिए प्रेरित किया, वह राइस का यह कथन था, 'डेयरी में मक्खन शीर्ष पर आता है। रोजमर्रा के जीवन में यह बात आम तौर पर सही नहीं बैठती।' कॉरपोरेट-जगत में अधिकतर दूध ही शीर्ष पर रहता है। बुद्धि एक दोधारी तलवार है। अगर यह बहुत कम है तो आप कॉरपोरेट-क्षेत्र की कागजी कार्यवाही—निर्देश लिखने व यात्रा के इंतजाम आदि—नहीं कर सकते। आप खोए-खोए से रहते हैं, भुलक्कड़ प्रोफेसरवाले लक्षणों से ग्रस्त हो जाते हैं।

मध्यम दर्जे के लोग रहते हैं ज्यादा सफल

शीर्ष अधिकारी आईक्यू-वक्र के मध्य से आते हैं। जैसाकि एक बार एक कॉलेज के प्राचार्य ने प्राध्यापकों से कहा, 'अपने

अव्वल दर्जे के विद्यार्थियों के साथ अच्छा व्यवहार करें क्योंकि वे वापस आएँगे और आपके सहयोगियों के रूप में काम करेंगे, लेकिन मध्यम व औसत दर्जे के छात्रों के प्रति तो विशेष रूप से उदार रहें क्योंकि वे वापस आएँगे और हमें एक नया सभागार व एक नया विज्ञान-भवन प्रदान करेंगे।'

जेरोक्स के पूर्व-चेयरमैन पीटर मैक कॉलोग ने यही बात अपनी 1949 की हॉरवर्ड-कक्षा के बारे में कही, 'कक्षा में प्राप्त दर्जे का वास्तव में हासिल की जानेवाली उपलब्धियों से नकारात्मक रिश्ता है। शीर्ष स्थान पर रहे लोगों ने उतना अच्छा प्रदर्शन नहीं किया, जितना मध्यम व औसत स्थान पर रहे लोगों ने किया। जिन लड़कों को अधिकतम नंबर मिलते थे, वे उपलब्धियों के मामले में मध्यम स्थान पर रहे।'

दूसरों से मदद

यह क्या माजरा है? क्यों सामान्य तौर पर कक्षा में प्राप्त की गयी सफलता, पेशे में हासिल सफलता से नहीं जुड़ती? असल में व्यक्ति जितना अधिक तेज होता है, उतना ही अधिक वह खुद पर निर्भर करता है। आखिरकार, उन्हें सबकुछ आता है। वे आगे बढ़ने के लिए खुद पर निर्भर होते हैं। कम तेज व्यक्ति अधिकतर आगे बढ़ने के लिए दूसरों से मदद की अपेक्षा करते हैं और अवसरों की तलाश करते हैं तथा उन्हें पकड़ लेते हैं।

स्वामी मुंबई हवाई अड्डे पर ट्रैफिक-सहायक के रूप में काम कर रहा था। एक दिन उसके एक दोस्त ने उससे कहा कि उसकी कंपनी के अंतर्राष्ट्रीय चेयरमैन आ रहे हैं और क्या वह इस बात की व्यवस्था कर सकता है कि कंपनी का स्थानीय प्रबंध-निदेशक चेयरमैन का बाहर इंतजार करने के बजाय अंदर जाकर स्वागत कर सके? सही सूत्रों का इस्तेमाल करते हुए स्वामी ने इसकी व्यवस्था कर दी। इससे प्रबंध निदेशक बहुत प्रभावित हुआ। जब वे लोग हवाई अड्डे से विदा होने लगे, तो प्रबंध-निदेशक विट्बी ने स्वामी से कहा कि अगर उसे किसी भी समय जरूरत हो, तो वह उसके कार्यालय आ सकता है, उसे अच्छा लगेगा। एक हफ्ते बाद स्वामी ने विट्बी को फोन करके मिलने का समय ले लिया। उसने विट्बी को बताया कि वह ट्रैफिक-सहायक की नौकरी से ऊब चुका है? और, इसमें आगे बढ़ने की कोई संभावना भी नहीं है। क्या वह उनके बड़े व्यापारिक समूह में अपनी सामान्य स्नातक डिग्री के बावजूद कुछ कर सकता है और स्वामी को कंपनी के पश्चिम भारत के क्षेत्रीय सेल्स प्रबंधक के रूप में नियुक्त कर दिया गया। विट्बी को लगा कि वह लोगों के साथ व्यवहार करने की अपनी दक्षता व बात करने में महारत के जरिये इस काम को निभा लेगा और स्वामी ने ऐसा ही किया। उसने इस कंपनी में एक विभाग का महाप्रबंधक बनने तक काम किया और उसके बाद दूसरी कंपनी में महाप्रबंधक के पद पर चला गया। अगर स्वामी ने विट्बी से मिलने के आमंत्रण को

नजरअंदाज करते हुए उसे महज एक सामाजिक व्यवहार का हिस्सा माना होता, तो पंद्रह साल बाद आज भी स्वामी शायद वरिष्ठ ट्रैफिक-सहायक के रूप में ही काम कर रहा होता।

मत चूकै चौहान

एक बहुराष्ट्रीय दवा-कंपनी का चेयरमैन मुंबई में कुछ संगीत के कैसेट खरीदने गया। दुकान के काउंटर पर एक खुशदिल व प्रभावशाली सेल्समैन जॉन ने उसे सामान दिखाया। चेयरमैन दो कैसेट खरीदने गया था, लेकिन दर्जन भर कैसेट खरीदकर लौटा। दुकान छोड़ने से पहले उसने जॉन से कहा कि अगर वह कभी अपनी मौजूदा नौकरी छोड़ने के बारे में सोचे, तो उससे मिलने आ सकता है। जॉन पंद्रह दिन बाद उससे मिलने गया। उसे कंपनी के कीटनाशक विभाग में नौकरी मिल गयी। दो दशक बाद आज जॉन कंपनी के अंतर्राष्ट्रीय मुख्यालय में कार्यरत है। वहाँ वह एक उत्पाद-विभाग का प्रमुख है, जिसके ऊपर पूरे एशियाई प्रशांत क्षेत्र की जिम्मेदारी है।

मेरा एक लेखक मित्र पहले कभी भी लेख वगैरह नहीं लिखा करता था। पहले वह एक कार्यकारी अधिकारी के रूप में केवल निर्देश, बैठक की कार्यवाही और रिपोर्ट ही लिखता था। तब मैनेजमेंट कॉलेज की एक छात्रा ने, जहां वह मार्केटिंग पढ़ाता था, एक पत्रकार से शादी कर ली। उसने उससे मित्र के बारे में बात की, क्योंकि उस समय उसका पति 'बिजनेस वर्ल्ड' में मार्केटिंग पर एक नियमित स्तंभ लिखनेवाले की तलाश कर रहा था। मित्र की छात्रा ने उससे पूछा। मित्र ने कहा कि 'मैं कोशिश करूँगा।' यह पंद्रह साल पहले की बात है। मित्र तब से हर माह नियमित स्तंभ लिख रहा है और उसके अलावा फुटकर लेखन भी कर रहा है। मित्र ने एक अवसर को पकड़ लिया और इसकी जगह यह नहीं कहा कि 'नहीं, मैंने पहले कभी नहीं लिखा है।'

अवसर लपकना

अमेरिका के राष्ट्रपति-पद के उम्मीदवार रह चुके अरबपति रॉस पेरो का कहना है, 'जीवन एक मकड़जाल है। जीवन-रेखाएँ आपस में बड़े रोचक कोण बनाती हैं। आप सफल रहते हैं या नहीं, यह इस बात पर निर्भर नहीं करता है कि आपकी योजनाएँ कितनी अच्छी थीं, विशेष कर वे पाँच-साला रणनीतिक योजनाएँ, जो बिजनेस-स्कूल सिखाते हैं—सफलता इस बात पर निर्भर करती है कि आप अप्रत्याशित अवसरों पर कैसे प्रतिक्रिया व्यक्त करते हैं।'

टॉम पीटर्स की भी यही राय है, 'मुझे कभी भी कैरियर-योजना की पूरी अवधारणा ही पसंद नहीं आती। मेरा कभी भी कोई फॉर्मूला नहीं रहा, कभी भी जीवन की कोई योजना नहीं रही। मैंने हमेशा रास्ते में आनेवाले अवसर का लाभ

उठाया।' आगे वे कहते हैं, 'सौदा 98 फीसदी अवसर है।' बेशक, इसे रोजाना 80,000 डॉलर व्याख्यान-शुल्क लेनेवाले और साल में 100 व्याख्यान देनेवाले टॉम पीटर्स से बेहतर कौन जान सकता है।

अवसर माहौल में स्वतः ही नहीं पैदा हो जाते और न ही उन्हें हमारे सामने वैसे परोसा जाता है, जैसे उपर्युक्त उदाहरण दिखाते हैं। वे हमारे भीतर से भी उपज सकते हैं। वे दुर्घटनाओं के रूप में भी घटित हो सकते हैं, जिन्हें हम चाहें विपत्ति के रूप में ले लें, चाहे अवसरों में तबदील कर लें। एक नौजवान गायक बहुत ही शानदार आवाज का मालिक था। एक बार उसे अपने रिश्तेदारों के सामने 'दि एंड ऑफ दि परफेक्ट डे' गाना प्रस्तुत करने को कहा गया। समारोह में जब किसी वजह से उसकी आवाज फट कर बेसुरी हो गयी, तो उसने पाया कि उसमें लोगों को हँसाने की भी क्षमता है। यह गायक व कॉमेडियन कोई और नहीं, बॉब होप था!

लक्ष्योन्मुखी व्यक्ति कहता, 'यह घटना मुझे पेशेवर गायक बनने से नहीं रोक सकती।' कड़ी मेहनत करनेवाला व्यक्ति कहता, 'मुझे और रियाज करना चाहिए।' लेकिन सफल लोग दुर्घटनाओं का भी लाभ उठाते हैं। वे विपत्ति में भी अवसर को देखते हैं और उसे थाम लेते हैं।

अपनी विशिष्टता बनाए रखें

कुछ समय पहले मैं अपने एक दोस्त के घर गया, जिससे लंबे समय से मेरी मुलाकात नहीं हुई थी। वहाँ मेरी मुलाकात पेरुमल से हुई, जिसके परिवार से मैं पहले से परिचित था। उस नौजवान का बोलचाल का लहजा एकदम अमेरिकी थी। इसलिए कुछ समय बाद मैंने उससे पूछा कि क्या वह कुछ समय अमेरिका में रहा है? मुझे हैरत हुई जब उसने जवाब में कहा– नहीं ! उसने मुझे बताया कि उसका भाई जरूर वहाँ चौदह साल रहा है और यह लहजा उसने अपने उसी भाई से सीखा था। उसने इतनी सरलता व गंभीरता के साथ यह बात बतायी कि मुझे समझ ही नहीं आया कि मुझे इस पर आश्चर्य व्यक्त करना चाहिए या स्तब्धता? इसलिए मैंने चेहरे पर एक 'निरपेक्ष' भाव बनाये रखने का फैसला किया।

आज-जैसा नहीं हो सकता कल का नेता

शीर्ष अधिकारियों की अंधाधुंध नकल से विकास संभव नहीं

विलियम कोच जूनियर हमें बताते हैं कि नेतृत्व की अवधारणा का अत्यधिक घातक सरलीकरण समानांतर व्यक्तित्व खड़े करने की प्रक्रिया में ही निहित है। इसके अंतर्गत लोग मौजूदा नेतृत्व को देखते हैं और इस निष्कर्ष पर पहुँचते हैं कि 'कंपनी के सारे भावी नेताओं को इसी की तरह होना चाहिए।'

अतः हम यह गलत धारणा अपना लेते हैं कि अध्यक्ष श्री क ख ग चूँकि नेतृत्व की भूमिका में हैं, इसलिए सफलता के लिए उन्हीं के समानांतर गुणोंवाला नेता ही चाहिए। सामान्य तौर पर, इस तरह का अत्यधिक सरलीकरण एक महत्त्वपूर्ण

बिंदु को नजरअंदाज कर देता है कि व्यापारिक स्थितियाँ लगातार बदलती रहती हैं और आज के नेता का चुनाव बीते हुए कल की परिस्थितियों के लिए या उनके द्वारा किया जाना ठीक नहीं।

कंपनी के उतार-चढ़ाव-भरे इतिहास में एक समय ऐसा आता है, जब हमें एक निर्माता, एक विजेता के रूप में बाबर की जरूरत होती है। फिर कंपनी के इतिहास में वह दौर भी आता है, जब हमें एक प्रशासक और अब तक की उपलब्धियों को सुदृढ़ करनेवाले के रूप में अकबर की आवश्यकता होती है। और ऐसा समय भी आएगा जब कंपनी को फिर से एक बाबर की जरूरत होगी, जो उसे मंदी से बाहर निकालकर आगे ले जाये, उसका विविधीकरण करे और तेजी से विस्तार करे।

पुराना अप्रासंगिक है

अगर हम एक ऐसे व्यक्ति की नेतृत्वकारी आदतों के समानांतर खुद को खड़ा करने की कोशिश करते हैं, जो खुद ही आज के (या कल के) दौर की आवश्यकताओं के हिसाब से पुराना पड़ गया है, तो हम पाएँगे कि हम भी उसी के साथ अप्रासंगिक हो जाएँगे।

सामान्य तौर पर ऐसा घटित होता है कि कंपनी में मुख्य कार्यकारी अधिकारी (सीईओ) के बदलने के साथ ही उसके कनिष्ठ-वरिष्ठ प्रबंधकों को भी बदल दिया जाता है। अकसर ये परिवर्तन उन एग्जीक्यूटिवों के समूह के भीतर होते हैं, जिन्होंने अपने-आपको पुराने अधिकारी के अनुरूप बहुत अधिक ढाल लिया होता है। ये परिवर्तन होने बहुत तर्कसंगत भी हैं क्योंकि नये अधिकारी का चयन इसलिए किया जाता है कि वह पुराने अधिकारी से अलग था।

समानांतरवाद के लिए कोई जगह नहीं

काफी विचित्र बात है कि कई बार कंपनी के किसी शीर्ष अधिकारी को अपनी खामियों के बारे में किसी और को पता चलने से बहुत पहले ही पता चल जाता है और वह यह बात अच्छी तरह से समझ लेता है कि उसके दिन गिने-चुने रह गये हैं। इस स्थिति में वह जानबूझकर ऐसे एग्जीक्यूटिवों को प्रोन्नत करता है, जिनकी प्रवृत्ति उससे बिलकुल अलग होती है। ऐसा वह इसलिए करता है, ताकि ये नये अधिकारी उसकी मौजूदा खामियों-कमजोरियों, जो सामान्यतया नयी व्यापारिक स्थितियों का परिणाम होती है, को दोष दें। इसलिए नेतृत्व को जरूरत से ज्यादा सरलीकृत नहीं करना चाहिए कि वह एक ही व्यक्तित्व के इर्द-गिर्द घूमता नजर आए। समानांतरवाद की अवधारणा की प्रबंधन क्षेत्र में कोई जगह नहीं है।

जब आप भारतीय कंपनियों पर नजर दौड़ाएँगे तो आपको पता चलेगा कि सामान्य तौर पर यहाँ समानांतरवाद काम नहीं करता। हिंदुस्तान लीवर में भारतीय चेयरमैनों की एक पूरी शृंखला रही है। इसकी शुरुआत प्रकाश टंडन से हुई और

इसके बाद आनेवाले लोग टंडन से उतने ही अलग थे, जितने वे एक-दूसरे से थे। टंडन के बाद इस पद पर राजाध्यक्ष आसीन हुए, जिनका व्यक्तित्व व नेतृत्व के तौर-तरीके टंडन से उतने ही अलग थे, जितने दो लोगों के हो सकते हैं। यही बात आईटीसी की उत्तराधिकार-शृंखला—हक्सर, सप्रू और चुघ—में भी दृष्टिगोचर हुई।

तीस साल पहले, एचएलएल में ऐसे ढेरों लोग थे, जो टंडन की तरह बात करते थे और उनकी हर संभव तरीके से नकल करने की कोशिश करते थे। स्टैनवैक ऑयल, काल्टेक्स और जॉनसन एंड जॉनसन में अनेक लोग अमेरिकी लहजे में बात करते थे, हालाँकि वे कभी अमेरिका नहीं गये थे। वे कभी-कभार भारत आनेवाले अमेरिकियों से मिलते भर थे। उस समय पंजाब या मद्रास विश्वविद्यालय से स्नातक डिग्री हासिल किये ऐसे बहुत-से लोग ग्लैक्सो के लिए काम करते थे, जो टूटे-फूटे ऑक्सब्रिज लहजे में बात करते थे। वे समानांतरवाद में लिप्त थे। वे सोचते थे कि नेतृत्व का अंधानुकरण उन्हें भी नेता बना देगा। वे उसी तरह की टाई लगाते थे, उसी तरह के सूट पहनते थे, उसी तरह के शौक पालते थे जैसे गोल्फ या स्क्वैश और शौकीन अंग्रेजों के तौर-तरीके अपनाते थे।

उसी समय सुभाष नामक एक व्यक्ति ने पंद्रह साल एक बहुर्राष्ट्रीय कंपनी में काम करने के बाद एक बड़े भारतीय रूढ़िवादी व्यापार-समूह में उपाध्यक्ष के रूप में काम करना शुरू किया। अब उसने सिगरेट पीना छोड़ दिया, शराब छोड़ दी और शाकाहारी बन गया। ऐसा उसने इसलिए किया, क्योंकि वह अपने को अपने अध्यक्ष के अनुरूप ढालना चाहता था, यानी उसने समानांतरवाद से ग्रसित होकर यह सब किया। अगर वह अपनी खुद की इच्छा के चलते यह सब करता तो बात समझ में आती, लेकिन उसने उसी तरह से चोला पहना, जैसे दूसरे लोगों ने ऑक्सब्रिज लहजा या सूट की सिलाई को अपनाया था।

अंधानुकरण जरूरी नहीं

एक बार मुझे एक एग्रोकेमिकल कंपनी के लिए कार्यशाला चलाने हेतु आमंत्रित किया गया। मैंने दिन के पहले तीन सत्र चला लिये। चौथा सत्र कंपनी के सेल्स-मैनेजर को चलाना था। वह एक अच्छा आदमी और एक कुशल एग्जीक्यूटिव था। लेकिन किन्हीं कारणों से उसने अपनी प्रस्तुति में मेरी शैली को अपनाने का फैसला किया। वह मेरी आवाज व मेरे लहजे, मेरे बोलने की गति और मेरे हाव-भाव की नकल करता हुआ प्रतीत हुआ। वह बिलकुल भी अपने-जैसा नहीं लग रहा था और उसका यह प्रयास इतना स्पष्ट था कि सत्र में शामिल लोग बड़ी मुश्किल से अपनी हँसी रोक पा रहे थे। जितने लोग भी वहाँ थे, वे आश्चर्य में थे। उसे समझ में नहीं आया कि क्या गड़बड़ी हुई। यह सत्र बहुत बेकार रहा, हालांकि उसने इसके लिए बहुत अच्छे से तैयारी की थी। वह समानांतरवाद का शिकार हो गया।

समानांतरवाद एक या कुछ आदर्शों को अपनाने से अलग चीज है। आप

आदर्श से सीख सकते हैं, उसके सर्वोत्तम गुणों को अपना सकते हैं। ऐसे लोग होते हैं, जिनकी आप इज्जत करते हैं, उनसे सीखते हैं और उनकी प्रशंसा करते हैं, लेकिन यह कतई जरूरी नहीं कि आप उनका अंधानुकरण भी करें। हरेक प्रबंधक पर उसके खुद के स्वभाव व प्रशिक्षण का असर होता है। हर व्यक्ति का अपना विशिष्ट व्यक्तित्व होता है। हम अपने विशिष्ट तरीके से ही बढ़ते हैं, जिंदा रहते हैं और यहाँ तक कि मरते भी अपने ही ढंग से हैं। इसीलिए ज्ञानी पुरुष इस बात को दोहराते रहे हैं कि 'खुद के प्रति ईमानदार बनो'। सीखने व परिवर्तन की गुंजाइश हमेशा रहती है, लेकिन 'समानांतरवाद' को अपनाना बेवकूफी व अदूरदर्शिता है।

दृढ़ता और धैर्य से ही हासिल होती है सफलता

सफलता की आकांक्षा पालनेवाली नई पीढ़ी के लिए दृढ़ता और धैर्य बेहद जरूरी है

मुंबई की एक बड़ी उपभोक्ता कंपनी के ग्रुप-प्रोडक्ट-मैनेजर के रूप में चुने जाने के डेढ़ साल बाद शशि मेरे पास आया। वह खुश नहीं था। मैंने उससे पूछा, 'क्या हुआ?' उसने कहा कि वह बहुत उन्नति नहीं कर पा रहा है। बोला, 'मुझे यहाँ काम करते हुए एक साल से भी ज्यादा समय हो गया, लेकिन मुझे अगले दो सालों में मार्केटिंग-मैनेजर बनने का कोई रास्ता नहीं नजर आ रहा है।' मैंने उससे पूछा, 'लेकिन जल्दी क्या है?' उसने कहा, '98 के बैच के मेरे साथ के अधिकतर लोग बड़ी या छोटी कंपनियों के मार्केटिंग-मैनेजर बन गये हैं, जबकि मैं पीछे रह गया हूँ। एक एमबीए से ऐसी उम्मीद की जाती है कि वह स्नातक की डिग्री हासिल करने के कम से कम 6 वर्षों में मार्केटिंग-मैनेजर हो जाए और अगर नहीं बनता है तो उसमें पर्याप्त योग्यता नहीं है।'

शशि की बातें सुनकर मुझे आश्चर्य हुआ कि क्या प्रबंधकों की मौजूदा पीढ़ी ने दृढ़ निश्चयी होने की अपनी क्षमता खो दी है? क्या हम तेजी के दौर में आ गये हैं ? क्या यह तुरत-फुरत संतुष्टि पाने या अगर संतुष्टि न मिले तो झल्ला जाने का दौर है? यह बात अतीत में बढ़ते हुए बच्चों पर लागू होती थी। लेकिन क्या अब यह नौजवानों में एक आम प्रवृत्ति के रूप में विकसित हो रही है, विशेष कर उनमें जिन्हें विशेष उच्च शिक्षा का लाभ मिला? क्या शशि सरीखे लोग, टिकने जिनमें की क्षमता प्रतीत होती है, कभी निरंतर प्रतिस्पर्धी होते

वातावरण में एक विशाल व बढ़ता हुआ व्यवसाय खड़ा कर पाने में सक्षम होंगे?

दृढ़ता का फल

मेरा दिमाग वालचंद हीराचंद की कहानी पर चला जाता है, जो वालचंद-समूह के संस्थापक थे। जब हीराचंद ने एक एयरोनॉटिक कंपनी स्थापित करने का फैसला किया (जो बाद में एचएएल के नाम से जानी गयी), तो वे इंजनों के लिए ब्रिटेन में हॉकर सिड्ली से मिलने गये। वे पूरे दो दिन तक कंपनी के प्रबंध-निदेशक से मिलने का इंतजार करते रहे और इसके बाद उन्हें बताया गया कि एमडी के पास हीराचंद से मिलने का समय नहीं है क्योंकि अगले दिन उन्हें अमेरिका जाना है।

हमसे से अधिकतर लोगों ने ऐसी स्थिति में गुस्से में अपने हाथ झटके होते, कंपनी और उसके आडंबरी प्रबंध-निदेशक के बारे में बहुत खराब सोचा होता और वापस अपने देश आ गये होते।

लेकिन हीराचंद ने ऐसा नहीं किया। उन्होंने अमेरिका जानेवाले उस हवाई जहाज का पता किया, जिसमें एमडी यात्रा कर रहा था और उसके ठीक बगल की सीट बुक करा ली। अटलांटिक-पार इस लंबी उड़ान के दौरान उन्हें बात करने का और प्रस्ताव पर चर्चा करने का मौका मिल गया। इसका परिणाम यह हुआ कि यात्रा के अंत तक वे दोनों एक-दूसरे से भली भाँति परिचित हो चुके थे और दोस्त बन चुके थे तथा आपस में कारोबार करने को तैयार हो गये थे। हीराचंद को अपनी दृढ़ता का लाभ मिला।

हार नहीं मानी

1962 में जब जी. डी. बिड़ला ने उस समय उत्तर प्रदेश के विकास को लेकर उत्सुक जवाहरलाल नेहरू के कहने पर हिंदुस्तान एल्युमिनियम कंपनी (हिंडाल्को) स्थापित की, तो उनसे वादा किया गया कि उन्हें यूपीएसईबी से कुछ रियायती दरों पर बिजली मुहैया कराई जाएगी। यह एक बहुत बड़ा प्रोत्साहन था, क्योंकि बिजली एल्युमिनियम के उत्पादन की मुख्य जरूरत है। कुछ सालों बाद यूपीएसईबी ने समझौता तोड़ दिया और दरों में एकतरफा वृद्धि कर दी। हिंडाल्को अनंतकाल तक इस बात की शिकायत कर सकती थी। वह उस दिन के लिए पछता सकती थी, जिस दिन उसने सरकार के आश्वासन पर इस संयंत्र का निर्माण करना शुरू किया। लेकिन जी.डी. बिड़ला ने इस स्थिति को बतौर संकेतक देखा और इससे एक सबक लिया। कंपनी में तमाम विरोधी विचारों के बावजूद उन्होंने हिंडाल्को को बिजली-आपूर्ति करने के लिए खुद का बिजली-उत्पादन-संयंत्र लगाने का फैसला किया। उन्होंने अपने इस फैसले को दृढ़तापूर्वक लागू किया। आज हिंडाल्को एक सफल लाभप्रद कंपनी के रूप में परिचालन कर रही है और उसके बिजली-संयंत्र की उत्पादन-कुशलता का स्तर देश में उच्चतम कोटि का माना जा सकता है। जी.डी. बिड़ला जैसे लोग

आसानी से हार माननेवालों में से नहीं होते। वे चीजों को मूर्त रूप देनेवालों में से थे।

कल्पना साकार

मुझे बताया गया कि जमशेदजी टाटा मानसून के दौरान कभी-कभार सप्ताहांत में अपने दोस्तों के साथ खंडाला जाते थे। एक अच्छे मानसून के बाद पश्चिमी घाट पर झरनों को पूरे उफान पर देखने में उन्हें खासा आनंद आता था। उनकी आँखों में कल्पना तैर जाती थी। वे अपने दोस्तों को बताते थे कि स्विट्जरलैंड में उन्होंने देखा कि कैसे जल-शक्ति से बिजली बनायी जाती है और वे ऐसा ही खंडाला में करना चाहते हैं; उनके अधिकतर दोस्त इन टिप्पणियों को 'स्वप्नदर्शी' की उड़ान कहकर खारिज कर देते थे। लेकिन जमशेदजी टाटा 'चीजों को घटित होता देखनेवालों' में से नहीं थे। वे 'चीजों को घटित करते थे' और इस तरह से टाटा इलेक्ट्रिक कंपनी का जन्म हुआ, जो बिजली-उत्पादन के क्षेत्र में पहला भारतीय प्रयास था।

दूर की अकसर दोहराई जानेवाली कहानी एक अमेरिकी की है, जो अंततः राष्ट्रपति बन गया। वह अपने स्कूल के इम्तिहान में फेल हुआ, कॉलेज की परीक्षा में फेल हुआ और उस कैरियर में जाने में भी असफल रहा, जिसमें वह जाना चाहता था। वह सीनेट के चुनावों में असफल रहा। लेकिन अब्राहम लिंकन नामक वह अमेरिकी तब तक बार-बार प्रयास करता रहा, जब तक वह संयुक्त राष्ट्र अमेरिका का राष्ट्रपति नहीं बन गया।

हालिया उदाहरण

ये सब बहुत साल पहले की बातें हैं। लेकिन मैं कुछ हाल के उदाहरण भी देख रहा हूँ। कार्गिल सीड्स में, जिसका मुख्यालय बंगलौर में है, जॉन हेमिल्टन हैं। कर्नाटक किसान यूनियन द्वारा जिस तरह का विरोध कार्गिल को झेलना पड़ा और जिस तरह का नुकसान उनके कार्यालय व संपत्ति को पहुँचाया गया, उसकी स्वाभाविक प्रतिक्रिया होती कामकाज बंद करके, देश से बाहर चले जाने की। लेकिन कार्गिल और हेमिल्टन ने ऐसा नहीं किया। उन्होंने अपने पैर और मजबूती से जमाये और सही समय का इंतजार किया। आज उन्हें अपने धैर्य का अच्छा प्रतिफल मिल रहा है।

क्या बिजली-परियोजना के प्रति रेबेका मार्क की दृढ़ता रंग लायी? इसका जवाब पाने के लिए इंतजार करके देखना होगा कि सुश्री मार्क सफल होती है या नहीं। इस मामले में सुश्री मार्क ने भी एग्जीक्यूटिवों को दृढ़ इच्छाशक्ति का मार्ग दिखाया है।

कुछ सबक कालजयी होते हैं। ये सब विशेष कर तुरंत सफलता चाहनेवाली

नयी पीढ़ी के लिए हैं। ऐसी ही एक कहानी ग्रीक मिथकों में प्रोमिथस की है, जिसे मिट्टी के घड़े में बैठकर एजियन समुद्र पार करने का आदेश दिया गया था। दुर्घटनावश किसी चट्टान से टकराने का अर्थ था, यात्रा की समाप्ति। प्रोमिथस की तरह ही प्रबंधकों से भी यह अपेक्षा की जाती है कि अगर उन्हें एजियन कॉरपोरेट समुद्र को सफलतापूर्वक पार करना है, तो वे सतर्कता और धैर्य का प्रदर्शन करें।

अनुशासन आपका दुश्मन नहीं

एक पच्चीसवर्षीय महिला ने अक्तूबर, 1982 में न्यूयॉर्क मैराथन में भाग लिया। वैसे यह तब तक कोई विशेष बात नहीं, जब तक कि आप इस तथ्य को न जानें कि लिंडा डाउन नामक यह महिला मस्तिष्क संबंधी रोग से पीड़ित थी। डाउन दौड़ में कम से कम आधा दर्जन बार गिरी, लेकिन उसने तब तक दौड़ना जारी रखा, जब तक दौड़ शुरू करने के ठीक 11 घंटे बाद दौड़ की समापन-रेखा पार नहीं कर ली। उसकी क्षमता ने उसकी गति अवश्य कम की, लेकिन संकल्प को नहीं डिगा सकी।

अमेरिकी कवि हेनरी वैड्सवर्थ लांगफेलो ने लिखा है : 'कार्य आरंभ करने की कला उत्तम है, पर उसे पूर्ण करने की कला सर्वोत्तम है।'

ताकतवर जिन्न

अनुशासन से तो अंततः आपका भला ही होना है

कितना अच्छा होता कि हम सबके पास एक जिन्न होता, जो हमारे शुरू किये कार्य पूरे करने में मदद कर दिया करता। दुर्भाग्यवश यह संभव नहीं। लेकिन हमारे पास उतनी ही शक्तिशाली और सहायक एक दूसरी चीज है, जिसका नाम है अनुशासन। अलबत्ता उसके लिए हमें मूल्य बहुत चुकाना पड़ता है। पोलिश पियानोवादक पादरवेस्की का पियानो-प्रदर्शन देख-सुनकर एक प्रशंसक ने उनसे कहा, 'ऐसे संगीत के लिए तो मैं अपना पूरा जीवन निछावर कर सकता हूँ।' इस पर उस प्रख्यात पियानो-वादक ने कहा, 'मैंने यही तो किया है।'

उपलब्धि बहुधा प्रवंचनशील होती है, क्योंकि उसके लिए किए गए प्रयत्न और उठाए गए कष्ट हम देख नहीं पाते। फलतः हम उसका श्रेय निष्पादक की बुद्धि, शक्ति या भाग्य को दे देते हैं और ऐसा करके अपने को शर्म या जिम्मेदारी के बोझ से मुक्त कर लेते हैं क्योंकि हममें इन तीनों का अभाव होता है। इसका यह अर्थ नहीं कि अनुशासन से हम सभी पियानोवादक बन सकते हैं, लेकिन यह अवश्य है कि हम प्रयास करें तो किसी न किसी लक्ष्य को प्राप्त अवश्य कर सकते हैं। शर्त केवल दृढ़ संकल्प है। लक्ष्य के प्रति अडिग कैसे बनें? इसके लिए कोई जादुई नुस्खा नहीं है, पर एक उपाय है जो हमें कई बार अस्थिर होने से बचा सकता है। प्रस्तुत हैं कुछ मूल तथ्य :

नकारने की शक्ति

यह उतनी ही महत्त्वपूर्ण है, जितनी 'इच्छाशक्ति'। प्राचीन चीनी विचारक मेनशियस का कहना है, 'मनुष्य को पहले यह निश्चित करना चाहिए कि वह क्या नहीं करेगा, तभी वह जो करना चाहिए, उस पर अपनी संपूर्ण शक्ति लगा पाएगा।' अनुशासन का अर्थ है—चयन। हमेशा आप जब किसी एक लक्ष्य को 'हाँ' करते हैं, तो कई लक्ष्यों की 'ना' भी कहते हैं। हर पुरस्कार का अपना मूल्य है। पुरस्कार 'हाँ' है, मूल्य 'ना'। सुप्रसिद्ध यूक्रेनियन-अमेरिकी गायक इगोर गोरिन ने अपने संगीत सीखने के आरंभिक दिनों के बारे में बताया है कि उनकी पाइप पीने का शौक था, लेकिन एक दिन उनके शिक्षक ने कहा, 'इगोर, तुम्हें निश्चय करना होगा कि तुम महान संगीतज्ञ बनना चाहोगे या प्रसिद्ध पाइप-पियक्कड़। तुम दोनों नहीं बन सकते।' और तब से उनका पाइप हमेशा के लिए छूट गया।

विलंब-परितुष्टि

बहुचर्चित उपन्यास 'द रोड लेस ट्रेवल्ड' के लेखक एम स्कॉट पेक ने अनुशासन को एक औजार की संज्ञा देते हुए उसे 'जीवन के सुख और दुख की ऐसी समायोजना' बताया है, जिसमें 'सुख पाने के लिए पहले दुख से टकराकर उसे झेलना और उस पर विजय पाना होता है।'

इसके अंतर्गत रोजमर्रा के निर्णय भी हो सकते हैं, जैसे देर रात टी.वी. पर आनेवाला अपना मनपसंद कार्यक्रम छोड़कर जल्दी सो जाना ताकि अगले दिन होनेवाली बैठक के लिए जल्दी उठा जा सके, तो दूसरी इसमें दीर्घकालिक संकल्प भी शामिल हो सकते हैं। एक कम उम्र की विधवा ने, जिसके तीन बच्चे थे, बीमा-कंपनी से प्राप्त धन अपने लिए कॉलेज की उच्च शिक्षा प्राप्त करने में लगाने का निश्चय किया। उसे समय के अभाव और कसे बजट का सामना करना पड़ा, मगर जो द्वार यूनिवर्सिटी की डिग्री के जरिये खुलते थे, उनके सामने यह बलिदान बहुत छोटा था। आज वह एक अच्छी आयवाली वित्त-सलाहकार है।

संतुलन साधना

अनुशासन को कभी कठोरता नहीं समझना चाहिए। परिपूर्णता लक्ष्य नहीं है, बल्कि हमें आत्म-शांति के लिए प्रयास करना चाहिए, जोकि आत्म-संयम से मिलती है।

इससे पहले कि आप अपने इरादे को पूरा करने के लिए अपने को कष्ट दें या आपको खुद से निर्दयता की शिकायत हो, आपको अपनी योजना में कुछ परिवर्तन करने पड़ेंगे। साथ ही, काम करते समय निष्कंभक यानी विराम या अवकाश के रूप में बीच-बीच में थोड़ा टहल लेना चाहिए या कोई और रुचिकर कार्य कर लेना चाहिए। पर इसमें ज्यादा समय नष्ट न हो, यह ध्यान रखना भी आवश्यक है। ऐसे 'पुरस्कार' कार्य पूरा करने के लिए प्रोत्साहित करने के साथ-साथ उसकी गति बनाए रखने में भी सहायक होते हैं। सच्चा अनुशासन कर्मठता व संतुलन बढ़ाता है, न कि थकान व उत्तेजना। असल में, अनुशासन को भी अनुशासित करने की जरूरत होती है।

आत्म-विकास

अनुशासित लोग खुश रहते हैं, क्योंकि वे अपनी आंतरिक क्षमता को जानते हैं। दुर्भाग्यवश अनुशासन का नाम सुनते ही हम दुखी हो जाते हैं, क्योंकि यह हमें अनिवार्य, बाध्यकर और दंडात्मक लगता है, उस सख्त अधिकारी-जैसा जो हमारा पीछा करके हमें नियम-कानून का पालन करने को कहता है। सच तो यह है कि अनुशासन सख्ती से पेश आनेवाला दुश्मन नहीं है, बल्कि भलाई चाहनेवाला दोस्त है। वह आत्म-सुरक्षात्मक है, आत्म-तिरस्कार नहीं। जैसे ही हमें यह बात समझ आ जाएगी, हम अनुशासन का ध्यान दिलाए जाने पर हीनता का अनुभव नहीं करेंगे, बल्कि आगे बढ़कर उसे अपनाएँगे। अलबामा यूनिवर्सिटी का पूर्व चमकता फुटबॉल-खिलाड़ी चार्ले बोसवेल, जो आगे चलकर व्यावसायिक बेसबाल खेलने की आशा रखता था, द्वितीय-विश्वयुद्ध में अपनी दृष्टि खो बैठा; पर क्या इससे वह रुक सका? आगे चलकर वह सत्रह बार अमेरिका का राष्ट्रीय गोल्फ-चैंपियन बना। उसका कहना था, 'मैं जो खो चुका, उसे नहीं गिनता बल्कि जो मेरे पास है, उसे गिनता हूँ।' इसे ही आत्म-विकास कहते हैं, यही अनुशासन है।

व्यवहार बदलने की नीति

बहुत-से लोगों का पतन बुरी आदतें बदलने के लिए उनके स्थान पर अवांछित आदतें अपनाने से होता है। दूसरे शब्दों में, बुरी आदत को वे दूसरी बुरी आदत से बदल लेते हैं, अच्छी आदत से नहीं। जाहिर है कि इससे स्थिति में कोई अंतर नहीं आता। अनगिनत लोगों ने मुझे बताया है कि वजन कम करने या स्वस्थ रहने के लिए वे अच्छा भोजन करना चाहते हैं, लेकिन अपना 'स्वादिष्ट चटपटा' भोजन भी नहीं छोड़ना चाहते। असल में उन्हें यह सोचने के स्थान पर कि वे क्या नहीं खा

सकते, यह सोचना चाहिए कि वे क्या खा सकते हैं।

पुरानी आदतें बदलना आसान नहीं। एक बहुत मोटी महिला ने एक सभा में मुझे बताया, 'मैं इतनी असंयमी हूँ कि अपनी दैनिक आहार-योजना का पालन नहीं कर पाती और मेरा घर हर वक्त भोजनालय बना रहता है। मैं खुद को फूहड़ महसूस करती हूँ।' मैंने उससे कहा कि 'आप पूर्णतः असंयमी नहीं, यह आपने इस सभा में आकर सिद्ध कर दिया है। आप हर सभा में ठीक समय पर आयी हैं और आप साफ-सुथरी भी हैं।' वह मुस्करा उठी, और फिर मैंने कहा, 'निश्चय ही कोई वजह है कि आप वजन कम नहीं कर पा रहीं और न ही अपना घर ठीक रख पा रही हैं।' बाद में मुझे पता चला कि इसके पीछे एक बड़ा कारण है। वह एक साल पहले विधवा हुई थी। उसका पति शराबी था। चौबीस साल के वैवाहिक जीवन में उसे हमेशा गाली देता रहता था। अपने को हीन समझकर वह कभी सकारात्मक ढंग से नहीं सोच पाती थी। मगर यह जान लेने और लोगों से परामर्श लेने के बाद उसका अगला कदम खुद को अनुशासित बनाना था। कुछ मित्रों ने भी उसे घर आने का आश्वासन दिया और घर साफ करने तथा आदत बदलने के नियमों का सख्ती से पालन करने में सहयोग दिया।

मुद्दे पर ध्यान दें

मेरे एक मित्र ने एक बार अपने बचपन के संस्मरण सुनाते हुए बताया, 'मुझे अपने स्कूल के दिन याद आते हैं और सुबह माँ की आवाज कि 'उठने का समय हो गया।' मैं दुखी मन से बिस्तर पर उस आखिरी क्षण तक पड़ा रहता, जब तक कि मेरी माँ संयम न खो देती। फिर मैं कॉलेज के लिए दूर चला गया, तो मुझे अपने-आप उठना पड़ता। आखिरकार उठने की जंग से ऊबकर मैंने निश्चय किया कि अलार्म बजते ही मैं उठ जाऊँगा, क्योंकि जैसे भी हो, मैं उठना चाहता था। यह आज तक काम आ रहा है।'

डेविड-डी बर्न्स ने अपनी किताब 'फीलिंग गुड, द न्यू मूड थेरेपी' में लिखा है, 'कर्म पहले आता है, प्रेरणा नहीं। अगर आप प्रेरणा का इंतजार करते रहे, तो जीवनभर इंतजार ही करते रह जाएँगे।' अगर आपको कोई काम पसंद नहीं आता या कठिन लगता है, तो आप उसे छोड़ देते हैं। लेकिन अगर आप उसमें लगे रहें तो कुछ देर बाद उसमें खो जाते हैं और फिर वह क्रमशः हमें पसंद भी आने लगता है और कठिन भी नहीं लगता। यह जादू उस लगन का है, जो अनुशासन से आती है।

अनुशासन सहज नहीं है। उसकी आदत डालनी पड़ती है। पर इसके बिना कोई चारा भी नहीं, क्योंकि अपने जीवन पर अधिकार प्राप्त करने की यही एकमात्र कुंजी है। यह छोटी-सी आदत बड़ी लाभदायक सिद्ध होती है, क्योंकि जब हम अनुशासित होते हैं, तो शारीरिक और मानसिक संतुलन की चरम सीमा पर होते हैं।

उपयोगी है नोट करने की आदत

नोट करने की आदत से आप अपनी स्मरणशक्ति का बेहतर इस्तेमाल कर सकते हैं

हाल के वर्षों में व्यवसाय-संबंधी सबसे अधिक बिकनेवाली किताबों में से एक है, फ्रेड पोप द्वारा लिखित 'अपने ग्राहक को खुश रखने के 50 नियम'। प्रत्येक विज्ञापन-एग्जीक्यूटिव को यह किताब पढ़नी चाहिए और सच तो यह है कि यह एक ऐसी किताब है जिसे प्रबंध-सलाहकार सहित किसी भी तरह के सेवा-संबंधी व्यवसाय में लगे लोगों को जरूर पढ़ना चाहिए। इसमें 'नोटबुक' शीर्षक से एक अध्याय है, जिसकी शुरुआती पंक्तियाँ हैं, 'मैं इस बात को कोई तवज्जो नहीं देता कि आपकी स्मरणशक्ति कितनी अच्छी है, क्योंकि हम दैनिक कार्य-व्यापार में आनेवाली असंख्य बातों को याद रखने की उम्मीद लेकर नहीं चल सकते हैं। खास कर कुछ समय बीत जाने के बाद तो सारी बात याद रहने का कोई भरोसा नहीं रहता। इसलिए एक स्पाइरल बाइंडिंगवाली नोटबुक साथ में रखा कीजिए। उसमें प्रतिदिन तारीख डालिए और अपनी मीटिंगों, फोन-कॉल और अन्य वे सारी बातें जो आपके काम की हों, नोट करते जाइए।

'मैंने पिछले दस वर्षों से भी ज्यादा अवधि की फाइलें व नोटबुकें सँभाल कर रखी हैं, आप विश्वास नहीं करेंगे कि वे मेरे लिए कितनी उपयोगी साबित हुई हैं।' यह सलाह एक सफल विज्ञापन-एग्जीक्यूटिव और लेखक की है, जो पहली नजर में बिलकुल मामूली लग सकती है, पर है बड़े काम की।

फर्क नोट करने और न करने का

कुछ समय पहले एक प्रतिष्ठित फिल्म-निर्माता छोटी-सी यात्रा पर भारत आये हुए थे। कई पत्रकारों ने उनका साक्षात्कार किया। मैं उन साक्षात्कारों में उपस्थित था। एक पत्रकार उनमें ऐसा भी था, जो पूरी तैयारी करके आया था। वह अपने सवाल लिखे हुए था और सिलसिलेवार लिखे हुए था। उसने डिक्टाफोन इस्तेमाल करने की इजाजत माँगी, जो दे दी गयी। लेकिन इसके साथ-साथ वह कुछ नोट्स भी लिखता गया। वह उस विशेषज्ञ के साथ मात्र पच्चीस मिनट रहा होगा, लेकिन उसने उस साक्षात्कार को आधार बनाकर तीन पृष्ठों का एक गंभीर, खोजपूर्ण आलेख तैयार कर लिया। दूसरा पत्रकार इस तरह के प्रश्नों की सूची के बगैर, बिना पूर्व तैयारी के ही आ गया था। वह घुमा-फिराकर वार्तालाप करता रहा। उसने कुछ नोट्स भी नहीं लिये। उसने बताया कि उसे सबकुछ याद रहता है और कि उसकी स्मरणशक्ति घटनाओं का हूबहू बयान कर सकने में सक्षम है। उसने पूरे एक घंटे साक्षात्कार लिया। वह एक विशेष साक्षात्कार था। अंत में उसने एक पृष्ठ की रिपोर्ट तैयार की। अलग-अलग अखबारों में दोनों पत्रकारों की रिपोर्ट पढ़कर मैंने जान लिया कि वह बातचीत को ढंग से पेश नहीं कर सका था। वह अधिकतर बातें भूल चुका था!

ठीक नहीं स्मरणशक्ति पर अतिनिर्भरता

कई वर्ष पहले मैं खुद अपनी स्मरणशक्ति पर भरोसा रखकर चला करता था। एक बार मुझे सुबहवाले पूरे सत्र के दौरान पाँच-छः प्रत्याशियों के साक्षात्कार लेने थे। साक्षात्कार के दौरान कुछ बातें नोट करते जाना मुझे अच्छा नहीं लगा, ताकि इससे प्रत्याशी कहीं परेशानी महसूस न करने लगे। साक्षात्कार जल्दी-जल्दी निपटाने के लिए मैं एक के तुरंत बाद दूसरे प्रत्याशी को बुला लेता।

जब सुबह का अंतिम साक्षात्कार समाप्त हो गया, तो एक हलके-फुलके नाश्ते के बाद मैं सुबह के कार्य का पुनरवलोकन करने बैठा। मैंने पाया कि मैं वे सारी बातें साफ-साफ याद कर सकने में सफल नहीं हो सकता कि पहले साक्षात्कार में क्या हुआ या उसके बादवाले में क्या हुआ। जिन आवेदन-पत्रों के साथ फोटोग्राफ नहीं लगे थे, उनके बारे में तो मैं प्रत्याशियों के चेहरे भी याद नहीं कर सका और यदि चेहरा याद आया भी तो मैं चेहरे से उनके नाम का संबंध नहीं जोड़ पाया! तब से मैंने अपनी स्मरणशक्ति पर जरूरत से ज्यादा निर्भर रहना छोड़ दिया।

स्वर्गीय इयान मैककिनॉन, जो ग्लैक्सो इंडिया के प्रबंध-निदेशक थे और बहुत ही सफल एग्जीक्यूटिव माने जाते थे, प्रत्याशियों के साक्षात्कार के बारे में चार बातें हमेशा बताया करते थे (और ख़ुद भी उनका पालन करते थे)। वे बताते थे कि प्रत्याशी के प्रति शालीनता बरतो, ज्यादा बातें उसे ही करने दो, उससे नोट्स लेने

की अनुमति प्राप्त कर लो और उसके बाद बिना उस पर से ज्यादा नजर हटाये संक्षेप में नोट्स लेते जाओ।

गंभीरता परिलक्षित होती है नोट करने से

पिछले बीस वर्षों में मेरे पुस्तकालय से बीस फीसदी किताबें खो चुकी हैं, जिन्हें मैंने बहुत ही सावधानी से चुन-चुनकर अच्छा-खासा पैसा खर्च करके मुश्किल से जुटाया था। 'यह कोई मजेदार किताब मालूम पड़ती है। क्या तुम इसे पढ़ चुके हो?' मैं स्वीकार कर लेता था कि हाँ, मैं पढ़ चुका हूँ। 'क्या जल्दी जल्दी पढ़कर इसे कुछेक दिन में लौटा दूँ?' 'हाँ-हाँ, क्यों नहीं,' और मैं खुशी-खुशी किताब उन्हें दे देता। वे लोग मेरे अच्छे दोस्त होते थे और उनकी किताबों में दिलचस्पी भी होती थी। पर वे किताबें कभी वापस नहीं आ पाती थीं। हफ्ते या महीनेभर बाद मुझे मुश्किल से ही याद आ पाता था कि कौन व्यक्ति कौन-सी किताब माँगकर ले गया है। यहाँ तक कि यह भी याद नहीं रह पाता था कि आखिर कौन-कौन व्यक्ति मुझसे किताब माँगकर ले गये हैं।

बहुत बाद में जाकर मैंने अपने पुस्तकालय के समीप कार्ड-बॉक्स रखना शुरू किया। मैं किताबें उधार अब भी देता हूँ, लेकिन तुरंत किताब का नाम और ले जानेवाले का नाम तारीख के साथ एक कार्ड पर लिख लेता हूँ और उसे बॉक्स में डाल देता हूँ। इतना करने में मुझे केवल दो मिनट लगते हैं। लेकिन इससे किताब की वापसी सुनिश्चित हो जाती है। नोट कर लेने भर से इसमें कुछ गंभीरता जुड़ जाती है। लेनेवाला समझ लेता है कि मैं इस बारे में पाबंद हूँ। किताब आम तौर पर समय पर लौट आती है, यहाँ तक कि इसके लिए दोबारा याद दिलाने की जरूरत भी नहीं पड़ती।

विजिटिंग-कार्डों पर नोटिंग

डॉ. वेंस्टीन से मिलकर मैं दंग रह गया और खुशी भी हुई। वे पेरिस के निकट स्थित यूरोपियन कॉलेज ऑफ मैनेजमेंट, 'इंसटीड' में प्रबंधन के जाने-माने प्रोफेसर थे। आपस में परिचय हो जाने और संक्षिप्त बातचीत के बाद प्रो. वेंस्टीन ने मुझे अपना विजिटिंग-कार्ड दिया। मैंने भी अपना विजिटिंग-कार्ड उन्हें दिया। उन्होंने देखा, उसको पढ़ा और तब अपना पेन निकाला और उस पर तारीख, स्थान और उस व्यक्ति का नाम जिसने मुझे उनसे मिलवाया था, नोट कर लिया। इसके बाद उन्होंने जल्दी से उसे अपनी जेब में डाल लिया और इस थोड़ी-सी देर के विराम के बाद बातचीत का सिलसिला पूर्ववत चालू हो गया। इससे मुझे एक सबक मिला।

मेरे पास पिछले दस वर्षों में जमा हुए विजिटिंग-कार्डों के तीन बड़ी-बड़ी ट्रे हैं। मैं यदा-कदा उनमें से कुछ कार्ड छांट देता हूँ। आम तौर पर ऐसा ट्रे में कार्ड रखने

की जगह कम पड़ जाने पर ही करता हूँ। कई बार इन कार्डों को सरसरी निगाह से देखते हुए मुझे यह याद नहीं आ पाता कि ये लोग कौन हैं, इनसे मेरी मुलाकात कहाँ हुई थी और यह कार्ड मैं इतने लंबे समय तक क्यों रखे हुए हूँ। यदि प्रो. वेंस्टीन की सरल-सी आदत मैंने भी अपनायी होती तो शायद मैं अपने व्यापक संपर्कों का काफी ज्यादा फायदा उठा सकता था क्योंकि तब मैं वे सारे विवरण याद कर सकता था, जो अब संभव नहीं। अलबत्ता प्रो. वेंस्टीन से मिलने के बाद से मैं ऐसा ही करने लगा हूँ।

धन और समय दोनों की बचत

मैं ऐसे कई एग्जीक्यूटिवों से मिला हूँ, जो पाँच-सात दिन की यात्रा से लौटकर आने के बाद आधा दिन अपने खर्चों व शेष बचे नकद का हिसाब मिलाने में गुजार देते हैं। हिसाब में कुछ कम-ज्यादा मालूम पड़ता है। बाकी पैसा गया कहाँ? यदि हिसाब नहीं मिल सका तो उसे अपनी जेब से भरना पड़ता है। इन एग्जीक्यूटिवों की यात्रा में खासी राशि खर्च होती है। आखिरकार कोई एग्जीक्यूटिव कितना याद रख सकता है? इसलिए बीच-बीच में खर्च नोट करते जाना कुछ खराब भले ही लगे, पर इससे एग्जीक्यूटिवों का काफी धन और समय बच सकता है।

अच्छी याददाश्त के बावजूद

याददाश्त बढ़ाने के बारे में बेशक कई किताबें भी हैं। व्यक्तिगत प्रशिक्षण कार्यक्रम भी हैं, जिनसे मानसिक एकाग्रता और याददाश्त बढ़ती है। कुछ वर्ष पहले मैं श्रॉफ से मिला था, जो विशेष उपायों से बढ़ी हुई अपनी स्मरणशक्ति का प्रदर्शन कर रहे थे। एक रोटरी-मीटिंग में उनसे 65 व्यक्तियों का परिचय करवाया गया और जब आखिरी मुलाकात पूरी हो गयी, तो उन्होंने वे सभी 65 नाम उसी क्रम से ठीक-ठीक दोहरा दिये। उन्होंने विश्वास दिलाया कि ऐसा हर कोई कर सकता है।

लेकिन यदि हमारे पास स्मरणशक्ति की जन्मजात क्षमता विकसित हो तब भी, उन नाना प्रकार की समस्याओं को देखते हुए, जिनसे प्रत्येक एग्जीक्यूटिव को प्रतिदिन गुजरना पड़ता है, नोट करने की इस सरल, पर अत्यंत महत्त्वपूर्ण आदत से काफी मदद मिल सकती है। तब अपनी विकसित स्मरणशक्ति उन तथ्यों को याद रखने में इस्तेमाल की जा सकती है, जो काफी दिनों बाद तक उपयोग में लाये जानेवाले हों।

कम मेहनत से मुमकिन है ज्यादा काम

ज्यादातर लोग जरूरत से ज्यादा कड़ी मेहनत करते हैं, हालाँकि जीवन की कई उपलब्धियाँ इतनी मेहनत की माँग नहीं करतीं। तो भला, किसी काम में लगनेवाले हमारे समय और श्रम से अधिकतम लाभ कैसे प्राप्त हो?

असल में, अपने को अधिक कारगर और कारआमद रूप में विकसित करना गोल्फ खेलने-जैसा है। सिद्धांततः गोल्फ में पूर्ण दक्षता का आदर्श अंक 18 है, जो लगातार अट्ठारहों छिद्रों में गेंद पिराकर ही प्राप्त होता है। जाहिर है, इतने अंक कभी कोई खिलाड़ी प्राप्त नहीं कर पाएगा, फिर भी गोल्फ में दक्षता प्राप्त करने को लालायित खिलाड़ी कभी अपने प्रयास से विरत नहीं होते। यदि आप भी इस प्रयास में लगे हों कि कम से कम मेहनत कर उसका अधिक से अधिक फल प्राप्त किया जाए, तो आप भी यही रुख अपनाएँ।

नकारात्मक भावनाएँ समाप्त कर देने से समय व शक्ति की उपलब्धता बढ़ जाती है

रोज लक्ष्य निर्धारित करें

प्रतिदिन अपने कामों की सूची बनाने की आदत ठीक वैसी होनी चाहिए, जैसे दाँत माँजने की होती है। यह सूची बनाने में आप जो थोड़ा-बहुत समय और शक्ति लगाएँगे, वह इसमें लगी मेहनत से कई गुना अधिक फलदायक होगी। थोरो ने ठीक ही कहा है, 'व्यस्त होना ही काफी नहीं है, सवाल यह है कि हम किस काम में व्यस्त हैं।'

महत्त्वपूर्ण कामों के लिए यदि दिन का वह समय निर्धारित करें, जबकि आप अधिक दक्षता के साथ उन्हें कर पाते हों, तो आप थोड़ी मेहनत से ज्यादा काम निबटा सकेंगे। जिन कामों के लिए एकांत और एकाग्रता जरूरी हो, उन्हें अधिकतर लोग सुबह नौ बजे से पहले कहीं ज्यादा अच्छी तरह कर पाते हैं। जिन कामों में अन्य लोगों की उपस्थिति जरूरी हो, वे दिन में करने चाहिए। इस ढंग से आप कुछ ही दिनों में यह जान जाएँगे कि कौन-सा काम आप किस समय सबसे अच्छे ढंग से कर सकते हैं। कुछ मामलों में आप अपने रोजमर्रा के सामान्य कामों में अनिवार्य रूप से लगनेवाले समय का उपयोग अन्य कार्यों के लिए भी कर सकते हैं यानी एक पंथ दो काज।

अत्यावश्यकता और महत्त्व का अंतर समझें

हमारे दैनिक जीवन में ये दोनों शायद ही कभी एकसाथ घटित होते हों। मान लीजिए, आप किसी से मिलने जा रहे हैं और रास्ते में गाड़ी में पंक्चर होने पर टायर बदलना पड़ जाए, तो वह स्थिति अत्यावश्यकता का तकाजा हो सकती है, लेकिन अधिकतर मामलों में इसका महत्त्व नगण्य है। दुर्भाग्य की बात तो यह है कि हममें से अधिकतर लोग अपनी जिंदगी पंक्चरशुदा टायर को बदलने में ही गुजार देते हैं और कम आवश्यक, किंतु अपेक्षाकृत अधिक महत्त्वपूर्ण मामलों की अवहेलना करते रहते हैं।

कभी आपके सामने एकसाथ अनेक समस्याएँ हों तो अपने-आपसे पूछिए कि उनमें से वास्तविक महत्त्व की कौन-कौन सी हैं और उन्हीं को महत्त्व दीजिए। यदि आप स्वयं को इस बात से संचालित होने देते हैं कि आवश्यक क्या है, तो आपकी जिंदगी कभी इस सांसत में फँसी रहेगी, तो कभी उस सांसत में। किसी समस्या की नौबत न आने देने के लिए उचित कदम उठाने की मामूली दूरदर्शिता से ही यह सुनिश्चित हो जाता है कि आप अपना समय इस या उस मुश्किल से निबटने के बजाय अपने लक्ष्यों की प्राप्ति में लगाएँगे।

मेज पर काम करने की कला सीखें

हममें से बहुत सारे लोग अपना थोड़ा-बहुत या सारा काम मेज पर निबटाते हैं। मेज वस्तुतः एक साधन मात्र है, जो सूचनाओं के विश्लेषण में सहायक होती है। वह कोई ऐसी जगह नहीं, जहाँ कागजी अभियान की गुंजाइश हो। न तो वह बेमतलब अनुपयोगी चीजों का गोदाम है और न ऐसी सपाट जगह कि आप उस पर ऐसी तमाम चीजों का ढेर लगाते चले जाएँ, जिन्हें आप याद रखने की जरूरत समझते हों। समय के सुप्रबंध या सदुपयोग से संबद्ध एक परामर्शदाता ने एक ऐसे प्रबंधक की गतिविधियों का सूक्ष्म निरीक्षण किया, जिसकी मेज पर कागज-पत्थर का अंबार लगा रहता था। वह इस निष्कर्ष पर पहुँचा कि उक्त सज्जन अपनी मेज

पर रखी सामग्री से सूचनाएँ प्राप्त करने में रोज औसतन दो घंटे से ज्यादा समय खर्च करते हैं। बहुत-सी मेजों पर तो फैसले बस दफन होकर रह जाते हैं। अपनी कार्यक्षमता के विकास के लिए अपनी मेज को फिर से व्यवस्थित करने का प्रयास करें। सोचिए कि मैं अगर इस कागज को फेंक दूँ, तो इसका बुरे से बुरा परिणाम क्या हो सकता है? अगर इसका उत्तर भीषण परिणाम न लिये हो, तो उस सामग्री को तुरंत रद्दी की टोकरी में डाल दें।

'ना' करना सीखें

'मेहनत कम, काम ज्यादा' की सफलता इस पर अधिक निर्भर करती है कि क्या न किया जाए। बहुधा सामर्थ्य से अधिक दायित्व लेकर हम अपनी कार्यक्षमता क्षीण कर लेते हैं। दुर्भाग्यवश, हममें से बहुत-से लोग एकदम जानते ही नहीं कि कोई हमसे हमारे समय अथवा शक्ति का उपयोग अपने किसी काम के लिए करने का नाजायज अनुरोध करे तो उसे इनकार कैसे किया जाए? हम जो 'हाँ' कर देते हैं, उसके दो मूल कारण हैं : एक तो हम यह सोचकर भयभीत होते हैं कि वह हमारे बारे में घटिया धारणा बना लेगा। दूसरे, जब कोई हमसे सहायता का अनुरोध करता है, तो हमारा 'अहं' जग जाता है, जो हमारे भीतर सत्ता का दंभ भर देता है। इन दोनों ही मामलों में 'हाँ' कर देना आत्म-पराजय है। अतः जब आप 'ना' करना चाहते हों, तो बिना लाग-लपेट के तुरंत 'ना' कह दीजिए। 'मुझे पता नहीं' अथवा 'मुझे सोचने का मौका दें' जैसे जवाब से जहाँ स्वयं को आत्मिक क्लेश होता है, वहीं दूसरे को झूठी आशा भी जगती है और मना करते हुए न तो स्वयं को अपराधी समझने की जरूरत है, न इस बात की कि आप नम्रतापूर्वक किसी अनुरोध को अस्वीकार करते हुए उसका स्पष्टीकरण भी दें।

टेलीफोन का उपयोग करें, लेकिन उससे चिपकें नहीं

टेलीफोन आपकी मेहनत व समय बचाने का एक विलक्षण साधन बन सकता है। इससे आप कुछ ही मिनटों में वह सूचना प्राप्त कर लेते हैं, जो पत्रों के माध्यम से हफ्तों या महीनों बाद मिल पाती। उसके लिए चक्कर काटने में लगनेवाले धन और समय, दोनों की बचत इससे होती है। तो भी टेलीफोन से चिपके रहना अपने-आपमें एक ऐसी बीमारी है, जिससे समय, शक्ति और धन का भारी मात्रा में क्षय होता है।

फोन के अचानक घनघना उठने से विघ्न पड़ना रोजमर्रा की बात है। हम अकसर वक्त-बेवक्त घंटी बजने पर टेलीफोन उठा लेते हैं और इस तरह अपने काम में बाधा पड़ने देते हैं। ऐसा न होने दें। टेलीफोन करने व सुनने का समय निर्धारित कर लें और सभी संबंधित व्यक्तियों को उससे अवगत करा दें।

सामर्थ्य की हत्यारी भावुकता से पिंड छुड़ाएँ

अपनी कल्पना एक ऐसी कटोरी के रूप में करें, जिसमें समय और शक्ति द्रव रूप में भरे हैं। इस कटोरी में छेद के समान हैं नकारात्मक भावनाएँ। इन छेदों को जिस हद तक बंद कर सकेंगे, उतना ही अधिक समय व शक्ति आपको उपलब्ध होगी। इससे आप पूर्णता प्राप्त करने की दिशा में बढ़ सकेंगे। तमाम नकारात्मक भावनाओं में से एक, यानी कुछ विशेष न कर पाने की स्थिति से उपजी दोष-भावना तो एकदम व्यर्थ है। ग्लानि, पश्चात्ताप अथवा व्यथित होने से अतीत तो बदलने से रहा! हाँ, इससे यह जरूर होता है कि आगे भी कोई काम नहीं हो पाता। अपने जीवन से चिंताओं को दूर रखने के दो ही रास्ते हैं। एक तो यह कि चिंताओं का डटकर सामना करें। अपने-आपसे यह पूछें कि इस स्थिति से भी बदतर क्या गुजर सकती थी? प्रायः इसका उत्तर मिलते ही चिंता करने की जरूरत नहीं रह जाती। दूसरा रास्ता यह है कि चिंता करने के बजाय आसन्न विपत्ति से निबटने की ठोस योजना बनाएँ। अपने सार्थक लक्ष्य निर्धारित कर लें और उनकी प्राप्ति के लिए सचेष्ट हो जाएँ। व्यर्थ की चिंता से पिंड छुड़ा लेने की प्रक्रिया आपको एक नया ही इनसान बना देगी। सहसा आपको लगने लगेगा कि आपके पास इतना समय, इतनी क्षमता और इतनी योग्यताएँ हैं, जिनकी कल्पना आपने सपने में भी नहीं की थी। असल में, जीवन पर बहुत-से काले साये इसलिए मँडराते रहते हैं, क्योंकि मनुष्य स्वयं अपने ही प्रकाश को रोककर खड़ा रहता है।

कहने का भी तरीका होता है

फ्रेंच आलोचक और उपन्यासकार अनातोले ने फ्रांस के पुरुषों के प्रति महिलाओं की पसंद-नापसंद के बारे में एक बड़ी रोचक बात कही है, 'स्त्री को चुनाव करना है—ऐसे आदमी का वह विश्वास नहीं कर सकती जो महिलाओं में प्रिय हो, और ऐसे आदमी के साथ वह खुश नहीं रह सकती जो महिलाओं में अप्रिय हो।'

जो कुछ हम जीवन में पाना चाहते हैं, यदि उसके बारे में ही हमारी धारणा स्पष्ट और निश्चित नहीं होगी, तो अपनी मनोकामना पूरी करने की दिशा में हमारे जितने भी प्रयास होंगे, उनमें हमें पूर्ण रूप से सफलता नहीं मिल सकेगी। अतः अपनी आकांक्षाओं की पूर्ति के प्रयास से पहले अपनी इच्छाओं और जरूरतों को भली प्रकार समझकर उनके बारे में स्पष्ट धारणा बना लेना आवश्यक है। प्रस्तुत हैं कुछ सुझाव!

इच्छाओं-आवश्यकताओं का सही विश्लेषण

'मैं' का प्रयोग बहुत सोच समझकर ही करें

कुछ प्राप्त करने की दिशा में प्रयास करने से पहले अपनी आकांक्षाओं का सही-सही विश्लेषण कर जीवन में महत्त्वपूर्ण आकांक्षाओं को प्राथमिकता दें।

पद्मा खान-पान और रहन-सहन में सफाई-पसंद है। उसकी इच्छा है कि नौकरानी सफाई में कुछ विशेष नियमों का पालन हमेशा करे। परंतु नौकरानी को इसके लिए बाध्य करने में वह संकोच महसूस करती है।

प्रधानाचार्य महोदय स्वयं धूम्रपान नहीं करते, किंतु विद्यालय

में अपने कक्ष के अंदर आने वाले धूम्रपान के आदी लोगों को वे चाहते हुए भी धूम्रपान करने से मना नहीं कर पाते।

मोती बाबू पंद्रह वर्षों से एक प्राइवेट संस्था में क्लर्क हैं। वे अपने मासिक वेतन से अपनी सामान्य जरूरतें तक पूरा करने में असमर्थ हैं। परंतु असंतुष्ट होते हुए भी वह अपने अधिकारी से वेतन बढ़ाने की बात कभी नहीं कह सके।

ये सभी स्थितियाँ, वास्तव में उन लोगों के सामने आती हैं, जो अपनी जरूरतों को नजरअंदाज कर देते हैं। इसका मनोवैज्ञानिक कारण यह है कि ऐसे लोग चाहते हैं कि उन्हें सदैव दूसरों का प्रेम प्राप्त होता रहे। लोगों के मन में उनके प्रति कोई दुर्भावना उत्पन्न न हो, वे सबके लिए भले बने रहें। यह एक सहज इच्छा है, पर जीवन में आकांक्षाएँ और आवश्यकताएँ भी हैं। अतः सद्भाव की इच्छा और अपनी आवश्यकताओं के बीच संतुलन और सामंजस्य होना चाहिए। अपनी आकांक्षाओं और जरूरतों के मनोवैज्ञानिक विश्लेषण के बाद यह संतुलन-सामंजस्य प्राप्त किया जा सकता है, वरना मन में सदा असंतुष्टि और असंतुलन की भावना बनी रहेगी।

मतभेद को रंजिश में न बदलें

लोगों के बीच विचारों का मतभेद होना एक सामान्य बात है। संसारभर में कोई भी दो व्यक्ति ऐसे नहीं हो सकते, जिनके विचारों और उद्देश्यों में कहीं कोई अंतर न हो।

ट्रेन में सफर करते वक्त मधु पूरे समय खिड़की के पास बैठकर बाहर के दृश्य देखते रहना पसंद करती है। उसका पति सोमेश ट्रेन का सफर अखबार और पत्रिकाएँ पढ़ते हुए पूरा करता है। परंतु छोटी-छोटी बातों में वैचारिक मतभेद उनके बीच रंजिश का कारण नहीं बनते। व्यक्तिगत, सामाजिक तथा कार्यालयीन जीवन की सभी प्रकार की स्थितियों में वैचारिक मतभेद निश्चित है। परंतु उसके बीच आपसी सामंजस्य स्थापित कर लेना ही उचित व्यावहारिकता है। इसके लिए यह जरूरी है कि अपनी बात कहने के ढंग को सँवारा जाए। अपनी बात सरल व शिष्ट तरीके से कहना भी एक कला है।

'मैं' का प्रयोग सोच-समझकर करें

'मैं' शब्द का प्रयोग यदि आक्रामक ढंग से या शिकायती लहजे में किया जाए तो बात का बिलकुल विपरीत प्रभाव पड़ता है। जैसे, 'मैं कुछ सुनना नहीं चाहता, अभी इसे पूरा करो।' शिकायती लहजे का एक उदाहरण देखिए, 'तुम कभी मेरी जरूरतों का ध्यान नहीं रखते।' ये दोनों ढंग गलत हैं।

'मैं' का प्रयोग यदि आप इस प्रकार करें जिससे आपका अहंकार या नाराजगी व्यक्त न हो, तो सुननेवाला व्यक्ति आपके लहजे से प्रभावित भी होगा और उसे अपनी प्रतिक्रिया व्यक्त करने का उचित अवसर भी मिलेगा। अतः बिलकुल सहज

ढंग से अपनी बात कहें।

कल्पित शंकाएँ न पालें

अधिकतर लोग जब दूसरों से कुछ चाहते हैं, तो प्रायः दूसरों के विचारों तथा व्यवहार के बारे में अपने तरीके से पूर्वानुमान लगाते रहते हैं। फिर इस बात की आशा भी करते हैं कि दूसरे लोग उनके साथ लंबी-चौड़ी बहस करने के लिए तैयार रहेंगे। इसलिए ऐसे लोग अपने पूर्वानुमान के आधार पर दूसरों से बहस-मुबाहिसे के लिए पहले से ही तैयार होकर सामने आते हैं। लेकिन ऐसे लोग तब हैरत में पड़ जाते हैं, जब दूसरों के बारे में उनका पूर्वानुमान बिलकुल गलत निकलता है। सामने बैठा व्यक्ति बिना किसी बहस-मुबाहिसे के, बड़ी ही शालीनतापूर्वक पूरी स्थिति के बारे में अपनी प्रतिक्रिया व्यक्त करता है, जब तक कि हम उस पर अपनी इच्छा जबर्दस्ती थोपने और उन्हें बदले में बहस करने के लिए मजबूर न करें। यह एक मनोवैज्ञानिक तथ्य है कि अगर आप किसी भी प्रकार की स्थिति का सामना करने के लिए परेशानियों व तनावों का पूर्वानुमान लगाते रहेंगे, तो वास्तव में आपको परेशानियों का ही अनुभव होता रहेगा। अंतः लंबी-चौड़ी बहस के स्थान पर केवल मंतव्य पर अपना ध्यान केंद्रित करें, न कि दूसरों की काल्पनिक प्रतिक्रिया पर। आप देखेंगे कि बिना किसी तनाव के सारी समस्या सहज ढंग से सुलझ जाती है।

अपनी किसी भी महत्त्वपूर्ण इच्छा अथवा अनुरोध को दूसरों के सामने व्यक्त करने से पहले किसी भी प्रकार की तनावपूर्ण अथवा क्रोधपूर्ण स्थिति से मुक्त होना बहुत आवश्यक है। क्रोधपूर्ण स्थिति में व्यक्ति की विवेक-बुद्धि नष्ट हो जाती है। क्रोधित व्यक्ति दूसरे के दृष्टिकोण को समझने के लिए तैयार नहीं होता। जबकि अपने विचारों को अधिक प्रभावी ढंग से प्रस्तुत करने के लिए यह जान-समझ लेना बहुत आवश्यक है कि दूसरों के विचार क्या हैं, वे क्या चाहते हैं, उनकी जरूरतें और शंकाएँ क्या हैं। इसके बाद ही अपनी इच्छाएँ इस प्रकार जाहिर करनी चाहिए कि उन्हें सुनकर दूसरे लोगों के मन में किसी प्रकार का भाव अथवा आशंका उत्पन्न न हो, बल्कि वे स्वयं को लाभान्वित महसूस करें।

विनम्रता लाभदायक है

कुछ लोग विनम्रतापूर्ण व्यवहार को पाखंड का दर्जा देते हैं, परंतु स्वभावगत वास्तविक विनम्रता और पाखंड में बहुत अंतर है। वास्तविक विनम्रता का अर्थ है, दूसरों को अपने समान ही इनसान का दर्जा देना। जब आप विनम्रता के साथ दूसरों को उनका उचित अधिकार देते हैं तो वही लोग खुशी के साथ आपके इच्छानुसार कार्य करने के लिए तैयार हो जाते हैं। उदाहरण के लिए सफ़र के दौरान यदि आप तेवर चढ़ाकर किसी से कहें, 'ऐ! उधर खिसको,' तो बस समझिए, आपने उस व्यक्ति को युद्ध के मैदान में अपनी शक्ति आजमाने का खुला निमंत्रण दे दिया।

इसके विपरीत यदि आप नम्र होकर उससे इस प्रकार पूछें कि वह स्वयं आपको बैठने की इजाजत दे दे, तो आप देखेंगे कि अधिकतर लोग ऐसे मौके पर वही करेंगे, जो आप चाहते हैं, और वैसा करते हुए प्रसन्नता का अनुभव भी करेंगे।

व्यक्तिगत संबंधों से जुड़ी समस्याएँ हों या मजदूरों की हड़ताल या अन्य कार्यालयीन समस्याएँ—विनम्रता का व्यवहार सभी प्रकार की स्थितियों में बहुत लाभदायक सिद्ध होता है। अतः यदि आप यह जान लें कि दूसरों को अपने अनुकूल किस प्रकार बनाया जा सकता है बजाय उन्हें अपना प्रतिद्वंद्वी बनाने के, तो आपके लिए अपनी इच्छापूर्ति के रास्ते सहज व सुगम हो जाएँगे।

एक महत्त्वपूर्ण बात और। यदि आप दूसरों के सामने केवल अपनी सफलताओं और उपलब्धियों की ही चर्चा करते रहेंगे, तो लोग जल्दी ही आपसे ऊबकर दूर होने की कोशिश करेंगे या जाहिर तौर पर चुप्पी साध लेंगे। इसके विपरीत यदि आप अपनी योजना, आकांक्षा, शंका अथवा असफलता के बारे में भी अपने सहकर्मियों, मित्रों, सहयोगियों तथा परिवार के सदस्यों के साथ विचार-विमर्श करेंगे, तो निश्चित रूप से आपको उनसे नैतिक तथा भावनात्मक बल व प्रोत्साहन प्राप्त होगा।

कब चुप रहना है, यह भी सीखें

एक मुद्रण-व्यवसाय के स्वामी से जब एक अन्य कंपनी ने उसकी एक इस्तेमाल की हुई मशीन खरीदनी चाही, तो वह बहुत खुश हुआ। खूब अच्छी तरह से गणना करके उसने उसकी कीमत 25 लाख रुपये तय की और अपने तर्क सोच लिये। लेकिन जब वह सौदा करने बैठा, तो उसके भीतर से आवाज आयी, 'रुको।' खरीदारों ने उस मशीन की अच्छाई-बुराई गिनाते हुए तेजी से उस मौन को भर दिया। विक्रेता चुप रहा। तब क्रेताओं ने कहा, 'हम आपको 35 लाख रुपये देंगे, एक पैसा भी ज्यादा नहीं।' एक घंटे के भीतर ही सौदा हो गया।

कभी-कभी अनकहे शब्द कहे गये शब्दों से ज्यादा असरदार साबित होते हैं

मुँह बंद रखने का फायदा

जुबान पर अंकुश रखकर स्थिति को बिगड़ने से बचाने के अवसर दूसरों के साथ किये जानेवाले रोजमर्रा के व्यवहार में हरदम आते रहते हैं। मुँह बंद रखने का फायदा कभी-कभी यह होता है कि हमें अपने कहे पर पछताना नहीं पड़ता या अपने शब्द वापस नहीं लेने पड़ते। मेरे मित्र नरेश को ही लीजिए। हममें से बहुतों की तरह, जब हम निश्चयपूर्वक कुछ कहने की स्थिति में नहीं होते या नम्रता दिखाने की कोशिश कर रहे होते हैं, नरेश कुछ भी ऐसा कह देता है जो उलटे उसी के गले की हड्डी बन जाता है। पहली बार जब उसकी नवविवाहिता भाभी ने उसे भोजन के लिए आमंत्रित किया, तो टमाटर की

जेली परोसी। यह चीज उसे नापसंद थी, पर फिर भी उसने भाभी की तारीफ करते हुए कहा, 'वाह, क्या स्वादिष्ट जेली है!' भाभी इतनी खुश हुई कि उसने यह बात हमेशा याद रखी और फिर तो जब भी वह उनसे मिलने गया, उसे वह 'टॉमेटो-जेली' ही खाने को मिली।

कभी-कभी बिना सोचे-समझे की गयी टिप्पणी, चाहे वह कितनी ही मासूमियत से की गयी हो, गंभीर परिणाम छोड़ जाती है। लक्ष्मीचंद जी मुंबई में नौकरी कर रहे थे। परिवार उनका दिल्ली में रहता था। वे दिल्ली में अपनी बेटी की शादी करके आये, तो मुंबई में चार्टर्ड बस के सहयात्रियों में उन्होंने मिठाई बँटवायी। बस से उतरने पर सबने उन्हें बधाई दी। जुगल किशोर जी ने भी उन्हें बधाई दी, पर बेटी की शादी की नहीं, पदोन्नति की। लक्ष्मीचंद जी ने पदोन्नति के लिए साक्षात्कार भी दिया था, पर उसमें वे विफल रहे थे। जुगल किशोर जी को यह पता नहीं था और न ही उन्हें बस में मिष्ठान-वितरण का सही कारण पता चल पाया था। अतः उन्होंने आव देखा न ताव, मिठाई का संबंध पदोन्नति से जोड़ा और बधाई दे दी। किंतु लक्ष्मीचंद जी ने इसे ताना समझा और वे जुगल किशोर जी को क्रोधित नजरों से देखते हुए चले गये। बाद में जब जुगल किशोर जी को असलियत बतायी गयी, तो बेचारे बड़े पछताए। 'तब से मैं,' वे कहते हैं, 'जिस बात का मुझे पक्का पता नहीं होता, उसके बारे में कुछ कहने से पहले दस बार सोचता हूँ।'

व्यावहारिक लाभ

कब अपना मुँह बंद रखना है, यह जानना बुद्धिमानी तो है ही, इसके कुछ व्यावहारिक लाभ भी हैं। वकील लोग एक झगड़े में दाँतों से दूसरे आदमी का कान काट लेने के एक अभियुक्त की कहानी सुनाया करते हैं। बचाव-पक्ष के वकील ने अभियोजन-पक्ष के मुख्य गवाह को ललकारने में जान लड़ा दी। उसने गवाह को करीब-करीब ध्वस्त कर ही दिया था, पर एक अंतिम वार और करने के लोभ से वह खुद को नहीं बचा पाया, 'आपने स्वीकार किया है कि आप मौका-ए-वारदात के बहुत पास नहीं थे और आपने मेरे मुवक्किल को मुद्दई का कान कुतरते हुए भी नहीं देखा। फिर आप उसके खिलाफ गवाही कैसे दे सकते हैं?'

गवाह, जो अब तक वकील के आघातों से उबर चुका था, बोला, 'मैंने उसे कान थूकते हुए देखा था।'

धैर्य फायदेमंद होता है। हमारी एक सहकर्मी महिला तारा जी बताती हैं कि जब उनके यहाँ पहला बच्चा हुआ, तो उनके पति काम में इतने व्यस्त रहते थे कि पास होते हुए भी उनसे व बच्चे से दूर महसूस होते थे। जब कुछ हफ्ते ऐसे ही गुजर गये, तो तारा जी से रहा नहीं गया और वे अपनी भावनाएँ अभिव्यक्त करने के लिए व्याकुल हो उठीं। फलतः उन्होंने उन्हें गुस्से और नाराजगी से भरा एक पत्र लिखा। फिर पता नहीं क्यों, पत्र उठाकर उन्होंने एक ओर रख दिया। अगले ही

दिन उनके पति ने बच्चे का डायपर बदलने की इच्छा जतायी। 'मैं समझता हूँ, मुझे भी ये चीजें सीख लेनी चाहिए,' उन्होंने कहा। तारा जी बताती हैं कि 'मुझे नहीं पता कि किस वजह से उनका हृदय-परिवर्तन हुआ, पर मैंने आभार से भरकर वह पत्र फाड़ दिया। मुझे खुशी है कि मैंने उन्हें समय दिया। तब से वे हमें समय देते आ रहे हैं, अपनी तमाम व्यस्तताओं के बावजूद।'

प्रतीक्षा की रणनीति

प्रतीक्षा वह रणनीति है, जो प्रायः हर तरह की स्थितियों में नजरअंदाज कर दी जाती है। कभी-कभी संकल्पित मौन की एक छोटी-सी खुराक भी चमत्कार कर देती है। तारा जी ही बताती हैं कि एक बार वे दीवाली की भीड़भाड़वाली दुकानदारी के दौरान पहले खरीदा गया एक उपहार वापस करने गयीं। डिपार्टमेंटल स्टोर खरीदारों से भरा हुआ था। तारा जी ने उपहार लौटाते हुए पैसा वापस करने की माँग की, लेकिन व्यस्त बिक्री-क्लर्क ने टका-सा जवाब दे दिया कि उपहार वापस नहीं लिया जाएगा और यह कहकर वह दूसरे ग्राहक को सामान दिखाने लगा। तारा जी ने उपहार काउंटर पर रख दिया और इंतजार करने लगीं। दस मिनट बाद बिक्री-क्लर्क वापस आया। तारा जी मुस्कराईं और प्रतीक्षा करती रहीं। क्लर्क कैश-रजिस्टर देखने में मशगूल हो गया। कुछ और पल मौन में बीत गये। फिर, बिना एक शब्द कहे-सुने क्लर्क ने उपहार उठाया और चला गया। तीन-चार मिनट के बाद वह लौटा—पैसों के साथ। तारा जी के धैर्य और शिष्ट मौन ने वह काम कर दिया, जो उग्र और लंबा-चौड़ा भाषण न कर पाता।

बोलने से पहले तोल लें

बेशक कुछ मौकों पर चुप न रहना जरूरी होता है—अन्याय का विरोध करने के लिए, मित्र को सांत्वना देने के लिए, गलतफहमी दूर करने के लिए। ऐसे क्षणों में हम बोलने को बाध्य होते हैं, लेकिन उसके लिए भी हमें उपयुक्त शब्दों की जरूरत होती है। यहाँ भी क्षण-भर का चिंतन-मनन हमारी टिप्पणी को ज्यादा सही, ज्यादा कारगर बना सकता है। परिणाम होता है, बेहतर समझ। यही याद रखने योग्य एकमात्र महत्त्वपूर्ण नियम है, यह तय करने के लिए कि बोलना चाहिए या नहीं। अपने-आपसे सवाल कीजिए कि जो कुछ आप कहने जा रहे हैं, क्या उससे स्थिति या संबंधों में सुधार आएगा?

संवाद की लयों का अध्ययन करनेवाले अनुसंधानकर्ता दूसरों के साथ बातचीत और संबंधों में बारी की भूमिका को महत्त्वपूर्ण मानते हैं। 'मौन सुनने और बोलने के प्रवाह को नियमित करता है,' यह कहना है, 'दि टॉक बुक' के सह-लेखक, मनोवैज्ञानिक गेराल्ड गुडमैन का। उनके अनुसार, 'संवादों में उसका वही स्थान है, जो गणित में शून्य का है, जिसके बिना संप्रेषण असंभव है।'

संवाद की उचित लय में ध्यान पाना और देना, दोनों शामिल हैं। 'खामोश और एकाग्रचित्त श्रोता के जादुई प्रभाव से वक्ता शांत हो जाता है,' कहते हैं एक और अग्रणी मनोवैज्ञानिक स्टीफन बैंक, 'वक्ता के दिल की धड़कनें बताती हैं कि वह आराम से सांस लेने लगता है, उसके जबड़े ढीले पड़ जाते हैं और कंधे झुक जाते हैं। उसे चैन महसूस होता है और बदले में वह अपने श्रोता के प्रति सहानुभूति और आभार से भर उठता है।'

मौन समर्थन का प्रभाव

'हाउ टु टॉक सो किड्स विल लिसन एंड लिसन सो किड्स विल टॉक' की सह-लेखिका एडिल फेबर ने अपनी इस पुस्तक में बच्चों पर माता-पिता के मौन समर्थन के सशक्त प्रभाव का चित्रण किया है। फेबर की किशोर पुत्री जोना एक दिन घर लौटी तो बहुत व्यथित दिखाई देती थी। 'क्या बात है जोना?' फेबर ने पूछा, तो वह फफक पड़ी। 'हम सोफे पर बैठ गये और जब तक वह सिसकती रही, मैं उसे थामे रही।' फेबर बताती हैं, 'दस मिनट के बाद उसने एक गहरी साँस ली, मेरी ओर देखा और एक उच्छ्वास भरा। फिर उसने मुझे धन्यवाद दिया और उठकर चली गयी।'

फेबर ने कभी पता नहीं किया कि क्या मामला था। जोना को सबसे ज्यादा एक लंबे, एकाग्र और प्यारभरे आलिंगन की जरूरत थी। फिर अपनी समस्या वह खुद सुलझा लेगी।

'आपका मौन समर्थन वह भूमि उपलब्ध करा सकता है, जिसमें दूसरे व्यक्ति के समाधान पैदा होने शुरू हो सकते हैं।' फेबर कहती हैं, 'मौन विदड्राअल यानी प्रत्याहार नहीं है। मौन आदर से उत्पन्न होता है। वह कहता है—मैं तुम्हारे लिए मौजूद हूँ, मेरे रहते खुद को असहाय मत समझो।'

एक संगीतकार की तरह, जो जानता है कि स्वरों के बीच का अंतर स्वयं स्वरों जितना ही महत्त्वपूर्ण होता है, हम सबको भी यह महसूस करना चाहिए कि हमारा मौन भी उतना ही मुखर हो सकता है जितने कि हमारे द्वारा चुने गए शब्द; और उसका परिणाम कहीं ज्यादा सामंजस्य और प्रभावोत्पादकता के रूप में सामने आता है।

औद्योगिक संबंध

प्रबंधक

कर्मचारी को प्रतिबद्ध बनना सिखाएँ

किसी भी व्यवसाय की सफलता उसके कर्मचारियों की गुणवत्ता पर निर्भर करती है। अतः कर्मचारियों का प्रबंधन बहुत कल्पना-शीलता के साथ किया जाना आवश्यक है। और ऐसा तभी संभव है, जब उनके प्रति सकारात्मक रुख विकसित किया जाए तथा लोगों, अच्छे लोगों और प्रतिबद्ध लोगों के बारे में सोचा जाए।

कहते हैं कि 'प्रबंधन पूँजी को आकर्षित करता है और पूँजी लोगों को आकर्षित करती है। यह किसी और तरह से संभव नहीं।' हमें विश्वास है कि आप अपने कार्य या व्यवसाय का सफल प्रबंधन करना चाहते हैं, वरना आप यह लेख नहीं पढ़ रहे होते। आपमें प्रबंध-कौशल है और फलतः आप पर्याप्त पूँजी आकर्षित कर सकते हैं। तो आइए, लोगों को आकर्षित करने के बेहतर तरीकों पर विचार करें।

प्रतिबद्ध बनाने के लिए पहले स्वयं में कई तबदीलियाँ लानी होंगी

डेविड ओगिल्वी ने अपनी अत्यधिक बिकनेवाली किताब 'ओगिल्वी ऑन एडवर्टाइजमेंट' में लिखा है : 'अगर हममें से हरेक अपने से छोटे लोगों को नौकरी पर रखे, तो हम एक बौनों की कंपनी बनकर रह जाएँगे और यदि हममें से प्रत्येक अपने से बड़े लोगों को नौकरी दे, तो हम एक महान लोगों की कंपनी बन जाएँगे।'

एक अन्य प्रबंधन सूक्ति के अनुसार 'केवल पैसे के लिए काम करनेवाले को कभी नौकरी पर न रखें।' इसमें संदेह नहीं कि धन से आपको आदमी मिल जाएँगे--जितने चाहे, उतने

आदमी, पर किसी भी व्यवसाय का सफल प्रबंधन अच्छे और प्रतिबद्ध लोगों द्वारा किया जाता है। अतः उन्हें अच्छे लोगों और उस संस्था के प्रति प्रतिबद्ध लोगों में बदलने का प्रयास करें, जिसके लिए कि वे काम करते हैं।

आदमी बोएँ

एक चीनी कहावत है कि 'यदि आप एक साल के लिए योजना बनाना चाहते हैं तो अनाज के दाने बोएँ, यदि आप तीन साल के लिए योजना बनाना चाहते हैं तो पेड़ बोएँ, पर यदि आप दस साल के लिए योजना बनाना चाहते हैं तो आदमी बोएँ।' लोगों यानी कर्मचारियों-संबंधी योजना एक दसवर्षीय अर्थात् दीर्घकालीन योजना है, अतः उसे उसी हिसाब से बनाएँ। निम्नलिखित सूत्रों का ध्यान रखें :

1. उन्हें चुनिए जिनकी आँखों में चमक हो, जो काम को पूजा या सौभाग्य समझते हों, जो काम करते समय अपनी घड़ियाँ फेंक दें।

2. उन्हें अच्छी तरह प्रशिक्षित कीजिए। प्रशिक्षण एक दीर्घकालीन निवेश है। 'माइ फेयर लेडी' फिल्म की याद कीजिए, जिसमें एक फूल बेचनेवाली लड़की प्रशिक्षण की बदौलत छः महीने के भीतर राजकुमारी बन जाती है। आप उनकी क्षमताएँ बढ़ाने और कमजोरियाँ दूर करने/घटाने में मदद कर सकते हैं। अपने कर्मचारियों को सेब की तरह समझिए। सेब के छिलके पर दाग हो तो उसे चाकू से हटा दिया जाता है। 96 प्रतिशत मामलों में वह ज्यादा गहरा नहीं होता। बिना दागवाला सेब स्वाभाविक रूप से बहुत महँगा होता है। लोग वैसे ही बन जाएँगे, जैसा आप उन्हें बना देखना चाहेंगे। इसे 'पिगमेलियन-प्रभाव' कहा जाता है। याद रखिए : यदि बच्चा आलोचना में जीता है, तो वह निंदा करना सीखता है; यदि बच्चा विद्वेष में जीता है, तो वह लड़ना सीखता है; यदि बच्चा उपहास में जीता है, तो वह सकुचाना सीखता है; यदि बच्चा शर्मिंदगी में जीता है, तो वह अपराधी महसूस करना सीखता है; यदि बच्चा सहिष्णुता में जीता है, तो वह धैर्यवान बनना सीखता है; यदि बच्चा प्रोत्साहन में जीता है, तो वह आत्मविश्वास सीखता है; यदि बच्चा प्रशंसा में जीता है, तो वह सराहना सीखता है, यदि बच्चा निष्पक्षता में जीता है, तो वह न्याय सीखता है; यदि बच्चा सुरक्षा में जीता है, तो वह आस्था सीखता है; यदि बच्चा अनुमोदन में जीता है, तो वह खुद को पसंद करना सीखता है और यदि बच्चा स्वीकृति और मित्रता में जीता है, तो वह दुनिया में प्यार पाना सीखता है।

3. इस पावन सिद्धांत को समझिए कि यदि आप दूसरों पर इत्र छिड़केंगे, तो दूसरे भी आप पर इत्र ही छिड़केंगे। और यदि आप उन पर कीचड़ फेंकेंगे, तो वे भी आप पर कीचड़ ही फेंकेंगे।

4. उन्हें पाने और प्रशिक्षित करने के बाद उन्हें रोके रखने के हरसंभव प्रयास करें, क्योंकि अब लाभ उन्हीं का अनुसरण करेगा।

5. दुनिया में ऐसी कोई जादू की छड़ी नहीं, जिसे घुमाने से आप अच्छे कर्मचारी पा सकें, फिर चाहे आप 'धन की छड़ी' ही क्यों न घुमाएँ। इसके लिए आपको मानव-संबंधों का विशेषज्ञ होना होगा, इस प्रबंधन-कला में महारत हासिल करनी होगी। इस विषय पर यथेष्ट किताबें पढ़ें, नोट्स की अदला-बदली करें, सफल लोगों का सूक्ष्म निरीक्षण करें और संगोष्ठियों में भाग लें।

6. जापानियों की तरह अपने और कर्मचारियों के बीच एक बांड निष्पादित करें। एक अदृश्य, अलिखित, पर आसानी से न तोड़ा जा सकनेवाला दोस्ती, बराबरी और भाईचारे का बांड। यही वह तरीका है, जो आपकी संस्था को एक बढ़िया 'चूहेदानी' बनाने में मदद करेगा, जिसमें आप अच्छे कर्मचारियों को आकर्षित करके उन्हें रोके रख सकेंगे।

7. जिमी गोल्डस्मिथ ने बहुत ठीक कहा है, 'मूँगफली देंगे तो बंदर मिलेंगे।' अतः यह सुनिश्चित करें कि जो कुछ आप अपने कर्मचारियों को अदा करते हैं, वह स्थानीय मानकों के अनुसार सम्मानजनक है। उन्हें बुद्धिमानी के साथ भुगतान करें–उनके वेतन का निश्चय करते समय खुद को उनकी जगह रखकर देखें। महँगा कर्मचारी महँगा नहीं रहता, बशर्ते आप उसे इस तरह प्रबंधित करना जानते हों कि वह आपके व्यवसाय को लाभ पहुँचा सके। दूसरी ओर, कम वेतनवाला कर्मचारी अपनी बार-बार की गलतियों के कारण बहुत महँगा साबित हो सकता है।

8. उनके प्रति अपनी चिंता जताइए। उन्हें पता चलना चाहिए कि आप उनकी परवाह करते हैं। उनमें यह विश्वास जगाइए कि उनका भविष्य आपका भविष्य है और यदि उन्हें कुछ होता है, तो आपको भी उतना ही आघात लगेगा तथा आप वह सबकुछ करेंगे जो ऐसी परिस्थितियों में कोई अच्छा आदमी कर सकता है। इसके अलावा, उदाहरण प्रस्तुत करें। लोग उससे कहीं ज्यादा चतुर होते हैं, जितना कि हम उन्हें समझते हैं। हम सोच सकते हैं कि हम बड़े सयाने हैं, पर वे बड़ी जल्दी हमारे सयानेपन तो ताड़ जाते हैं। इसलिए उनके प्रति सच्चे और ईमानदार रहें।

9. क्या आपने कभी कल्पना की है कि आपके कर्मचारी के यहाँ माता-पिता और पत्नी-पत्ति भी हैं, उनके घर-बार और बाल-बच्चे हैं, वे वोट देते हैं, दूसरी कंपनियों के सेल्समैनों से मिलते हैं जोकि उन्हें सामान बेचने आते हैं, आदि? अपने लोगों को परिपक्व/वयस्क समझना शुरू कीजिए। उन्हें जिम्मेदारी और अधिकार दीजिए। उन पर विश्वास कीजिए। बेशक, उनमें से कुछ आपको धोखा भी दे सकते हैं, पर क्या यह जानना ज्यादा बेहतर नहीं होगा कि कौन आपको धोखा नहीं देगा ताकि आप उसी के अनुसार जिम्मेदारियाँ और अधिकार सौंप सके?

प्रतिबद्ध ऐसे बनाएँ

आइए, अब देखें कि अच्छे लोग प्रतिबद्ध लोगों में कैसे बदले जा सकते हैं :

1. कभी भी इतने व्यस्त न रहें कि अपने कर्मचारियों द्वारा कोई अच्छा काम

करने पर उन्हें प्रशंसा के दो शब्द भी न कह सकें; बल्कि सायास ऐसे अवसर खोजिए। उनके बारे में सोचिए, उन्हें धन्यवाद दीजिए और उन्हें देखकर मुस्कराइए।

2. क्या आप सुबह नौ बजे से शाम छः बजे तक या सुबह छः बजे से रात नौ बजे तक काम करते हैं? यदि आप दिन में पंद्रह घंटे काम करते हों, तो अपने कर्मचारियों से भी ज्यादा देर तक काम करने की अपेक्षा कर सकते हैं।

3. अपने ग्राहकों और सहकर्मियों के प्रति ईमानदार रहें। तभी आप अपने कर्मचारियों से ईमानदारी की अपेक्षा कर सकेंगे। हमेशा ईमानदार रहिए ही नहीं, दीखिए भी।

4. क्या आप अपने कर्मचारियों से निष्कपट भाव से उनके सुझाव माँगते हैं, उनमें से अच्छे सुझाव क्रियान्वित करते हैं और क्रियान्वयन के बाद उन्हें उनका श्रेय और पुरस्कार देते हैं? अगर हाँ, तो आप अपने लोगों को भली भाँति प्रेरित कर सकते हैं।

5. क्या आप अपने व्यवसाय और कर्मचारियों के प्रति उत्साह, पहल, निष्ठा और समर्पण दिखाते हैं? यदि हाँ, तो आपके कर्मचारी भी आपके प्रति ऐसा ही करेंगे।

6. हमेशा एक स्वर्णिम ज़ुबान और एक स्वर्णिम कलम अपने पास रखिए। स्वर्णिम ज़ुबान से अपने लोगों की तारीफ कीजिए, पर वह सच्ची होनी चाहिए और पीठ-पीछे की जानी चाहिए। आश्वस्त रहिए कि वह तारीफ उन तक पहुँच जाएगी और उनके लिए वे आपकी सराहना करेंगे। जब आप किसी की तारीफ उसके मुँह पर करते हैं, तो वह केवल चापलूसी होती है जो अंततः विस्फोटक साबित होती है। और आपकी कलम स्वर्णिम शब्द भी लिख सकती है और गंदे शब्द भी। भगवान ने आपको कलम दी है तो उससे स्वर्णिम शब्द लिखने की आदत डालिए।

प्रबंधन की पंचतंत्र-विधि

लोगों से मिलने-जुलने की तत्परता जिंदगी की दौड़ में आगे रहने का अचूक नुस्खा है। तुलसीदास जी ने कहा भी है, 'तुलसी इस संसार में सबसों मिलिए धाय, ना जाने किस भेस में नारायण मिल जायँ।' नारायण तो पता नहीं मिलते हैं या नहीं, पर मिलने-जुलने से विचार खूब मिलते हैं जो रास्ते की अड़चनें दूर करने में और आगे बढ़ने में बहुत सहायक होते हैं।

एक लकड़हारा दूर जंगल में जाकर लकड़ियाँ काटकर लाता था और शहर में उन्हें बेचकर अपना गुजारा चलाता था। रास्ते में एक बरसाती नाला पड़ता था, जो बरसात के दिनों में तो भर जाता था और बाकी समय सूखा रहता था। एक बार लकड़हारा सुबह जंगल में चला तो गया, पर शाम को जब लकड़ियाँ काटकर लौटा तो नाला बरसात के पानी से लबालब भर चुका था।

लकड़हारा बड़ा परेशान हुआ। लकड़ियाँ इतनी बड़ी थीं नहीं कि उन्हें नाले पर पुल की तरह रखकर पार जाया जा सकता, और उन्हें लेकर तैरकर पार जाना भी संभव न था। उन्हें छोड़कर जाते भी न बनता था। पार उतरने का उपाय सोचते-सोचते आखिर उसे पास ही एक लंबी-चौड़ी, धूल-मिट्टी से सनी पत्थर की देव-मूर्ति पड़ी नज़र आई। वह उसे किसी तरह से घसीटकर नाले के पास लाया और जैसे-तैसे उसे नाले की एक अपेक्षाकृत कम चौड़ी जगह पर पुल की तरह रखने में सफल हो गया। फिर क्या था, मूर्ति पर चढ़कर लकड़हारा लकड़ियों समेत पार उतर गया।

लोगों से मिलने-जुलने से ही मिलते हैं विचार

दूर से उसी ओर आते हुए एक महात्मा ने यह सब देखा और बड़ा दुखी हुआ। लकड़हारे को मन ही मन बुरा-भला कहते हुए उसने मूर्ति को नाले पर से हटाकर एक साफ-सुथरी जगह पर प्रतिष्ठापित किया, उसे नदी के जल से धोया-पोंछा और उसकी पूजा-अर्चना की। परिणाम यह हुआ कि मूर्ति में जान आ गई। जिंदा होते ही मूर्ति के उस देवता ने आव देखा न ताव, महात्मा को एक लात रसीद की। महात्मा दूर जाकर पड़ा।

देवता के इस कृत्य से महात्मा को बड़ा आघात लगा। उठकर कपड़े झाड़ते हुए उसने दुख और हैरत से देवता से पूछा, 'प्रभु, यह क्या बात हुई? वह लकड़हारा आपके ऊपर चढ़कर पार उतर गया, उसे तो आपने कुछ नहीं कहा; और मैंने आपको उठाकर झाड़ा-पोंछा, नहलाया-धुलाया, आपकी पूजा-अर्चना की, और मुझे यह आपने यह सिला दिया!'

देवता ने कहा, 'भई, मैं भी क्या करूँ? लकड़हारा मुझे मानता ही नहीं, इसलिए उस पर मेरा कोई जोर नहीं। मेरा जोर तो उसी पर चलता है, जो मुझे मानता है।'

बदलने से दुगने होते हैं विचार

आज के बौद्धिक युग में विचार ही भगवान हैं। भक्ति भले ही एकांत में संभव हो, पर विचार समाज में ही, लोगों से मिलने-जुलने से प्राप्त होते हैं। इसे यों समझिए कि अगर मेरे पास एक रुपया हो और आपके पास भी, और हम उनकी अदला-बदली करें तो हम दोनों के पास एक-एक रुपया ही रहेगा। पर यदि मेरे पास एक अच्छा विचार हो और आपके पास भी, और हम उनकी अदला-बदली करें तो हम दोनों के पास दो-दो अच्छे विचार हो जाएँगे।

पुराने जमाने में वनों में, पहाड़ों पर, गुफाओं में एकांत साधना करनेवाले ऋषि-मुनि, योगी-तपस्वी लोग अपने अनुभव और विचार अपने भीतर ही लिए परलोक सिधार जाते थे। पता नहीं, उन्हें कोई उपयुक्त पात्र नहीं मिलता था या वे इस दुविधा में रहते थे कि अपने अलौकिक अनुभव और विचार लौकिक भाषा में लोगों को बताएँ तो कैसे? बहरहाल, कोई भी विचार गुप्त नहीं रखा जाना चाहिए। क्योंकि जो उसे पाना चाहेगा, वह जैसे भी हो उसे पा ही लेगा, तो फिर क्यों न खुद ही उसे दे दिया जाए? और दस में से नौ मामलों में दूसरा आदमी भी कोई विचार आपके साथ बाँटेगा। जब आप दूसरी कंपनियों में अपने प्रतिपक्षियों से मिलते हैं तो आप अनेक विचार-प्रवर्तक पाते हैं। सोचिए, क्या आपने अपने विचार दूसरों को दिए हैं? अगर नहीं, तो कृपया आज करै सो अब। इससे आप और कुछ नहीं, तो खुद को दूसरों से ज्यादा स्मार्ट ही महसूस करेंगे। क्या यह छोटी बात है?

विचारों का आदान-प्रदान

एक बार एक मित्र एक विदेशी कंपनी के अपने परिचित स्थानीय निदेशक से

मुलाकात करने गया। उसने देखा कि निदेशक महोदय के पास आवक डाक सुबह साढ़े नौ बजे ही पहुँच गई।

मित्र ने पूछा, 'क्या यह कल की डाक है?'

निदेशक ने कहा, 'नहीं, यह अभी-अभी आई है।...क्यों?'

मित्र ने बताया, 'हमारी डाक तो हमारे पास दोपहर तक पहुँच पाती है। कारण यह है कि हमारे पास काफी डाक आती है और हमारे यहाँ पहले उसे डाक-प्राप्ति रजिस्टर में चढ़ाया जाता है।'

निदेशक ने पूछा, 'तुम्हारे यहाँ डाक पहले रजिस्टर में क्यों चढ़ाई जाती है?'

मित्र ने कहा, 'इसलिए कि...अगर....'

मित्र शायद कहना चाह रहा था कि डाक पहले रजिस्टर में न चढ़ाए जाने पर अगर कोई पत्र गुम हो गया तो कठिनाई हो सकती है। निदेशक महोदय समझ गए, बोले, 'साल में ऐसे कितने 'अगर' हो जाते हैं?'

मित्र ने सोचते हुए बताया, 'यही कोई आठ-दस....'

निदेशक ने कहा, 'तो क्या उनकी खातिर रोज डाक देर से प्राप्त करना, जिसका मतलब है उस पर देर से कार्रवाई करना, उचित है?'

मित्र कायल हो गया। अपने परिचित निदेशक से उस दिन की मुलाकात में उसे एक नया विचार मिल गया था, जिसे उसने अनेक पहलुओं पर विचार करने के बाद, जो कि मूलतः 'अगर ऐसा हो गया' किस्म के डर थे, अगले ही दिन से अपनी कंपनी में लागू करवा दिया।

एमडब्ल्यूए और एमबीबीएस

लोगों से मिलना-जुलना हमेशा लाभप्रद रहता है। इससे ऐसी बहुत-सी चीजें सीखने को मिलती हैं, जो किताबी पढ़ाई में नही सिखाई जातीं।

आपने एमबीए के बारे में सुना है? जरूर सुना होगा। क्या आप एमबीए हैं ? नहीं, तो चिंता न करें। बस, ईमानदारी से इस परिकल्पना का अनुसरण करें और नौ महीने के भीतर-भीतर स्वयं को एमडब्ल्यूए या एमबीबीएस की डिग्री प्रदान कर दें।

आप पूछेंगे, ये एमडब्ल्यूए या एमबीबीएस क्या बला है ? एमडब्ल्यूए का मतलब है 'मैनेजमेंट बाई वाकिंग अराउंड,' आसपास घूमने के द्वारा प्रबंधन और एमबीबीएस का मतलब है 'मैनेजमेंट बाई बिजनेस स्टोरीज एंड सेइंग्स' अर्थात् कारोबार से संबंध रखनेवाली कहानियों और कहावतों द्वारा प्रबंधन। आप इसे पंचतंत्र-विधि भी कह सकते हैं। सरल-सुबोध और विवेकसंगत किस्से-कहानियों से शिक्षा ग्रहण करके जटिल से जटिल प्रबंधकीय समस्याएँ भी बहुत कारगर ढंग से सुलझाई जा सकती हैं।

अपने अधीनस्थ कर्मचारियों को भी एमडब्ल्यूए और एमबीबीएस-विधियों का

अनुसरण करने के लिए प्रेरित करें। परिणामों से आप चकित रह जाएँगे और यह भी पक्का समझिए कि यदि आप इस परिकल्पना का अभ्यास नहीं करते, तो आप विचारों के दिवालियेपन से नहीं बच सकते।

टाँग अड़ाए बिना टाँग अड़ाएँ

यदि आप किसी विभाग-विशेष में कार्यरत हों, तो बार-बार अन्य विभागों का दौरा करें। वहाँ से आप बहुत-से विचार चुनकर ला सकेंगे। उदाहरण के लिए, यदि आपका 'ह्वाइट-कॉलर जॉब' है, तो आप असेंबली-लाइन पर चलनेवाली गतिविधियों से बहुत-कुछ सीख सकते हैं।

दूसरे के मामलों में टाँग अड़ाने में तब तक कोई हर्ज नहीं, जब तक कि आप उन्हें तंग नहीं करते। और जब भी आप लोगों से मिलें और उनसे बतियाएँ, तो उन्हें प्याज की तरह परत-दर-परत छीलें, यानी उनसे सवाल पर सवाल पूछें। जब भी आप ऊपरी परत को छीलेंगे, आपको हर बार उसके नीचे विचारों की एक नई परत मिलेगी।

समझदार को इशारा काफी है

प्रसिद्ध उद्योगपति चार्ल्स श्वाब एक दिन दोपहर को अपनी एक इस्पात-मिल से होकर गुजर रहे थे कि उन्होंने देखा, उनके कुछ कर्मचारी धूम्रपान कर रहे हैं। उनके सिर के ठीक ऊपर ही 'धूम्रपान वर्जित है' की तख्ती टँगी थी। तो क्या श्वाब ने उस तख्ती की ओर इशारा करते हुए उन्हें फटकारा, 'क्या तुम पढ़ नहीं सकते?'

नहीं, श्वाब ने ऐसा नहीं किया। वे चलकर उन लोगों के पास गए, हरेक को एक-एक सिगार भेंट किया और बोले, 'बच्चो, अगर तुम इन्हें बाहर पियोगे तो मुझे अच्छा लगेगा।'

गलतियों की ओर अप्रत्यक्ष रूप से ध्यान दिलाने का ज्यादा प्रभाव होता है

कर्मचारी समझ गए कि श्वाब जान गए हैं कि उन्होंने नियम तोड़ा है और वे श्वाब के प्रति आभार से भर उठे कि उन्होंने इस बारे में कुछ नहीं कहा, उलटे उन्हें छोटी-सी भेंट देकर अपनी नजर में उनके महत्त्वपूर्ण होने का अहसास कराया।

प्रसिद्ध व्यापारी जॉन वैनामेकर भी यही तकनीक अपनाते थे। वे रोज़ाना फिलेडेलफिया स्थित अपने विशाल स्टोर का दौरा किया करते थे। एक बार उन्होंने एक ग्राहक को काउंटर पर किसी बिक्रीकर्ता के आने की प्रतीक्षा में खड़े देखा। बिक्रीकर्ता दूर कोने में जमावड़ा लगाकर हँस-बोल रहे थे। वैनामेकर कुछ नहीं बोले। चुपचाप काउंटर के पीछे जाकर वे खुद उस ग्राहक की सेवा में हाजिर हो गए और फिर उसके द्वारा खरीदा गया सामान रैपिंग के लिए बिक्रीकर्ताओं के सुपुर्द कर, उन्हें हक्का- बक्का छोड़, अपने रास्ते चल दिए।

खुला प्रशासन

सरकारी अधिकारी अकसर अपने मुलाकातियों को सुलभ न होने के कारण आलोचना के पात्र बनते हैं। पर इसमें दोष कभी-कभी उनके अति हितैषी सहायकों का भी होता है, जो अपने बॉस से ज्यादा लोगों की मुलाकात करवाकर उन्हें काम के बोझ से लादना नहीं चाहते। कार्ल लैगफोर्ड, जो डिज्नी वर्ल्ड के घर ऑरलैंडों, फ्लोरिडा के मेयर थे, बार-बार अपने स्टाफ को समझा चुके थे कि लोगों को उनसे मिलने से न रोका जाए। उनकी 'खुला द्वार' नीति के दावे के बावजूद लोग जब उनसे मिलने आते, तो अकसर उनके सचिवों और प्रशासकों द्वारा रोक दिए जाते।

आखिर मेयर ने इसका हल ढूँढ़ निकाला। उन्होंने अपने दफ्तर के केबिन से दरवाजा ही हटवा दिया। उनके सहायक उनका संदेश समझ गए, और उसी दिन से उनका प्रशासन 'खुला' हो गया।

'पर' के बजाय 'और'

अकसर दो अक्षरों का एक शब्द ही लोगों को दोष दिए बिना या उनमें विरोध जगाए बिना ही उन्हें बदले में मिलनेवाली सफलता या विफलता का अंतर स्पष्ट कर देता है। बहुत-सें लोग अपनी आलोचना सच्ची तारीफ से शुरू करके, उसके बाद 'पर' शब्द लगाकर, आलोचनात्मक बयान देते हुए खत्म करते हैं। उदाहरण के लिए, पढ़ाई के प्रति किसी बच्चे की लापरवाही भरी प्रवृत्ति को बदलने के लिए हम कह सकते हैं, 'हमें तुम पर सचमुच गर्व है चारू, पर यदि तुमने बीजगणित में ज्यादा मेहनत की होती तो नतीजा और बेहतर आया होता।'

इस मामले में चारू 'पर' सुनने तक तो उत्साहित महसूस करेगी, लेकिन उसके बाद वह मूल प्रशंसा की असलियत के प्रति संदेह कर सकती है। प्रशंसा उसे उसकी अपनी विफलता का आलोचनात्मक निष्कर्ष सूचित किए जाने का एक अपेक्षाकृत बेहतर जरिया-भर महसूस हो सकती है। जाहिर है कि इसमें उस प्रशंसा की विश्वसनीयता खतरे में पड़ जाएगी, और हम शायद पढ़ाई के प्रति चारू का रुझान बदलतने का अपना लक्ष्य हासिल न कर पाएँ।

लेकिन 'पर' शब्द को 'और' से बदलकर इस आशय को असानी से दूर किया जा सकता है, 'हमें तुम पर गर्व है चारू, कि तुमने इस टर्म में अपने ग्रेड बढ़ाए और अगर तुमने इसी तरह प्रयास जारी रखे, तो अगले टर्म में तुम्हारा बीजगणित का ग्रेड भी बाकी सब विषयों की तरह ही बढ़ सकता है।'

अब चारू प्रशंसा को स्वीकार कर लेगी, क्योंकि उसमें अब विफलता का कोई निहितार्थ नहीं है। हमने उसका ध्यान अपेक्षित व्यवहार की ओर अप्रत्यक्ष रूप से आकर्षित किया है, और इस बात की काफी संभावना है कि वह हमारी अपेक्षाओं पर खरी उतरेगी।

अप्रत्यक्ष संकेत

किसी भी गलतियों की ओर अप्रत्यक्ष रूप से ध्यान दिलाने का, विशेष कर सीधी आलोचना के प्रति तीखे विरोध से भर जानेवाले भावुक लोगों के मामले में, चमत्कारिक प्रभाव होता है। एक बार एक प्रशिक्षण-कार्यक्रम में अतिथि-वक्ता के रूप में आमंत्रित एक महिला-मनोविज्ञानी ने बताया कि कैसे उन्होंने अपने घर में निर्माण कार्य करनेवाले कुछ भावुक मजदूरों को काम खत्म होने के बाद मलबे की सफाई के लिए राजी किया।

शुरू के कुछ दिन जब वे अपने दफ्तर से घर लौटतीं, तो अहाते में लकड़ी के फालतू टुकड़े, बुरादा, मलबा आदि बिखरा हुआ पातीं। वे मिस्तरियों और मजदूरों को नाराज भी नहीं करना चाहती थीं, क्योंकि वे अच्छा काम कर रहे थे। अतः एक दिन शाम को जब मजदूर अपने घर चले गए, तो उन्होंने अपने बच्चों के साथ मिलकर सारा मलबा बुहारकर एक कोने में जमा कर दिया। अगली सुबह उन्होंने मिस्तरी को बुलाया और उसे अहाता दिखाते हुए कहा कि कल जिस तरह आप लोगों ने अहाते को साफ-सुथरा छोड़ा था, उससे मैं तो बहुत खुश हूँ ही, पड़ोसी भी नाराज नहीं हैं। उस दिन से मजदूर रोज शाम को मलबा साफ करके जाते और मिस्तरी भी पूछना न भूलता कि लॉन की सफाई ठीक से हुई या नहीं।

आशानुकूल परिणाम

आर्मी-रिजर्व्स और उनके नियमित आर्मी-ट्रेनर्स के बीच विवाद का एक बड़ा कारण होता है हेयरकट। रिजर्विस्ट खुद को सिविलियन समझते हैं (जो कि वे ज्यादातर समय होते भी हैं) और अपने बाल छोटे कटवाने का विरोध करते हैं। एक मास्टर सार्जेंट जब रिजर्व नॉन-कमीशंड ऑफिसर्स के एक ग्रुप के साथ काम कर रहे थे, तो उनके सामने यह समस्या आई। पुराने जमाने में रेगुलर-आर्मी मास्टर सार्जेंट होने के नाते उनका अपने फौजी दल पर बिफर उठना स्वाभाविक होता, पर इसके बदले उन्होंने अपनी बात अप्रत्यक्ष रूप से कहना पसंद किया।

'सज्जनो,' उन्होंने कहा, 'तुम लोग लीडर हो। तुम्हारा प्रभाव तब ज्यादा पड़ेगा, जब तुम खुद उदाहरण बनकर लीड करो। तुम्हें हेयर-कट जैसे आर्मी-नियमों की जानकारी है। मैं आज अपने बाल कटवाने जा रहा हूँ, हालाँकि वे तुममें से बहुतों के बालों से अभी भी छोटे हैं। तुम लोग भी जाकर शीशे में देखना, और अगर तुम्हें लगे कि एक अच्छी मिसाल बनने के लिए तुम्हें भी बाल कटवाने की जरूरत है, तो तुम्हारे चौकी की नाई की दुकान पर चलने का इंतजाम कर दिया जाएगा।'

परिणाम आशानुकूल रहा। अनेक उम्मीदवारों ने लौटकर शीशे में देखा और दोपहर को नाई की दुकान पर 'रेगुलेशन' हेयर-कट करवा आए।

कांता-सम्मित उपदेश

एक बार एक बड़े लेखक दिवंगत हो गए। अगले रविवार को आयोजित एक शोकसभा में उनके एक घनिष्ठ, गैर-साहित्यिक मित्र को भी सभा को संबोधित करने का निमंत्रण भेजा गया। मित्र ने बढ़िया से बढ़िया भाषण देने की नीयत से उसे बार-बार लिखा, माँजा और सजाया-सँवारा। फिर उन्होंने अपनी पत्नी को पढ़कर सुनाया। वह एक रद्दी-सा भाषण था, जैसेकि ज्यादातर लिखित भाषण होते हैं। पत्नी में अगर समझ कम होती, तो उसने झट से कह दिया होता, 'ओफ, तौबा, यह तो बड़ा भयंकर है। किसी विश्वकोश जैसा प्रतीत होता है। अफसोस कि इतने बड़े लेखक के मित्र होकर भी तुम्हें एक अच्छा भाषण लिखना नहीं आया। भगवान के लिए, तुम एक आम आदमी की तरह क्यों नहीं बोलते? सहज आचरण क्यों नहीं करते? मैं कहे देती हूँ कि अगर तुमने इस तरह की चीज पढ़ी, तो तुम्हारा खूब मजाक उड़ेगा।'

ऐसा ही कुछ कहा होता पत्नी ने। और फिर आप जानते हैं कि क्या हुआ होता। पत्नी भी यह जानती थी। इसलिए उसने सिर्फ इतना कहा कि यह फलाँ पत्रिका में छपने के लिहाज से बहुत बढ़िया लेख बन पड़ा है। इस तरह, उसने उसकी तारीफ भी की और चतुराई से यह भी जता दिया कि भाषण के रूप में वह नहीं चलेगा। मित्र ने बात समझी, इतनी मेहनत से तैयार किया वह लेख फाड़ा और नोट्स तक का इस्तेमाल किए बिना ही भाषण दिया। इसी को साहित्य में 'कांता-सम्मित उपदेश' (पत्नी की तरह प्यार से समझाना) कहा गया है।

घर हो या दफ्तर या फिर कारोबार, दूसरों की गलतियों की तरफ अप्रत्यक्ष रूप से ध्यान दिलाना ही उन्हें सुधारने का सबसे बढ़िया तरीका है।

असहमति की अपनी अलग भूमिका है

अकसर संगठन में पदों की व्यवस्था (ऑर्गेनाइजेशनल हाइराकी) को समझाने के लिए प्रस्तुत किया जानेवाला त्रिभुज इस कहावत को भी भली भाँति रेखांकित करता है कि 'शिखर पर ज्यादा जगह नहीं होती।' वह शिखर तक पहुँचने के क्रम में होनेवाली निष्कासन-प्रक्रिया की ओर भी इंगित करता है। ऊपर जगह कम होने के कारण ज्यादातर लोगों की छँटनी होती जाती है और कोई बिरला ही शिखर पर पहुँच पाता है।

शिखर पर पहुँचकर आदमी पाता है कि वह कितना अकेला है। कॉरपोरेट-क्षेत्र में ही नहीं, क्लबों, खैराती और धार्मिक ट्रस्ट-जैसी सामाजिक संस्थाओं तक में भी शीर्षस्थ अधिकारी अत्यंत नाजुक और विवादास्पद मामलों में निर्णय करते हुए अकसर अकेलेपन से जूझता है।

असहमत व्यक्ति जबरन बंद दरवाजे खोलता है और नए रास्ते दिखवाता है

कॉरपोरेट-जगत में भी केवल जापान को छोड़कर जहाँ सर्व-सम्मति एक स्वीकृत और आवश्यक प्रक्रिया है, उच्चस्तरीय निर्णय व्यक्तिगत रूप से लिए जाते हैं और उनकी जिम्मेदारी स्वभावतः ऊपरी अधिकारियों पर रहती है।

शिखर का अकेलापन

अकेलेपन की अनुभूति संभवतः संगठनात्मक रूप से स्वीकृत समकक्ष पदाधिकारी के अभाव से उत्पन्न होती है, जिस पर हर मामले में भरोसा किया जा सके। पद की अपनी प्रकृति इस सुविधा को बाधित करती है। 'संगठनात्मक रूप से स्वीकृत

समकक्ष' वह होता है, जिसके संगठन-विषयक समस्त जानकारी में भागीदार होने की संगठन की मौन या खुली अनुमति होती है। 'समकक्ष' के रूप में ऐसा व्यक्ति उपलब्ध हो, तो शिखर पर बैठे व्यक्ति की जिंदगी उतनी अकेली न रहे। सलाहकार के रूप में नियुक्त किए जानेवाले सेवानिवृत्त वरिष्ठ कार्यपालक कुछ हद तक इस खालीपन को भरते हैं।

एकांत कारावास में रखे गए कैदियों को चींटियों, तिलचट्टों और मेढकों से दोस्ती करते देखा गया है। सामाजिक प्राणी होने के नाते आदमी के लिए अकेला रह पाना मुश्किल है। यहाँ तक कि कभी-कभी दुश्मन भी अच्छा साथी सिद्ध हो सकता है।

असहमति की उपयोगिता

बहरहाल, शिखर के अकेलेपन में, विपरीत मत रखनेवाला व्यक्ति एक बड़ी भूमिका निभा सकता है। संगठनात्मक संस्कृति के अनुरूप शिखर के इर्द-गिर्द जमा रहनेवाले झुंड में जीहुजूरिए, मौन रजामंद, निश्चेष्ट असहमत और कुछ ईमानदार राय जाहिर करनेवाले लोग शामिल होते हैं। इनमें से स्थिति पर भिन्न मत व्यक्त करनेवाला व्यक्ति बहुत महत्त्वपूर्ण होता है। जैसाकि एडवर्ड डि बोनो ने कहा है, 'मनुष्य का मन लकीर का फकीर होता है। वह जाने-पहचाने रास्ते से अलग किसी रास्ते पर चलने की जहमत नहीं उठाना चाहता।' असहमत व्यक्ति जबरन बंद दरवाजे खोलता है और नए रास्ते दिखाता है।

अतः एक प्रबंधकीय गुण के रूप में असहमति, इस दृष्टि से, बड़ी महत्त्वपूर्ण हैं। किंतु उसकी उपयोगिता बहुत-कुछ संगठनात्मक संस्कृति पर निर्भर करती है। और, उसी पर निर्भर हैं असहमति की प्रक्रिया के अन्य पहलू, मसलन, उसे किस नजरिए से देखा जाता है, किस रूप में लिया जाता है और उससे कैसे लाभ उठाया जाता है। कहने की जरूरत नहीं है कि संकुचित और बेलोच संगठनों में असहमति कदापि व्यक्त नहीं की जा सकती। और जब की जाती है तो इतने कटु रूप में कि उससे कोई भला होने के बजाय नुकसान ही होता है।

असहमत व्यक्ति की अपनी विशेषताओं पर भी बहुत हद तक यह निर्भर करता है कि उसकी राय को दूसरे लोग किस रूप में लेंगे। हठधर्मी, संकीर्ण या दुराग्रही समझे जानेवाले लोगों की तुलना में संतुलित व रचनात्मक व्यक्तित्व के रूप में पहचाने जानेवाले आदमी की राय पर विचार किए जाने की ज्यादा संभावनाएँ होती हैं।

इसलिए असहमति-प्रक्रिया से जुड़े और उसे दुष्प्रभावित करनेवाले इन अपेक्षाकृत जटिल तत्त्वों को देखते हुए असहमति पर गंभीरता से विचार करना जरूरी है, ताकि उसका मूल्य भावुकतापूर्ण व्यक्तिपरक मूल्यांकनों में न खो जाए।

असहमत व्यक्ति भी कर सकता है योगदान

असहमति का सदुपयोग करने के लिए क्या करना जरूरी है ?

सबसे पहले तो ईमानदारी से यह विश्वास किया जाना अपेक्षित है कि असहमत व्यक्ति भी योगदान कर सकता है। असहमत होना नकारात्मक आदत या अवगुण नहीं है, न केवल मत-वैभिन्न्य है। अगर आप कोई 'बंद' संगठन भी चला रहे हैं, तो भी असहमति पर से नकारात्मकता का लेबल उतार देना एक प्रगतिशील कदम होगा, जिसके लिए संगठन को 'खुला' बनाने की, उसमें कोई बड़ा सांस्कृतिक परिवर्तन लाने की भी जरूरत नहीं। जरूरत है तो बस, थोड़ा-सा मानस बदलने की।

परिपक्व और ईमानदार समझे जानेवाले व्यक्ति की असहमति बहुत मूल्यवान होती है। ऐसे व्यक्ति को सबका भरोसा हासिल होता है। असहमति उसके द्वारा व्यक्त की गई है, यह तथ्य उसकी राय का विवेचन सरल और वस्तुपरक बना देता है। अतः ऐसे व्यक्ति की असहमति को प्रोत्साहित किया जाना जरूरी है। आम तौर से लोगों में शीर्ष-प्रबंधन के विचारों से सहमत होने की प्रवृत्ति होती है। अतः नेता को चाहिए कि वह प्रश्न करके शक-शुबहों के लिए गुंजाइश बनाए और राय आमंत्रित करे। संदेहों के क्षेत्र उद्घाटित करनेवाले सवाल खास कर ऐसे 'आदतन सहमत' लोगों से किए जाने चाहिए, ताकि वे लीक से हटकर अलग ढंग से सोचना शुरू कर सकें। उन्हें 'मैं सहमत नहीं हूँ' कहने के लिए प्रेरित करें।

असहमति को विचारों का स्रोत समझें

किसी भी ओर से आनेवाली असहमतिसूचक राय को, चाहे वह आपत्तिजनक ढंग से ही व्यक्त क्यों न की गई हो, विचारों के स्रोत के रूप में देखना सीखें। दुर्भाग्यवश अधिकांश लोग बहुत औसत दर्जे के या कमजोर संप्रेषक यानी कम्युनिकेटर होते हैं। इसलिए हो सकता है कि असहमति जताने का तरीका आपत्तिजनक हो। जापानियों द्वारा अपनाई गई अन्वेषणात्मक यानी एक्सप्लोरेटरी प्रक्रिया, सुझाव के नकारात्मक, सकारात्मक और रोचक, सभी तत्त्व खोज निकालती है। अगर नीचे दिए गए तरीके से एक-एक कदम करके चला जाए, तो यह प्रक्रिया कुछ सरल हो सकती है :

- असहमत व्यक्ति को अपनी पूरी बात कहने दें।
- पूर्वकल्पित उत्तरों से हस्तक्षेप करने के लोभ से बचें।
- अपनी आपत्तियों का विश्लेषण करें और उनमें भावुक कारणों की तलाश करें। विचार खोजना है, तो उन्हें फिलहाल नजरअंदाज करने की जरूरत है। अपनी आपत्तियों में तर्कसंगत कारणों का पता लगाएँ जो विचारों की खुदाई के लिए गैंती और बेलचे की तरह उपयोगी उपकरण हैं।
- असहमत व्यक्ति और दूसरे लोगों के लाभ के लिए स्पष्ट बता दें कि आप

अपने आपत्तिपरक विचारों और अनुभूतियों के संबंध में क्या सोच और कर रहे हैं (मैं हस्तक्षेप करने का लोभ सँवरण नहीं कर पा रहा हूँ, पर वैचारिक लाभ के लिए स्वयं को रोके हुए हूँ)। इससे विषय के तटस्थ विवेचन के पक्ष में हवा बहेगी और सभी पक्ष बचाव व आक्रमण के बजाय वैचारिक अन्वेषण के लिए तैयार हो जाएँगे। इससे यह भी जाहिर होगा कि आप कितने मानवीय हैं।

- असहमति व्यक्त करनेवाले की राय में कोई छोटे-से-छोटा सकारात्मक तत्त्व भी पाएँ, तो उसे स्वीकार करें।
- अपनी आपत्ति के तर्कसंगत बिंदुओं का उल्लेख करें।
- चर्चा करें। इससे आप असहमत व्यक्ति की वास्तविक चिंता के उभरकर सामने आने की अपेक्षा कर सकते हैं, जो शुरू में अस्पष्ट विचारों या आक्रामक शब्दों अथवा नकारात्मक लहजे में दबी हो सकती है। अच्छे नेता (असहमत व्यक्ति के) बुरे संप्रेषण को संगठन को अच्छे विचारों से वंचित नहीं करने दे सकते।

योगदान स्वीकारें

अंत में योजना में आम सुधार के लिए असहमति के योगदान को स्वीकार करें। इसके लिए व्यक्तिगत आभार या शुभकामनाएँ व्यक्त करना आवश्यक नहीं। किंतु स्वीकृति से यह स्थापित होता है कि यहाँ जायज असहमति स्वीकार्य है।

इस प्रक्रिया को असहमत व्यक्ति के लाभ की दृष्टि से देखना भी रोचक है। अकसर असहमतिसूचक मत भावुकतापूर्ण कारणों से व्यर्थ चला जाता है। यदि आप असहमत हैं, तो अपनी राय से भावुकता के सारे आवरण हटा दें। अपनी असहमति के कारणों का विश्लेषण करें और उनकी तार्किकता परखें। फिर अपनी बात कहने में अपना सारा संप्रेषण-कौशल लगा दें। आखिर, योजना में सुधार ही तो ऐसी बैठकों का तात्कालिक लक्ष्य होता है।

संगठन ही नहीं, जीवन में भी हर स्तर पर असहमति बहुत जीवनदायी मूल्य रखती है। उसे न तो खुद व्यर्थ गँवाना चाहिए, न किसी को व्यर्थ गँवाने देना चाहिए।

अधिकारी के प्रशंसा-पात्र बनें

'आपका काम तो सिर्फ महेश ही करा सकते हैं। आजकल तो वही साहब के प्रशंसा-पात्र हैं। उनके कागजों पर तो साहब आँख बंद करके दस्तखत कर देते हैं। पता नहीं, उन्होंने साहब पर क्या जादू कर दिया है कि जब देखो तब साहब उन्हें ही बुलाते रहते हैं?'

'मुझसे तो वह काफी जूनियर है, फिर भी उसी की चलती है इस दफ्तर में।'

'सवाल मुँह लगाने का नहीं, बल्कि साहब की निगाहों में आने का है। दिलीप तो सभी अधिकारियों की 'गुडबुक' में आ जाता है।'

कार्य को इतने सलीके से करें कि उसमें आपके व्यक्तित्व की स्पष्ट छाप दिखाई दे

आप चाहे पुरुष-कर्मचारी हों अथवा महिला, कामकाजी जीवन में इस प्रकार की बातचीत आप अपने कार्यालय अथवा संस्थान में सहकर्मियों से सुनते ही रहते हैं। वास्तव में प्रत्येक व्यक्ति की यह मनोवैज्ञानिक कमजोरी है कि वह अपने कार्य-व्यवहार, योग्यता और प्रतिभा से दूसरों को प्रभावित करना चाहता है। उन पर अपनी छाप छोड़ना चाहता है। अधिकारियों की नजर में स्वयं को कुशल व कर्मठ साबित करना चाहता है।

यदि व्यक्ति को निरंतर अनुकूल अवसर और प्रोत्साहन मिलता रहे, तो उसके गुणों का विकास होता है। यही गुण उसके व्यक्तित्व की विशेषता बन जाते हैं। उसकी लोकप्रियता बढ़ती है और वह स्वयं ही अधिकारियों की निगाहों में आ जाता है।

कुछ प्रयास भी करें

अधिकारियों के प्रशंसा-पात्र बनने के लिए यह आवश्यक है कि आप जहाँ भी हैं, अपना कार्य पूरी निष्ठा, लगन, उत्साह और मनोयोग से करें। संस्थान में आपकी प्रतिष्ठा केवल काम से बनेगी। कोई देखे या न देखे, अधिकारी अपनी कुर्सी पर हो अथवा न हो, आप अपना काम करते रहें। आप स्वयं अधिकारियों की निगाह में आ जाएँगे।

आपको अपने काम में तभी आनंद आएगा, जब आप अपने कार्य को पूरे विश्वास के साथ करें। अपने काम अथवा विषय की पूरी जानकारी रखें। आप जिस विभाग, सीट अथवा कक्ष के प्रभारी हैं, उससे संबंधित पूरी जानकारी, नियम, उपनियम आदि को जानें। अपने काम से संबंधित अन्य कागजात, फाइलें, परिपत्र, पुराने संदर्भ आदि की जानकारी रखें। अपने विषय में दक्ष तो हों ही, साथ ही चतुर भी हों। लेकिन आपकी यह चतुरता संस्थान के लिए हो, व्यक्तिगत हितों के लिए नहीं।

महत्व व्यवहार का

व्यवहार में देखा जाता है कि यदि किसी कर्मचारी को कोई अधिकारी किसी काम से कहीं भेजते हैं, तो कर्मचारी उदासीनतापूर्ण रुख अपनाकर उसे किसी न किसी बहाने टाल देते हैं। उनके इस व्यवहार को अधिकारी बिलकुल पसंद नहीं करते। इसलिए अधिकारी द्वारा सौंपे गए किसी भी कार्य को इस विश्वास के साथ लें कि आप उसे अवश्य ही पूरा करेंगे। भले ही इसके लिए आपको कुछ अधिक परिश्रम करना पड़े और अपना कुछ अधिक समय लगाना पड़े।

यह तो आप जानते ही हैं कि जहाँ संकल्प होता है, वहाँ विकल्प की कोई संभावना नहीं होती। इसलिए अपने स्तर पर यथासंभव किसी भी काम के लिए इनकार न करें। यदि कोई ऐसा काम आ भी जाए, जहाँ आप धर्मसंकट का अनुभव करें अथवा कोई काम आपके सिद्धांतों व आदर्शों के विपरीत हो, तो उसका विरोध अपने स्तर पर स्पष्ट रूप से करें। अपनी बात कहें।

ऐसे किसी भी मामले को प्रतिष्ठा अथवा यूनियनबाजी का मामला न बनाएँ और न ही उसे चौराहे की चर्चा बनने दें। अपने विवादों अथवा संस्थान के किसी भी विवाद को चर्चा अथवा मजाक का विषय न बनाएँ। प्रत्येक मामले में गंभीरता का परिचय दें। अपने किसी भी विवाद को नम्रता एवं शिष्टाचार के साथ निबटाएँ।

समय पर आएँ

समय पर आनेवाले और समय पर जानेवाले कर्मचारी को सभी अधिकारी पसंद करते हैं। अतः इस बात का ध्यान रखें कि आप समय पर आएँ। जब आप समय पर जाते हैं, तो आप अधिकारी का विश्वास अर्जित करते हैं। जब अधिकारी यह

समझता है कि अमुक व्यक्ति समय पर आता है, तो वह अपने से संबंधित कुछ न कुछ दायित्व उस कर्मचारी पर डालता है। उसे योग्य समझकर और उसकी क्षमता पर भरोसा करके अधिकारी ऐसा करता है। इस दायित्व का निर्वाह करें, आप स्वयं अधिकारी के स्नेह-पात्र बन जाएँगे। यदि आपके अन्य साथी देर से भी आते हों, तो भी आप समय पर आकर अपना काम देखें। उस विषय में अन्य किसी से तुलना न करें। यदि आपको तुलना करनी ही है, तो हमेशा अपनी तुलना अच्छों के साथ करें।

कुछ बातें सामान्य शिष्टाचार की

अधिकारी का स्नेह-पात्र बनने के लिए किसी बड़ी प्रतियोगिता में शामिल होने की अपेक्षा आप कुछ सामान्य शिष्टाचार की बातें ध्यान में रखें। कुछ खुशामदी किस्म के लोग अधिकारियों के कृपा-पात्र बनने के लिए अधिकारियों के आसपास मँडराते हैं। उनकी हाँ में हाँ मिलाते हैं। बात-बात में 'जी सर', 'जी हाँ, साहब', 'बिलकुल ठीक, साहब' कहते रहते हैं। कुछ लोग तो ऐसा व्यवहार करते हैं कि देखकर उनकी बुद्धि पर तरस आता है। ऐसे लोग कभी भी अधिकारियों की प्रशंसा-पात्र नहीं बन सकते। अतः ऐसे व्यवहार से अपने-आपको बचाएँ।

केवल पूछी गई बात का ही उत्तर दें। बिना माँगे कोई सलाह न दें। शिष्टाचार के नाते 'कुर्सी' को सम्मान दें, मधुर बोलें, संयत बोलें। विषय और परिस्थिति की गंभीरता का मूल्यांकन करते हुए अपनी बात कहें। यदि आप यह अनुभव करते हैं कि अधिकारी के चरित्र, व्यवहार अथवा आचरण में कहीं कोई दोष, अभाव अथवा कमजोरी है, तो उसे जन-चर्चा का विषय न बनाएँ। अपने काम से काम रखें।

यदि आप पर संयुक्त रूप से जिम्मेदारी आती है तो अधिकारी को संभावित खतरों, हानियों और होनेवाले दुष्परिणामों से अवश्य ही परिचित करा दें। लेकिन इस प्रकार के आचरण में अपने-आपको अधिकारी से 'उच्च' न मानें।

संस्थान के प्रति समर्पित हों

संस्थान के प्रति अपनी समर्पण-भावना रखें। संस्थान को सोने के अंडे देनेवाली मुर्गी न समझें, बल्कि उसके प्रति निष्ठावान बनें। संस्थान के हित में किए गए कार्यों, उठाए गए जोखिमों आदि की चर्चा अधिकारी पर किए गए अहसानों के रूप में प्रकट न करें, न ही इन एहसानों के बदले में कुछ अपेक्षाएँ ही करें। निरर्थक बातें आपके व्यक्तित्व की गंभीरता को नहीं, बल्कि उथलेपन को प्रकट करती हैं।

यदि आप महिला-कर्मचारी हैं, तो अधिकारी की 'गुडबुक' में आने के लिए थोड़ा भिन्न तरीका अपनाएँ। संस्थान के प्रति निष्ठावान हों। वास्तव में, निष्ठावान होना ही गुडबुक में आने की पहली शर्त है। लेकिन गुडबुक में आने के लिए कर्मचारी को अपना कुछ अतिरिक्त समय देकर, देर तक काम करना पड़ सकता है,

जो महिला-कर्मचारियों के लिए कभी-कभी जोखिम का कारण बन सकता है। लेकिन इस दिए गए अतिरिक्त समय में केवल संस्थान का ही काम करें। अपना समय व्यर्थ ही बातचीत में न गँवाएँ।

सहायक बनें

अकेला अधिकारी किसी भी संस्थान को भली प्रकार से नहीं चला सकता, इसलिए अपने-आपको अधिकारी के हाथ-पैर समझें। विषम अथवा असामान्य परिस्थितियों में अधिकारी को अपना पूरा-पूरा सहयोग दें। सहयोग उसके निजी कार्यों में भी हो सकता है, क्योंकि अधिकारी भी तो उसी समाज का अंग है, जिसके आप सदस्य हैं।

परंतु इस प्रकार के सहयोग में स्वाभिमान न खोएँ। स्वाभिमान खोकर दिया गया सहयोग ऋणात्मक होता है। वह आपको कभी भी मान, प्रतिष्ठा नहीं दिला सकता। इसलिए सहायता-सहयोग वहीं दें जहाँ उसका मूल्यांकन हो, आवश्यकता हो।

गुडबुक में आने के लिए सहज-सरल भाव से अपने उत्तरदायित्वों का निर्वाह करें। संस्थान में आपके कार्य-व्यवहार का मूल्यांकन हर क्षण होता है। इसलिए आप अपने काम को इतने सलीके से करें कि उसमें आपके निजी व्यक्तित्व की स्पष्ट छाप दिखाई दे। इस प्रकार की सोच आपको अधिकारियों की गुडबुक में लाएगी और आप अधिकारियों के साथ-साथ सहकर्मियों से भी मान-प्रतिष्ठा प्राप्त कर सकेंगे। सबके दिल में स्थान बना सकेंगे। वह स्थान, जिसकी चाह प्रत्येक कर्मचारी को होती है, केवल उसी को मिलता है, जो उसके पात्र होते हैं। अतः पात्र बनें, गुडबुक तो स्वयं आपके पास पहुँच जाएगी।

इस्तीफा देने से पहले अच्छी तरह सोच लें

अपने कामकाजी जीवन में किसी न किसी समय पर हर अधिकारी एक ऐसे मोड़ पर पहुँच जाता है, जहाँ वह स्थिति से इतना ज्यादा निराश, हताश व तंग हो जाता है और परिस्थितियों के हाथों ऐसी मात खा जाता है कि वह सबकुछ छोड़कर यह कहते हुए भाग जाना चाहता है कि 'अब मैं नहीं रहूँगा।'

एक अधिकारी का जीवन समग्र रूप से कितना भी सफल क्यों न रहा हो, उसमें अपने उतार-चढ़ाव के दौर होते हैं और इसी तरह से टकराव के भी लंबे अंतराल होते हैं। लेकिन जब भी उतार का दौर आता है, वह वास्तव में काफी गहरा, संभवतः भयावह और यकीनन हतोत्साहित करनेवाला होता है। ऐसी ही मानसिक अवस्था में कई अधिकारी अपना इस्तीफा सौंप देते हैं और फिर बाद में कई सालों तक अपने इस कदम पर पछताते रहते हैं। बाकी लोग इस मुश्किल घड़ी में दीन-दुनिया से बेखबर होकर बिताते हैं, अपनी ही कल्पना की दुनिया में रहते हुए, एक ऐसी दुनिया जिसमें व्यावसायिक एग्जीक्यूटिवों का रूप धरे हुए विलेन, धोखेबाज, सत्ता के भूखे लुटेरे भरे पड़े होते हैं।

शांत रहकर स्थितियाँ सुधरने का इंतजार करने में ही फायदा है

उस चर्चित अंग्रेजी कविता की पंक्तियाँ याद रखिए, 'अगर आप अपना संतुलन बनाए रखें/जब आपके चारों ओर/सब अपना संतुलन खो रहे हों और/उसका दोष आप पर मढ़ रहे हों''' ऐसे शब्द तसल्ली देते हैं, लेकिन उससे भी ज्यादा वे इस तरह की प्रवृत्ति विकसित करने में मदद देते हैं जो मुश्किलों को

बरदाश्त करने की क्षमता देती है।

रुकिए और सोचिए

ऐसी मुश्किल घड़ियों में आप भावनात्मक आग में सुलग रहे होंगे। आपका बॉस आपके लिए परेशानियाँ खड़ी कर रहा होगा या फिर आपको तरक्की से वंचित कर दिया गया होगा। आपका स्टाफ आपकी ओर बड़ी 'बेचारगी' की दृष्टि से देखता होगा। आप इस्तीफा देना चाहते होंगे। आपको लग रहा होगा कि आपको पिछले सप्ताह या पिछले महीने ही इस्तीफा दे देना चाहिए था। पहले ही बहुत देर हो चुकी है। अब आप कल ही इस्तीफा दे देंगे। आपकी ऊर्जा और विश्वास, दोनों इस आग में झुलसने लगते हैं। बस, अब आप आगे इस तरह नहीं चल सकते।

रुकिए और विचार कीजिए। पीठ दिखाकर भाग लेना बहुत आसान होता है। लेकिन आप क्या वास्तव में ऐसा कर सकते हैं ? आपको कंपनी से मिला मकान छोड़ना होगा, कार व शोफर भी त्यागने पड़ेंगे, टेलीफोन, शायद थोड़ा फर्नीचर भी, अवकाश भत्ता और कई अन्य सुविधाएँ भी छोड़नी पड़ेंगी? इस समय तो ये सब कुछ नहीं मालूम पड़ेंगे, लेकिन जब आपको इनके लिए अपनी जेब से भुगतान करना पड़ेगा, तब खासी मोटी रकम खर्च होगी। तब आपको या तो अपना जीवन-स्तर एकदम से घटाना होगा या फिर अपनी मुश्किल से जमा की गई, मामूली सी बचत का सहारा लेना पड़ेगा।

आवेश में न बहें

मेरा मित्र लेसली एक बड़ी उपभोक्ता-उत्पाद-कंपनी में विज्ञापन-प्रबंधक था। ब्रिटेन में विज्ञापन-संबंधी कुछ कोर्स करने के बाद ही वह इस कंपनी में आ गया था और उसे यहाँ बीस साल हो चुके थे। उसे लगने लगा कि वह इससे आगे नहीं बढ़ पा रहा है। पूर्ण रूप से विज्ञापन-विशेषज्ञ होने की वजह से उसे यह महसूस होने लगा कि उसकी तरक्की में उन लोगों ने अड़ंगा लगा रखा है, जिनके पास बिक्री-प्रबंधन समेत सामान्य मार्केटिंग-अनुभव है। उसे दो बार दरकिनार करके उससे युवा लोगों को ऊँचा ग्रेड दे दिया गया था। उसे अपनी नियति विज्ञापन-प्रबंधक के रूप में ही सेवानिवृत्त हो जाने में नजर आ रही थी। उसके माता-पिता संपन्न थे। वह उनकी एकमात्र संतान था। वह अविवाहित था और भविष्य के लिए काफी जमा-पूँजी उसके पास थी। एक दिन जल्दबाजी में, अत्यधिक हताशा-भरे मौके पर उसने इस्तीफा दे दिया। उसने तय कर लिया कि उसे नौकरी नहीं चाहिए, कम से कम ऐसी जगह तो नहीं, जहाँ उसे अपमानित किया जा रहा हो।

उसने कंपनी का मकान छोड़ दिया और उपनगर के एक ऐसे अपार्टमेंट में चला गया जो उसने बहुत पहले खरीदा था। उसने अपना फोन भी लगवा लिया। वह अपने काम करने लगा—पढ़ना, थोड़ी इधर-उधर कॉपीराइटिंग करना और अपने

निवेश की देख-रेख करना। लेकिन मुद्रास्फीति की ऊँची दर को अपना असर तो दिखाना ही था। निवेश से मिलनेवाला ब्याज व लाभांश उसका सम्मानजनक जीवन-स्तर बनाए रखने के लिए पर्याप्त नहीं था। धीरे-धीरे वह अपनी पूँजी हजम करने लगा। जीवन-स्तर घटता गया। दूसरी नौकरियाँ मिलना मुश्किल था, एक ऐसे व्यक्ति के लिए जो पचास साल के ऊपर हो चुका था। यह सवाल भी उठ खड़ा होता था कि वह पिछले कई साल से नौकरी क्यों नहीं कर रहा था? पलटकर देखने पर उसे इस बात का अहसास होता था कि उसने गलती कर दी है।

बिक्री के बुनियादी सिद्धांत अपनाएँ

जब कंपनी के भीतर स्थितियाँ मुश्किल हो जाती हैं, तो लोगों के रवैये भी सख्त हो जाते हैं। दो लोगों या दो समूहों के बीच अदृश्य दीवारें खड़ी हो जाती हैं। आप बॉस के साथ अत्यधिक औपचारिक होते हैं, जिसे बाहर से उस पद पर लाया गया होता है जबकि वास्तव में उस पद पर तरक्की का हक आपका था।

यह वह मौका होता है, जब आपको बेहतर समझ के सेतु बनाने की दिशा में गंभीर प्रयास करने चाहिए। बेशक यह इतना आसान नहीं होता, फिर भी यह काम करना ही चाहिए। बिक्री के बुनियादी सिद्धांतों को अपनाइए, 'किसी इनकार से खुद को अपमानित महसूस न करें।' और 'ग्राहक पाने का प्रयास कभी नहीं छोड़ें।' आपको बहुत ज्यादा मुस्कराना पड़ेगा, एक वास्तविक मुस्कराहट। आपको भड़कानेवाली हरकतों के प्रति कोई प्रतिक्रिया नहीं दिखानी होगी।

यह भी संभव है कि ये सारे प्रयास करने के बाद भी सफलता आपके हाथ न लगे। आपको उदासीनता की एक मोटी दीवार का सामना करना पड़ सकता है। इससे भी बुरा यह कि मुमकिन है यह दीवार शत्रुता की भी हो। लेकिन आपको इस बात का संतोष होगा कि आपने अपनी तरफ से हर मुमकिन कोशिश की है। वैसे ज्यादातर मौकों पर आपको सफलता ही मिलेगी। नब्बे फीसदी से ज्यादा समस्याएँ महज अच्छे मानवीय संबंधों के जरिये सुलझाई जा सकती हैं। इसलिए बहुत मुमकिन है कि नब्बे फीसदी मौकों पर आप समझ के सेतु निर्मित करने में कामयाब हो जाएँगे।

टिके रहें

कई मर्तबा समस्याएँ खुद-ब-खुद सुलझ जाती हैं। जरूरत सिर्फ उनके सामने टिकने की ताकत की होती है। सबसे भयानक तूफान अपने-आप ही शांत हो जाता है। अगर संघर्ष करने पर आपके जीतने की संभावना नहीं है, तो समझदारी इसी में है कि शांत रहें और इंतजार करें। ज्यादातर एग्जीक्यूटिव यह महसूस करते हैं कि उन्हें हर स्थिति में फैसला लेना होता है। यह बात हमेशा ही सत्य नहीं है। कुछ मौकों पर फैसला न लेने का फैसला भी करना पड़ता है।

बेशक यह इतना आसान नहीं होता कि जब आपके चारों ओर इतना कुछ बुरा

घट रहा हो, तो आप शांत बैठे रहें। लेकिन कुछ परिस्थितियों में इसका निश्चित रूप से लाभ हो सकता है।

इंतजार का फल

जॉय एक मँझोले आकार की बहुराष्ट्रीय कंपनी में सेल्स-मैनेजर था, जब किसी तरह से उसे प्रबंध-निदेशक की बदनीयती की भनक पड़ गई। प्रबंध-निदेशक एक बदमिजाज व्यक्ति था, जो अपनी सनक के आधार पर काम करता था। जॉय को वितरण-प्रबंधक के रूप में पुनर्नियुक्त किया गया, लेकिन वास्तव में उसे करने के लिए कोई काम नहीं दिया गया। उसके पास कोई कागज नहीं भेजे जाते थे, वितरण-संबंधी मामलों के भी नहीं। वह काम वाणिज्य-प्रबंधक ही देखता था। जॉय की उम्र 48 वर्ष हो चुकी थी, कोई दूसरा काम मिलना उसके लिए मुश्किल था। आखिरकार वह इस किस्म का एग्जीक्यूटिव तो था नहीं कि कंपनियाँ उसके इंतजार में रहतीं। लेकिन वह दृढ़ व निष्ठावान था, एक 'औसत' किस्म का व्यक्ति जिस पर हर कंपनी भरोसा कर सकती थी। इसलिए जॉय ने डेढ़ साल तक इंतजार किया। वह समय पर आता, समय पर चला जाता और इस दौरान अपना सारा समय व्यावसायिक पत्रिकाएँ पढ़ने में बिताता। अंततः उसे इंतजार का फल मिला। राजनीतिक उठापटक के नए दौर में उसे उठने का मौका मिला और उसे सेल्स-मैनेजर बना दिया गया। बाद में जब बिक्री-निदेशक ने दूसरी जगह काम करने के लिए इस्तीफा दे दिया और कंपनी को बाजार में अच्छी छवि न होने के चलते उस पद के वास्ते कोई उपयुक्त व्यक्ति नहीं मिला, तो जॉय को तरक्की देकर बिक्री-निदेशक बना दिया गया। वह इस तरक्की का पात्र था, और किसी वजह से नहीं तो कम से कम अपने धैर्य व टिके रहने की शक्ति के लिए ही सही।

फायदा न हो तो रास्ता बदल लें

अगर आप शांत व तर्कसंगत बने रहे हैं, अगर आपने सद्‌भाव के सेतु बनाने के प्रयास किए हैं, अगर आपने धैर्य व टिके रहने की शक्ति का भी इस्तेमाल किया है लेकिन किसी से भी कोई फायदा नहीं हुआ है तो आपको नौकरी, अपने कैरियर का रास्ता व माहौल बदल लेना चाहिए, चाहे तीनों में से कोई एक या फिर तीनों एकसाथ। लेकिन यह काम अपनी गति से कीजिए, अपने समय के अनुकूल। अपने कदमों की एक समय-आधारित योजना बनाइए। जो भी रास्ता आप चुनें, वह यथासंभव त्रुटिहीन होना चाहिए।

बरखास्तगी की नौबत न आने दें

रवि विजयवाड़ा स्थित एक कंपनी में क्षेत्रीय प्रबंधक हुआ करता था। एक बार वह क्षेत्रीय कार्यालय में कार्यरत एक सेल्समैन को सेवा-समाप्ति का पत्र थमाना चाहता था। लेकिन सेल्समैन ने उसे स्वीकार करने से इनकार कर दिया। क्षेत्रीय प्रबंधक पत्र स्वीकार करवाने पर अड़ गया, पर कोई लाभ नहीं हुआ। एक हास्यास्पद स्थिति पैदा हो गई। क्षेत्रीय प्रबंधक सेवा-समाप्ति का पत्र हाथ में लिए पूरे कार्यालय-भर में सेल्समैन के पीछे-पीछे मेज व कुर्सियों का चक्कर लगाता दौड़ता-फिरता रहा, जब तक कि सेल्समैन भागकर बाहर सड़क पर नहीं चला गया। तब पत्र रजिस्टर्ड डाक से भेजा गया, लेकिन वह भी दो बार लौट कर आ गया। खैर, इस किस्से को यहीं तक रहने देते हैं, हालाँकि किस्सा यहीं खत्म हुआ नहीं था।

यदि ऐसी स्थिति बार-बार आती हो, तो बॉस को खुद अपना मूल्यांकन करना चाहिए

किसी कर्मचारी को बरखास्त करने के क्या दूसरे बेहतर तरीके नहीं हो सकते? संवेदनशील व कुशल प्रबंधक माने जानेवाले लोग बताते हैं कि हाँ, तरीके हैं। सबसे पहले तो बरखास्त करने की नौबत ही जल्दी नहीं आने देनी चाहिए। नियोक्ता और कर्मचारियों की 95 फीसदी समस्याएँ तो केवल अच्छे मानवीय संबंधों से ही हल हो जाती हैं। इस प्रकार केवल 5 फीसदी गुंजाइश ही ऐसी बचती है, जब कर्मचारी अपने में बदलाव लाने या बॉस के निर्देशों के मुताबिक ढलने के लिए तैयार नहीं हो पाते। यदि वह प्रतिशत इससे ज्यादा है, तो चयन-प्रक्रिया में, काम के माहौल में या शायद बॉस में ही कहीं कोई

खामी है। ऐसी स्थिति में चयन प्रक्रिया, माहौल या बॉस में ही सुधार लाना जरूरी हो जाता है।

इन 5 फीसदी मामलों में भी कर्मचारी को सुधरने का पर्याप्त मौका उपलब्ध कराया जाना चाहिए। इस प्रक्रिया के तहत उसे अपने में सुधार लाने के लिए कहना, उसकी गलतियाँ बताना, सही बात समझाना और सुधरने के लिए प्रोत्साहित करना चाहिए। कोचिंग का मानक तरीका यही है।

मदद की कोशिश करें

जब ये उपाय भी सफल न हो पाएँ, तो यदि मुमकिन हो तो समन्वित किस्म के उपाय का सहारा लिया जा सकता है। शायद वह किसी दूसरे व्यवसाय में, किसी दूसरे स्थान पर, किसी दूसरी तरह के काम में सफल रहे। यदि बॉस खुद ही उसे फिर से कहीं नौकरी प्राप्त करने में मदद कर दे तो यह बहुत ही अच्छी बात होगी। इससे वे आपस में मधुर संबंध बरकरार रखते हुए जुदा हो सकते हैं।

अनिल मुंबई की एक ब्लेड बनानेवाली कंपनी के सेल्स-विभाग में था और वहाँ बहुत ही बुरा प्रदर्शन कर रहा था। वह डोंबिवली में रहता था, दो कमरों के आवास में तीन अन्य लड़कों के साथ साझा करके; खाना बाहर ही, जहाँ कहीं मौका मिल जाता था, खा लेता था। काम करता था नगर के मध्य में। वह हमेशा भीड़-भरी ट्रेनों में यात्रा करके थका रहता था, उसे भारी भागमभाग रहती थी और अच्छा भोजन भी वह नहीं कर पाता था। सेल्स-एग्जीक्यूटिव ने उसे समझाया, सुधार लाने के लिए प्रशिक्षण दिया और उसके साथ सहानुभूति भी जताई। लेकिन प्रदर्शन फिर भी अपेक्षा से कम ही रहा। आखिरकार अनिल की समस्या को समझते हुए सेल्स-एग्जीक्यूटिव ने हैदराबाद-स्थित एक कंपनी में अपने एक दोस्त से कहकर अनिल को एक काम दिलवा दिया। अनिल वहाँ चला गया। हैदराबाद उसे काफी मनमाफिक जगह लगी। वहाँ उसने अच्छा प्रदर्शन किया और दो वर्षों में वह खुद क्षेत्रीय प्रबंधक भी बन गया। उसने अपने पूर्व सेल्स-एग्जीक्यूटिव को इसके लिए धन्यवाद दिया और अब भी हमेशा उसके बारे में अच्छे शब्दों में बात करता है। उसे बरखास्त किया गया था, लेकिन बॉस ने इतना खयाल भी रखा कि उसे कहीं दूसरी जगह काम मिल जाए। उनके बीच अच्छे और दोस्ताना संबंध आगे तक बने रहे।

किसी कर्मचारी को बरखास्त करते समय अच्छे प्रबंधक भी तीन आम किस्म की गलतियाँ कर जाते हैं। इन तीनों गलतियों से बचे रहने के प्रति सावधान रहना चाहिए।

व्यक्तिगत आलोचना से बचें

किसी की व्यक्तिगत आलोचना करना, न कि उसके प्रदर्शन की—पहली गलती है, जो प्रबंधक अकसर किया करते हैं। तात्कालिक प्रतिक्रिया आम तौर पर व्यक्ति की आलोचना के रूप में ही होती है। जैसे, 'आपने इन छः महीनों में खराब प्रदर्शन किया है', 'आप गत वर्ष पूरे सालभर रिपोर्ट करने में अनियमितता बरतते रहे', 'यहाँ तक कि आप प्लानिंग के मामले में भी फिसड्डी हैं', 'आपने पिछली सेल्स-कांफरेंस में बचकानी हरकत की थी'।

जोर हमेशा 'आप' पर होता है, प्रदर्शन या व्यवहार पर नहीं। यह बहुत सूक्ष्म अंतर है, लेकिन इसी पर बहुत-कुछ निर्भर करता है। 'आप' पर जोर होने से मातहत रक्षात्मक स्थिति में आ जाता है। व्यक्तिगत टकराव की स्थिति उत्पन्न हो जाती है। वह खुद को आहत महसूस करने लगता है।

अपने रवैये और भाषा में थोड़ा परिवर्तन लाइए और देखिए कि आपके लिए एक पूरी नई दुनिया खुल जाती है। व्यक्ति के बजाय समस्या पर जोर देने से मातहत भी अधिक वस्तुपरक रहता है और इसलिए वह बात सुनने, समझने और शायद स्वीकार करने के लिए भी राजी हो जाता है। और तब शायद वह अपने प्रदर्शन में सुधार लाने के लिए भी तैयार हो सकता है।

गरिमा बनाए रखें

जब आप नौकरों के लिए साक्षात्कार लेते समय किसी प्रत्याशी को ठुकरा रहे होते हैं और उससे भी बढ़कर तब, जब आप किसी को बरखास्त करनेवाले हों, दोनों अवसरों पर अपनी 'छवि का खयाल रखना' बहुत जरूरी होता है। बरखास्तगी शालीनता और गरिमा के साथ होनी चाहिए। बॉस को अकसर अपने 'अधिकारों का प्रदर्शन' करने और यह जताने की उत्सुकता रहती है कि वह बॉस है।

कुछ वर्ष पहले मैं एक फार्मास्यूटिकल कंपनी में बिक्री-प्रबंधक के रूप में कार्यरत अपने मित्र सुधांशु से मिलने गया हुआ था और उससे उसके कैरियर की संभावनाओं के बारे में पूछताछ कर रहा था। इसी बीच प्रबंध-निदेशक का फोन आ गया। वह सुधांशु से शीघ्र मिलना चाहता था। सुधांशु ने बातचीत बीच में रोकने के लिए मुझसे माफी माँगी और चला गया। बीस मिनट बाद वह वापस लौटा और अपने कागजात समेटने लगा। मैंने उससे पूछा, 'क्या हुआ, कहाँ जा रहे हो?' उसने बताया, 'मैं घर जा रहा हूँ। मुझे बरखास्त कर दिया गया है।' ऐसे ही। कोई स्पष्ट कारण नहीं बताया गया था। और उसे एक महीने के अंदर कंपनी का फ्लैट खाली करने के लिए कह दिया गया (मुंबई में !)।

एक दूसरे मौके पर मेरी एक मार्केटिंग-प्रबंधक से भेंट हुई, जिसने दस वर्षों तक एक कंपनी में स्वेच्छापूर्वक काम करने के बाद त्यागपत्र दे दिया। उसने बेहतर परिलाभ और तरक्की के बेहतर अवसरवाली नौकरी पाने के लिए त्यागपत्र दिया

था। लेकिन इस बात से उसका प्रबंध-निदेशक नाराज हो गया। प्रबंध-निदेशक को उसकी जरूरत थी, लेकिन मार्केटिंग-प्रबंधक वहाँ रुकनेवाला नहीं था। इसलिए जब मार्केटिंग-प्रबंधक ने अपना औपचारिक त्यागपत्र भेजा, तो प्रबंध-निदेशक ने उसे तुरंत स्वीकार कर लिया और ठीक पाँच मिनट के अंदर कंपनी के नोटिस बोर्ड पर एक नोटिस लगा दिया कि 'श्री क ख ग अब कंपनी की सेवा में नहीं हैं और यह निर्णय तत्काल प्रभाव से लागू हो गया है।' यह 'अंगूर खट्टे हैं' जैसी बात हो गई। वह यह जताना चाहता था कि मार्केटिंग-प्रबंधक को बरखास्त किया गया है। और उसके बाद तो भारी कटुता की स्थिति पैदा हो गई, जिससे बचा जा सकता था।

मिजाज शांत रखें

तीसरी ध्यान में रखनेवाली बात यह है कि अपना मिजाज शांत बनाए रखें। किसी कर्मचारी को बरखास्त करते समय मिजाज गरम हो जाने की अधिक संभावना रहती है। इससे मातहत अपने को आहत महसूस कर सकता है और वह खीज कर क्रोधित भी हो सकता है और जोर-जोर से बोलने लग सकता है, अपशब्दों का प्रयोग कर सकता है। पर ज्योंही बॉस भी उसका जवाब देने लगता है, वह फँस जाता है। तब वे दोनों एक ही धरातल पर एक-दूसरे से लड़ रहे होते हैं। यदि बॉस शांत रहता है और चुपचाप सुनता रहता है और कर्मचारी को अपनी सारी भड़ास निकालने देता है, तो उसकी स्थिति सुरक्षित रहती है और वह बाद में माकूल कार्रवाई करने की स्थिति में रहता है।

अपने गिरेबान में भी झाँकें

और आखिर में, यदि बरखास्त किए जानेवाले मातहतों की संख्या 4-5 फीसदी से ज्यादा हो जाए, तब तो बॉस में भी इतनी भलमनसाहत होनी चाहिए कि वह अपने गिरेबान में झाँककर देख सके कि कहीं गलती खुद उसी की तरफ से तो नहीं हो रही है—उसके काम के ढंग में, मनोवृत्ति में, समझ में, स्वभाव में या प्रबंधकीय व्यवहार और प्रभावोत्पादकता में?

ईमानदार प्रबंधक तो अपनी तरफ से यह सुनिश्चित करने की कोशिश करेगा कि ऐसा न हो। बरखास्त करने की नौबत कभी-कभार ही आनी चाहिए। और जब कभी ऐसी स्थिति आ भी जाए तो ऐसा शालीनता और गरिमा के साथ और हो सके तो कर्मचारी की मदद करने की कोशिश के साथ किया जाए।

रुचि के अनुरूप कार्यक्षेत्र चुनें

रवि एक संपन्न परिवार का युवक है। वह बचपन से ही पढ़ने में तेज था। स्नातक की डिग्री उसने अच्छे अंकों से प्राप्त की। उसने अपनी इच्छा पर एम. कॉम. में प्रवेश ले लिया, लेकिन अब उसका मन पढ़ाई में नहीं लगता। उसे ऐसा लगता कि वह अपना कैरियर बरबाद कर रहा है। उसकी इच्छा थी कि वह सी.ए. की पढ़ाई करे, लेकिन अपने पिता के आगे वह कुछ नहीं बोल पाया। इस कारण उसे अपना भविष्य अब अंधकारमय लगने लगा है।

मुकेश एक निम्नमध्यवर्गीय परिवार का युवक है। आर्थिक कठिनाइयों का बराबर सामना करते हुए भी वह अपनी पढ़ाई के प्रति सजग रहा। ट्यूशन पढ़ाकर किसी तरह उसने स्नातक की डिग्री हासिल की। उसकी इच्छा थी कि वह बैंक में अधिकारी बने। उसने कड़ी मेहनत की। अंततः उसकी मेहनत रंग लाई। आज वह मुंबई के एक बैंक में अधिकारी के पद पर कार्यरत है और अच्छा वेतन पा रहा है। उसमें और आगे बढ़ने की ललक कायम है।

मस्तिष्क उसी कार्य के संपादन में अच्छी तरह सक्रिय हो पाता है, जिसमें हमारा मन लगता है

फायदा-नुकसान

इन उदाहरणों से रुचि के अनुरूप पढ़ाई के लिए पाठ्यक्रम अथवा कार्यक्षेत्र न चुनने से क्या फायदा-नुकसान होता है, यह पता चलता है। रवि का भविष्य आज भी अंधकारमय बना हुआ है; क्योंकि वह अपनी इच्छा और रुचि के विरुद्ध पढ़ाई कर रहा था। वहीं मुकेश आर्थिक कठिनाइयों को झेलने के बावजूद अपनी मंजिल पा चुका है, क्योंकि उसने अपनी रुचि के अनुरूप?

कार्यक्षेत्र चुना, पढ़ाई की और सफल हुआ।

जब हम बिना रुचि के कोई काम करते हैं, तो उसमें हमारी सफलता संदिग्ध हो जाती है। यदि हम आरंभ में सफलता प्राप्त कर भी लेते हैं, तो बाद में उस काम में रुचि न रहने के कारण ऊब अनुभव होने लगती है, फलतः उन्नति के आगामी रास्ते बंद हो जाते हैं।

क्रिकेट-खिलाड़ी कपिल देव, बांसुरी-वादक हरिप्रसाद चौरसिया और पत्रकार अरुण शौरी तथा उन जैसे लोग, जो आज अपने-अपने क्षेत्रों में शिखर पर पहुँचे हैं, यदि वे किसी और कार्यक्षेत्र में जाते तो क्या उन्हें उतनी सफलता मिलती, जितनी आज मिली हुई है? आज वे सफल हैं और उन्होंने अपने-अपने क्षेत्रों में महान उपलब्धियाँ हासिल की हैं तो केवल इसलिए कि उनको अपने काम में रुचि है। रुचि के अनुरूप किए गए काम में उन्हें आनंद मिलता है, इसलिए वे अधिक मेहनत करते हैं और अपने काम के प्रति पूर्णतः सचेत रहते हैं।

एकनिष्ठ हो जाती हैं शारीरिक और मानसिक शक्तियाँ

रुचि के अनुरूप कार्यक्षेत्र चुनना आवश्यक है क्योंकि जिन कार्यों में हमारी रुचि रहती है, उन्हें करते समय हमारी मानसिक व शारीरिक क्षमताएँ एकनिष्ठ हो जाती हैं। हम अपने अंदर छिपी समग्र शक्तियों का पूरी तरह उपयोग उस कार्य के संपादन में कर सकते हैं, जिससे कार्य की सिद्धि असंदिग्ध हो जाती है। अपनी रुचि का कार्य करने में सबसे बड़ा फायदा यह है कि हमें उसमें अतिरिक्त मेहनत नहीं करनी पड़ती, क्योंकि वह कार्य हमें स्वाभाविक सा लगता है और इसलिए हम वह कार्य प्रसन्नतापूर्वक आसानी से पूरा कर लेते हैं।

मनोवैज्ञानिकों का कहना है कि मस्तिष्क उसी काम को अच्छी तरह करने में सक्रिय हो पाता है, जिसे करने में हमारा मन लगता है। यदि अपनी इच्छा और रुचि के विरुद्ध कोई काम करना पड़ता है तो उस काम को करते हुए हम जल्दी ही थक जाते हैं, परंतु अपनी रुचि के अनुरूप कार्य करते हुए हमें उसमें रस मिलता है, जिसके कारण दस-पंद्रह घंटे काम करने के बाद भी हम नहीं थकते।

अपनी रुचि के अनुरूप काम कुछ कष्टकर भी हो, तो भी हम उसे आसानी से पूरा कर लेते हैं। फिर अपनी रुचि के कार्यक्षेत्र में सफल होने की संभावना भी अधिक रहती है, अतः हमें अपने कैरियर अथवा कार्यक्षेत्र का चुनाव करते समय अपनी रुचि को प्राथमिकता देनी चाहिए।

पता कैसे चले?

यहाँ एक प्रश्न उठ सकता है कि यह कैसे पता चले कि किस काम को करने में हमारी रुचि है? इस संदर्भ में कोई सर्वमान्य नियम नहीं बनाया जा सकता। लेकिन हाँ, इतना जरूर कहा जा सकता है कि कुछ ऐसी बातें हैं, जिनसे पता

लगाया जा सकता है कि किस व्यक्ति की रुचि किस ओर है। बचपन से किशोरावस्था में और किशोरावस्था से युवावस्था में आने तक हमारी रुचियाँ बदलती रहती हैं। लेकिन कुछेक रुचियाँ ऐसी होती हैं, जिनका अस्तित्व बचपन से लेकर युवावस्था तक हमारे मस्तिष्क में बना रहता है। ये रुचियाँ ही हमें कुछ बनने के सपने दिखाती हैं।

मिसाल के तौर पर किसी बहादुर पुलिस-अफसर को देखकर एक बालक के मन में यह बात बैठ सकती है कि वह बड़ा होकर पुलिस-अफसर ही बनेगा। यह बात उसके मन में समाते ही उसकी रुचि का केंद्रबिंदु पुलिस-सेवा हो जाएगी और बड़ा होने पर वह पुलिस-अफसर ही बनना चाहेगा। यदि वह पुलिस-अफसर बनने में सफल हो गया, तो उत्तरोत्तर सफलता के सोपान पर चढ़ता ही जाएगा। लेकिन यह भी देखा गया है कि बचपन की यह रुचि अथवा सपना युवावस्था में पूरी तरह मन से निकल भी सकता है और उसकी जगह कोई नई रुचि मन में जगह बना सकती है। ऐसी अवस्था में वर्तमान रुचि के अनुरूप ही कार्यक्षेत्र का चुनाव करना उचित होगा।

संस्थाओं का सहारा

आजकल कुछ ऐसी संस्थाएँ भी सक्रिय हैं, जो किसी भी व्यक्ति का अध्ययन कर यह बता देती है कि उसके लिए कौन-सा कार्यक्षेत्र चुनना उचित होगा। जिन लोगों को अपनी रुचियों के प्रति शंका हो, वे उन संस्थाओं की सहायता ले सकते हैं। लेकिन यदि आपको अपनी रुचि मालूम है और दृढ़ विश्वास है कि अमुक कार्यक्षेत्र चुनकर आप सफल हो सकते हैं, तो बिना किसी हिचक के उस कार्यक्षेत्र को चुन लें और उसमें सफल होने के लिए कड़ी मेहनत करें। एक दिन सफलता आपके चरण अवश्य चूमेगी।

हममें से अधिकतर लोग पारिवारिक या अन्य परिस्थितियों के कारण अपनी रुचि के अनुरूप कार्यक्षेत्र चुन नहीं पाते। लेकिन जो समझदार और संघर्षशील होते हैं, वे बाद में परिस्थितियों को अपने अनुकूल कर अपनी रुचि के कार्यक्षेत्र अपना लेते हैं। फिर उस मुकाम तक पहुँचने के लिए जी-तोड़ कोशिश करते रहते हैं। लेकिन कुछ लोग अपनी इच्छा के कार्यक्षेत्र न चुन पाने के कारण हमेशा निराश रहते हैं और जो कार्य करतें हैं, बेमन से करते हैं। फलस्वरूप वे आगे बढ़ने के अपने रास्ते बंद कर लेते हैं और जीवन-भर कठिनाइयों का सामना करते रहने को विवश हो जाते हैं।

अतः यदि आप सफल व्यक्तियों की पंक्ति में अपने-आपको खड़ा पाना चाहते हैं, तो अपने कैरियर को उसी ओर मोड़िए या वही कार्यक्षेत्र चुनिए, जिसमें आपकी स्वाभाविक रुचि हो।

मुमकिन है उम्र के मध्य में भी व्यवसाय बदलना

जब उसका 90 वर्ष पुराना बेकरी का व्यापार चौपट हो गया, तो लालचंद हताश हो गया। लेकिन इससे एक नया अवसर उत्पन्न हुआ। 'मैं बेकरी के व्यापार में ही कोई नौकरी तलाश कर सकता था,' वह बताता है, 'लेकिन 47 वर्ष की आयु में नौकरी मिलने की संभावना कम ही थी। अतः मैंने नौकरी तलाशने के बजाय वह काम करने का निर्णय लिया, जिसे मैं युवावस्था में करना चाहता था, और मैंने कानून की पढ़ाई आरंभ कर दी।'

विश्वविद्यालय में चार वर्ष और लॉ स्कूल में एक वर्ष अध्ययन करने के उपरांत उसने कानून की डिग्री हासिल की और एक विधि संस्था में शामिल हो गया। अब वह बड़े उत्साह के साथ अपने नए व्यवसाय में उन्नति कर रहा है।

अकेले पहल करने से घबराए बिना अपनी प्रतिभा का लाभ उठाना चाहिए

काम भी रुचिकर हो सकता है

37 वर्षीय रमेश पिछले दस वर्षों से एक दक्ष वेल्डर के रूप में काम कर रहा था। उसे लगा कि उसे दिमाग से संबंधित काम करना चाहिए। अतः उसने एक मुक्त विश्वविद्यालय से गणित में डिग्री हासिल की और फिर विद्युत-इंजीनियरिंग में उच्चतर प्रमाणपत्र भी प्राप्त किया। आज वह एक ऑयल रिगिंग कंपनी में प्रारूप और लागत के निर्धारण का कार्य करता है। 'मैं सुबह ही कार्यालय पहुँच जाता हूँ क्योंकि मुझे चुनौती का सामना करने में आनंद आता है,' वह कहता है,

'मुझे मालूम न था कि काम भी रुचिकर हो सकता है।'

46 वर्षीय लिली डिसूजा एक कार्यालय में सचिव व कार्यालय-प्रशासक के रूप में कार्यरत थी। तभी उसके मन में आया कि वह दूसरों की देखभाल से जुड़ा कोई काम करे। अपने पति से प्रेरणा पाकर उसने सांध्यकालीन प्रशिक्षण लिया और अब वह वयस्क अपंगों के एक कॉलेज में कार्यालय-दक्षता का प्रशिक्षण देती है। बड़े उत्साह से वह बताती है कि अपने वर्तमान काम में उसे कितनी प्रेरणा मिलती है, 'जब मैं किसी ऐसे व्यक्ति को, जो पहले दूसरों पर निर्भर था, अपनी पहली नौकरी करते देखती हूँ तो मुझे लगता है कि यह कितनी बड़ी उपलब्धि है! अपंग होने पर उस व्यक्ति को लगता है कि अब उसका जीवन ही समाप्त हो गया और फिर वह पाता है कि वह अब भी अपनी रोटी कमा सकता है, तो यह देखकर कितनी खुशी होती है!'

रोजगार-बाजार का बदलता स्वरूप

विश्व-भर में अब अधिकाधिक लोग अपनी उम्र के मध्यकाल में नौकरी या धंधा बदलने लगे हैं। इनमें से अनेक लोग मंदी के वर्तमान हालात के कारण की जा रही श्रमिक-कटौती के चलते अपनी नौकरी या धंधा बदलने के लिए विवश हुए हैं। उधर बहुत-से लोग अनुभव करते हैं कि वर्षों से वे गलत नौकरी में लगे थे, तो कुछ लोग कुछ नया करना चाहते हैं। लंदन स्थित एक व्यवसाय सलाहकार संस्था के निदेशक जॉर्ज समरफील्ड का कहना है, '25 वर्ष पूर्व जब हमने यह काम आरंभ किया था, उस समय हमारे ग्राहकों में युवाओं की संख्या अधिक थी। लेकिन अब हमारे ग्राहकों का एक-तिहाई भाग 35 वर्ष से ऊपर के लोगों का है।'

इस प्रवृत्ति का एक कारण है—रोजगार-बाजार का बदलता स्वरूप। कुछ उद्योग संकुचित होते जा रहे हैं और अन्य उद्योगों का विस्तार हो रहा है। परिणामस्वरूप एकदम नए-नए काम उभरकर सामने आ रहे हैं और तकनीक के विकास के साथ-साथ कार्य का स्वरूप भी बदल रहा है। इसका नतीजा यह है कि नई दस्तकारियों को सीखने का सामर्थ्य और परिपक्वता बढ़ रही है क्योंकि किसी विशेष क्षेत्र में उस नई दस्तकारी का प्रशिक्षण और अनुभव अधिक उपयोगी हो सकता है।

'कई क्षेत्रों में जिस दक्षता के आधार पर व्यक्ति ने अपना कार्य आरंभ किया था, वह आज पुरानी पड़ गई है या बेकार हो गई है,' एक कार्मिक-प्रबंधन संस्थान की कार्यपालक डायना वोरमैन का कहना है, 'या तो ये लोग अपनी मध्य आयु या मध्य व्यावसायिक जीवन के दौरान अपनी वर्तमान दस्तकारी योग्यता को बढ़ाकर वही काम जारी रख सकते हैं या अलग काम में लग सकते हैं।'

कैरियर-सलाहकार जेम्स स्टीवेंसन के अनुसार, 'मध्य आयु के दृष्टिकोण अब बदल रहे हैं। अब लोग अपने को उम्र के चालीसवें या पचासवें दशक में अधिक

स्वस्थ अनुभव करते हैं और यह भी कि अभी काम करने को उनके सामने लंबा जीवन पड़ा है। अनेक लोग अपनी दिशा बदलना चाहते हैं। अकसर इस उम्र तक उनके बच्चे घर छोड़ जाते हैं। अपने परिवार को आर्थिक जिम्मेदारियों से भी वे मुक्त हो चुके होते हैं, इसलिए वे नया रास्ता चुनने का खतरा उठा सकते हैं।'

जो व्यक्ति अपना पेशा बदलने की सोच रहे हैं या जिन्हें बदलना पड़ रहा है, प्रस्तुत हैं उनके लिए विशेषज्ञों के सहज सुझाव :

अकेले पहल करने से मत घबराइए

अधिक से अधिक लोग अपना व्यापार स्थापित करते हैं। दस वर्ष पूर्व की अपेक्षा आज 80 फीसदी अधिक लोग स्वरोजगार में लगे हुए हैं।

नौकरी से मुक्त लोगों में वह काम करने की चाह जोर पकड़ने लगती है, जिसे वे वर्षों पूर्व करना चाहते थे। रामजीलाल ने दस वर्ष एक बड़ी तेल-कंपनी में प्लानिंग-इंजीनियर का काम करने के बाद, 38 वर्ष की आयु में कंपनी की श्रमिक-कटौती के समय अपना खुद का कारोबार स्थापित करने का निर्णय लिया। अपने प्रबंध-प्रशिक्षण और कंप्यूटर की जानकारी के कारण उसे मुंबई एंटरप्राइज एजेंसी से ऋण मिल गया और कंपनी से मिले हर्जाने को मिलाकर उसने छः कंप्यूटर खरीदे, एक कंप्यूटर-प्रशिक्षण संस्था स्थापित करने के लिए किराए पर एक स्थान लिया और इसके साथ-साथ कंप्यूटर के उपयोग से संबंधित कार्यालयों में जाकर प्रशिक्षण देना शुरू कर दिया।

'मैंने फैसला किया कि अगर मुझे अपना ही काम शुरू करना है, तो उसके लिए यही सही अवसर है,' वह बताता है, 'आरंभ में तो मैं चिंतित था क्योंकि काम मेरी आशा से कहीं कम गति से आगे बढ़ रहा था और मुझे ऋण भी अदा करना था। लेकिन आरंभ से ही मुझे इस चुनौती का सामना कर, व्यापार करने में आनंद आ रहा था। और अब हमारा काम काफी अच्छा चल रहा है।'

अपनी प्रतिभा का लाभ उठाइए

अनेक लोग अपनी फुर्सत की रुचियों को लाभकारी बना लेते हैं। बैंक-प्रबंधक उमाशंकर ने 50 वर्ष की आयु में सामाजिक इतिहास के अपने शौकिया अध्ययन को अपना पेशा बना लिया और समय से पूर्व ही बैंकसेवा से अवकाश ले लिया। वह पहले ही स्थानीय संस्थाओं में इस विषय पर सफल भाषण दे चुका था। उसने व्यापक अनुसंधान किया और एक-दूसरे के जरिये अपने नाम का प्रचार-प्रसार किया। इस काम के लिए उसने कुछ परचे भी बाँटे। 'अगर आप स्व-व्यवसाय में लगे हैं,' उसने बल देकर कहा, 'तो आपको लोगों तक इसकी जानकारी पहुँचानी होगी।'

अब वह पूरे देश की यात्रा करता है। प्रतिवर्ष स्थानीय इतिहास संस्थाओं,

महिला-संगठनों और नेशनल ट्रस्ट ग्रुपों में लगभग सवा सौ भाषण देता है। स्थानीय ढाबों के प्रबंधन से लेकर गिरवी-व्यापार तक के विषयों से संबंधित उसके भाषणों का शुल्क एक हजार से लेकर पाँच हजार रुपए तक होता है।

कुछ लोगों को अपनी प्रतिभा और दक्षता का जीवन के उत्तरार्द्ध में ज्ञान होता है। उर्सुला होल्डन ने अपने तीन बच्चों को पालते हुए कई नौकरियाँ कीं। 43 वर्ष की आयु में उसने लेखन-शिक्षा का कोर्स किया था और तभी उसके पारिवारिक जीवन का पहला उपन्यास 'एंडलेस रेस' प्रकाशित हुआ था, जिसकी सराहना करते हुए 'दि टाइम्स' ने कहा था, 'इसका अंग्रेजी साहित्य में महत्त्वपूर्ण योगदान है।' अब उसकी लगभग 32 पुस्तकें हैं, जो बाजार में धीरे-धीरे किंतु अच्छी संख्या में बिकती हैं।

तेरह वर्ष पूर्व डेसमंड बैरेट एक मार्केटिंग बोर्ड में लेखा-अधिकारी था और इसका उसे जरा भी भान न था कि उसमें अभिनय की प्रतिभा है। फिर 33 वर्ष की आयु में उसने एक कठपुतली-थिएटर में नौकरी के लिए आवेदन किया। उसे नौकरी मिल गई और जल्दी ही उसने पाया कि वह सोलह तरह की आवाजें निकाल सकता है। 'मैंने सोचा था कि अगर मैं विफल रहा तो फिर से हिसाब-किताब का काम तो पा ही जाऊँगा। लेकिन मेरा प्रयास सफल रहा। हालाँकि अभिनय के पहले पाँच वर्षों में मैं अकसर बेकार भी रहा,' उसने बताया। अब वह रॉयल शेक्सपीयर कंपनी के साथ है और 'दि टेंपेस्ट' नाटक में ट्रंक्यूली के अभिनय के लिए क्लेरेंस डरवेंट पुरस्कार से सम्मानित किया जा चुका है।

विशेषज्ञ से सलाह लें

जिनको विश्वास है कि उनमें विशेष प्रतिभा है, बेहतर होगा कि वे किसी विशेषज्ञ से सलाह लें कि वे उस प्रतिभा की बदौलत अपना जीवन-यापन कर सकते हैं या नहीं। इसके अभाव में अनेक इच्छुक और प्रशिक्षित लोगों को भी काम पाने के लिए अनेक दरवाजे खटखटाने पड़ जाते हैं।

जितना मिले, उससे ज्यादा ही लौटाएँ

तत्काल प्रतिफल मिलने की आशा किए बिना जो मनोयोग से कार्य करता है, वह फायदे में रहता है

हर कोई चाहता है कि उसकी पदोन्नति हो। वेतनभोगी है तो सर्वोच्च अधिकारी बने। व्यापारी है तो लाभ अधिक हो। वकील है तो चोटी का बने। डॉक्टर है तो मरीजों की लाइन लगी रहे। जनसेवी है तो मंत्री बने। मंत्री है तो प्रधानमंत्री बने। इसी उपलब्धि को हर कोई अपनी सफलता कहता है। यह ठीक है, पर दुनिया भी उसे सफल कहे, इसके लिए आवश्यक है कि इस उन्नति के लिए जो साधन अपनाए गए हों, वे गलत न हों और जो कुछ पाया गया है, वह दूसरों के अधिकारों का हनन करके या दूसरों की लाशों पर चलकर नहीं।

दुनिया के हजारों सफल व असफल व्यक्तियों के अध्ययन करने पर दो बातें स्पष्ट रूप से उभरी हैं :

सफल-असफल का भेद

सफल व्यक्ति हमेशा लक्ष्य रखकर कार्य करते थे और बिना तत्काल प्रतिफल की आशा के अधिक अच्छा कार्य करते थे। असफल व्यक्ति बिना लक्ष्य के कार्य करते थे और पैसे के बदले उतना ही या उससे कम काम देने में विश्वास रखते थे। अधिक काम का अवसर आने पर उससे मिलनेवाले लाभ को कल्पनाशक्ति के जरिये तोल लेते थे और भरपूर लाभ की संभावना होने पर ही करते थे। अलाभकर स्थिति में हाथ खींच लेते थे।

जरा अपने जीवन की कुछ घटनाओं का विश्लेषण कीजिए।

आपके जीवन में ऐसे अनेक अवसर आए होंगे, जब आपने पहले गुर के हिसाब से काम किया होगा। उससे आपको देर-सवेर क्या लाभ मिला, यह आपको मालूम होगा। अपने आसपास के व्यक्तियों, पड़ोसियों और दोस्तों का अध्ययन कीजिए, तब भी यही बात सामने आएगी।

जब भी आपको नौकर की आवश्यकता होती है, तो आप अपने दोस्त से यही कहते हैं, 'भई, एक नौकर चाहिए पर कामचोर न होकर ईमानदार हो।' जब आपको सामान खरीदना होता है, तो आप पूछते हैं, 'भई, ऐसी दुकान बताओ जहाँ मिलावट न हो, आँख बंद करके सामान खरीदा जा सके।'

दूसरे भी रखते हैं ईमानदारी की अपेक्षा

सवाल उठता है कि जब आप अपने उपयोग की वस्तु के लिए अच्छा काम और बेहतर माल की तलाश करते हैं, तो यह अपेक्षा करना क्या उचित न होगा कि जिन लोगों की सेवा आप करते हैं, वे भी आपसे ईमानदारी व भरपूर कार्य की अपेक्षा करें? यह कहने से काम नहीं चलता कि जमाना बदल गया है, ईमानदारी को कौन पूछता है! सच बात तो यह है कि हम आज भी ईमानदार व्यक्ति को तलाशते हैं, न मिले यह बात दूसरी है। कामचोर दूसरे हथकंडे अपनाकर भले ही थोड़ी दूर जुगनू की नाईं चमक लें, पर अंततः नकाब उठ ही जाती है। यदि एक बार किसी की ईमानदारी पर विश्वास हो जाता है तो हम तब तक उसका विश्वास करते हैं, जब तक विश्वास तोड़ा नहीं जाता।

मुझे याद आती है अपने एक साथी की, जिसने मैट्रिक पास कर बाबू की हैसियत से टेलीग्राफ-वर्कशाप में काम आरंभ किया था। धीरे-धीरे एम.ए. पास कर लिया था उसने। उसके मन में विचार आया कि वर्कशाप की एक पत्रिका निकाली जाए। लगन को छोड़ कोई पूँजी नहीं। उसने सामग्री एकत्र की। उस सबको सुलेख में लिखकर पत्रिका का रूप दिया। उसका मुखपृष्ठ कलात्मक रूप से सजाकर मैनेजर को पेश किया। वे प्रसन्न हुए।

ऐसा कुछ संयोग हुआ कि उसी समय मंत्री महोदय आए। उन्हें भी वह पत्रिका दिखलाई गई। वे बहुत प्रभावित हुए। फौरन ही उसे मासिक पत्रिका के रूप में निकालने के आदेश दे दिए। साथ ही उसे उसका संपादक भी नियुक्त कर दिया। वेतन तीन गुना हो गया। बिना किसी प्रतिफल की आशा से किया गया काम इतना सुंदर फल लेकर आया। फिर तो रास्ता खुल गया। आज वह पी-एच. डी. कर एक कॉलेज का प्रिंसिपल है।

सेवा का फल

हमारे ही कार्यालय के एक क्लर्क ने शॉर्टहैंड सीख रखी थी। कहीं जगह खाली न होने से कुछ लाभ नहीं मिला था। उसने अपनी सेवाएँ मुझे अर्पित कर दीं। पहले

तो मैं पसोपेश में रहते हुए काम देता था, पर धीरे-धीरे उसकी रुचि व लगन देख काफी काम देने लगा। उसके साथी उसका मजाक उड़ाते थे कि कुछ मिलता भी है या खटता ही रहता है? उन्हें क्या मालूम था कि उसकी सदाशयता का भंडार भरता जा रहा था।

कुछ समय बाद मेरे एक मित्र ने किसी शॉर्टहैंड जाननेवाले की माँग की। मेरी नजरों में तो चढ़ा ही हुआ था, मैंने फौरन उसकी सिफारिश कर दी। उसे अभ्यास तो अच्छा हो ही गया था। उसे रख लिया गया। आज वह उस संस्थान में महत्त्वपूर्ण पद पर है। संभावना है कि और उन्नति होगी। यदि उसने मात्र अपने कार्य से वास्ता रखा होता, तो वह आज भी क्लर्क ही होता।

प्रतिदिन ही तो हमें विभिन्न लोगों से वास्ता पड़ता है। कोई बगीचे में काम करने आता है, कोई सफाई करने, कोई बरतन साफ करने। यदि माली से कहो कि काट-छाँट कर कचरा बाहर फेंक देना, तो वह कहेगा, 'यह मेरा काम नहीं।' सफाईवाले से कुछ और साफ करने को कहो तो वह झट से कहेगा, 'यह मेरा काम नहीं।' यदि किसी दिन मेहमान आ जाने से बरतन अधिक हो जाएँ तो काम करनेवाली उन्हें पटक-पटककर आपको जतलाएगी कि आपने उसके साथ ज्यादती की है।

ये सब जीवन-भर वही काम करते रहेंगे, जो आज कर रहे हैं। यदि वे जरा अधिक काम बिना उज्र और मन से करें, तो यदि आप मदद देने की स्थिति में होंगे तो दूसरा अच्छा काम दिलवा सकते हैं। पर जब वे अपना ही काम ठीक से नहीं करते, तो आप दूसरों से उनके बारे में क्या कहेंगे, अवसर आने पर भी मदद नहीं करेंगे।

ज्यादा काम करनेवाले की पूछ

संसार में 95 प्रतिशत लोग पैसे के बराबर या उससे कम काम देने में विश्वास रखते हैं। अतः जो 5 प्रतिशत लोग अधिक काम देने में विश्वास रखते हैं, वे उन 95 प्रतिशत के मुकाबले चमक जाते हैं। इन 5 प्रतिशत की सेवा पाने के लिए होड़ लग जाती है। यदि मालिक पदोन्नति नहीं करता, तो दूसरे उन्हें ले जाते हैं।

पैसे से अधिक और अच्छा काम करके हमें आत्मसंतोष मिलता है। हमारा चरित्र-बल बढ़ता है जिससे मानसिक शांति मिलती है। शांत मस्तिष्क से हम और अनेक कार्य कर सकते हैं। तनाव की स्थिति कभी पैदा नहीं होती।

किसी भी काम को करके हमें दोहरा लाभ होता है। पहला तो है धन-प्राप्ति। दूसरा लाभ यह है कि आप दूसरों की पूँजी पर अपनी प्रतिभा का विकास करते हैं। यह एक इतना बड़ा और स्थायी लाभ है कि काम छूटने पर आप अपने अनुभव से अपना काम जमा सकते हैं। नौकरी तो छीनी जा सकती है, पर हुनर तो आपका हो जाता है।

अधिक परिश्रम से अधिक परिणाम मिलना प्रकृति का नियम है। बस, शर्त यह है कि बिना लाभ की आशा के काम किया जाए। किसान का मामला लें। फसल तो कटती है चार माह बाद, पर उसके लिए जमीन पहले से तैयार करनी पड़ती है जैसेकि जोतना, बोना, खाद देना, पानी देना, निराई-गुड़ाई करना आदि। फिर उसे प्रकृति पर निर्भर होना पड़ता है, मौसम ठीक रहा तो भरपूर अनुपात में उत्पादन।

पर किसान इन सबका ध्यान किए बगैर परिश्रम करता है। जो जितनी मेहनत करता है, उसे उतनी ही अच्छी फसल मिलती है। जो भावी आशंकाओं का खयाल कर कम श्रम करता है, वह कम फसल पाता है। भविष्य के गर्भ में क्या है, इसकी चिंता किए बगैर जो मनोयोग से काम करता है, वह घाटे में कभी रह ही नहीं सकता।

कैसे करें मनोयोग से काम

हम मनोयोग से काम कैसे करें, यही तो समस्या है। यदि काम में मन नहीं लगता, तो काम अच्छा होने से रहा। यदि हम अपने कार्य से उसी तरह प्यार करते हैं, जैसे एक कलाकार अपनी कला से, तो हम उस काम को बिना थके अधिक समय तक कर सकते हैं। यदि हम किसी एक व्यक्ति के लिए काम करें, जिसे हम प्यार करते हैं, तो भी हम अधिक और अच्छा काम कर सकते हैं। काम से प्यार होने से काम अधिक व अच्छा होता है।

अकसर पाया गया है कि जिस काम से हमारी रोटी चलती है, उससे हमें प्यार नहीं होता। हम उसे गले पड़ा ढोल समझकर बजाया करते हैं।

पर इससे काम नहीं चलता। इस मनोवृत्ति से बोरियत पैदा होती है, जिससे तनाव बढ़ता है। यह स्वास्थ्य के लिए हानिकर है। यह स्थिति न आने पाए, इसके लिए हमें अपने कार्य से प्यार करना होगा। यदि काम पसंद नहीं है और अब समय नहीं है कि उसे बदला जा सके, तो उसी से समझौता कर प्यार करना होगा। दुनिया में हर तबके के व्यक्ति की आवश्यकता होती है। जो भी पहल कर कार्य करता है, उसे संसार अपना खजाना सौंप देता है।

तीन तरह के लोग

संसार में तीन तरह के प्राणी होते हैं। एक तो काम में पहल करते हैं, बिना किसी के कहे काम करते हैं। इन्हें मान-सम्मान, धन—सब प्रचुरता से मिलता है।

दूसरी श्रेणी के लोग केवल आज्ञापालन करना जानते हैं। उन्हें अपने-आप कुछ नहीं सूझता, ऐसे व्यक्ति धन तो पाते हैं, पर मान नहीं पाते।

तीसरी श्रेणी के लोग केवल मजबूरी और दबाव से काम करते हैं। इन्हें धन भी कम मिलता है और मान का तो सवाल ही नहीं।

पैसे से अधिक काम करने से हम सफलता की दिशा में एक मजबूत कदम रख देते हैं। इससे विचारधारा सकारात्मक बनती है, फिर दूसरे गुण अपने-आप आ जाते हैं। अधिक सेवा का पारिश्रमिक न मिले, यह हो ही नहीं सकता। प्रकृति का नियम है—हर क्रिया की प्रतिक्रिया होती है। कभी प्रतिफल सीधे रास्ते आता है, कभी अनजाने रास्ते से पर आता अवश्य है। जितना देर से आता है, उतना ही अधिक अच्छा होता है। यदि फौरन ही काम के बदले पैसा मिल जाए, तो मुआवजा-भर मिलता है, कुछ और मिलने की गुंजाइश खत्म हो जाती है।

एक पत्रिका के संपादक एक कॉलेज में लैक्चर देने गए। मेहनताना तय हो चुका था। वहाँ जाकर उन्होंने उस कॉलेज का अध्ययन किया। उसके कार्यकलाप से वे बहुत प्रभावित हुए। साथ ही कुछ सीखा भी। लेक्चर काफी रुचिकर रहा। विद्यार्थी व शिक्षक, दोनों प्रभावित हुए। जब पारिश्रमिक का चेक दिया गया, तो उन्होंने विनम्रता से अस्वीकार कर दिया। कहा, 'यहाँ आकर मैंने जो कुछ सीखा है, वह इस चेक से अधिक मूल्यवान है। मुझे मेहनताना तो मिल चुका है।' उनके इस उदार व्यवहार की चर्चा रही। जब प्रिंसिपल ने बतलाया कि वे एक आत्मसुधार की पत्रिका निकालते हैं, तो अधिकांश विद्यार्थी उसके ग्राहक बन गए।

पहले बोना पड़ता है सफलता का बीज

यदि आज हमें कुछ लाभ हो रहा है, तो उसके विषय में गहराई से सोचने पर पता चलेगा कि उसके बीज किसी अच्छे कार्य के रूप में बहुत पहले बोए गए थे। उस समय बिना किसी प्रतिफल की आशा के किसी की सहायता की थी। वही बीज अंकुरित हो वृक्ष का रूप ले फल देने लगा है। नियम है कि जितना दोगे, उतना ही या उससे अधिक पाओगे। देना बंद कर दोगे, तो मिलना भी बंद हो जाएगा। उदारता से दोगे, तो प्रचुरता से मिलेगा। देना पहले होगा। 'इस हाथ दे, उस हाथ ले' कहावत से सभी परिचित हैं।

आनंद भौतिक वस्तुओं के स्वामित्व से नहीं मिलता, वह तो मानव मात्र को अपनी सेवाएँ अर्पित करने से मिलता है। क्या दिया जा सकता है, कितना दिया जा सकता है, इसकी कोई सीमा नहीं। यह कहना गलत है कि हमारे पास धन नहीं है, क्या दें। धन तो मामूली वस्तु है, हाथ का मैल है। उदारता से सहायता करो, बिना माँगे अपनी सेवा दो, दया दो, अपने कार्य में प्यार का पुट दो, अपनी समृद्धि में दूसरों को भागीदार बनाते चलो।

यदि दस लोगों को सेवाएँ पैसा लेकर देते हो, तो एक को बिना पैसे के दे दो। दस मरीजों से पैसा लिया है, तो दो का इलाज मुफ्त करो। यदि फौरन लाभ नहीं मिलता, तब भी अपना काम किए जाओ। नियम बना लो कि प्रतिदिन एक व्यक्ति को बिना उसके माँगे अपनी सेवा प्रदान करनी है। सेवा के बदले पैसा न लो। इससे सदाशयता का भंडार बढ़ेगा।

कार्य में छिपा रहता है परिणाम

महान चिंतक इमर्सन ने कहा है, 'कार्यकारण, साधन-परिणाम, बीज व फल एक-दूसरे से अलग नहीं किए जा सकते, क्योंकि परिणाम तो कार्य में ही छिपा रहता है और बीज फल में। यदि आपका मालिक कृतघ्न है तो उसकी और सेवा करो। हर सेवा का फल मिलेगा। जितनी देर रुका रहेगा, उतना ही आपके लिए अच्छा है, क्योंकि इस बैंक में ब्याज चक्रवृद्धि दर से मिलता है।'

हर आदमी स्वार्थी होता है। जीवन-संग्राम में विजय पाने के लिए यह आवश्यक भी है। हाँ, सीमा से अधिक स्वार्थ हो जाने पर वह हानिप्रद हो जाता है। अतः यदि आपका मालिक स्वार्थी है, तो कोई बात नहीं। आप अपनी सेवाएँ इस प्रकार अर्पित करें कि आप उसके लिए एक अनिवार्य व अत्यावश्यक व्यक्ति बन जाएँ। ऐसा होने पर उसका स्वार्थ इसी से सिद्ध होगा कि वह आपको अपने पास रखे और आपको इसकी कीमत दे। जब आप इस स्थिति में होंगे, तो आप स्वयं अपना वेतन तय करवाने की स्थिति में आ जाएँगे।

एक और बात ध्यान रखने की है कि किसी भी माहौल में मेहनत करने से लाभ होता है। प्राचीन समय में बेनहर नामक एक दास था। उसका मालिक दुष्ट था। उसे जंजीर से बाँध लगातार पतवार चलवाता था। इस काम को वह मनोयोग से करता था। इससे उसके शरीर का गठन अत्यंत सुंदर हो गया। भुजाएँ बलिष्ठ हो गईं। एक बार रथों की दौड़ हुई। इसमें मालिक भाग लेता था। पर उस समय सारथी बीमार हो गया। मालिक चिंतित हो उठा। उसकी नजर बेनहर पर पड़ी और उसे ही सारथी बना रथ दौड़ा दिया। बेनहर बलशाली तो था ही। नतीजा यह हुआ कि उसका मालिक जीत गया। इससे खुश होकर मालिक ने उसे मुक्त कर दिया।

जीवन भी एक दौड़ है

जीवन भी रथों की एक दौड़ ही है। इसमें सफल वे ही होते हैं, जिनके चरित्र की दृढ़ता व विनम्रता ने विजय की अदम्य इच्छा जाग्रत् कर ली है। शक्ति हमेशा प्रतिरोध व संघर्ष से पैदा होती है। नियम है कि कार्य करो, तो शक्ति प्राप्त होगी। जो कार्य नहीं करेगा, उसे शक्ति भी प्राप्त नहीं होगी। यह कार्य-पद्धति ही हमें सफलता की ओर ले जानेवाला अजेय रथ है।

इस मनोवृत्ति को अपनाने से विचारधारा सकारात्मक बनती है। हम उनकी नजरों में चढ़ जाते हैं, जो हमारी पदोन्नति कर सकते हैं। हम उनके लिए अपरिहार्य बन जाते हैं। इससे हमारी प्रगति होती है, कार्यकुशलता बढ़ती है, अर्जन-क्षमता भी बढ़ती है। नौकरी से निकाले जाने का भय नहीं रहता। साथ ही, और अच्छी जगह पाने का सिलसिला बनता है।

हमें दूसरों की अपेक्षा, जो कि इस पर अमल नहीं करते, चमक उठते हैं।

हमारी शक्ति का विकास होता है। हममें आत्मविश्वास, साहस व उत्साह का सृजन होता है। अपनी निष्ठा पर विश्वास जमता है। टालू प्रकृति से छुटकारा मिलता है। लक्ष्य-निर्धारण में मदद मिलती है। हम लक्ष्यहीनता के अभिशाप से बचते हैं। दिमाग का पैनापन बढ़ता है, जिससे दूर क्षितिज तक गहराई से देख पाते हैं।

किसी भी क्षेत्र में सफलता पाने के लिए लक्ष्य-निर्धारण, आत्मविश्वास, आत्मनियंत्रण, पहल व नेतृत्व-शक्ति, आकर्षक व्यक्तित्व, सहनशीलता, लगन, उदार मनोवृत्ति, उत्साह, सहयोग आदि गुणों की आवश्यकता होती है। पर यदि हममें जितना पैसा, उससे अधिक और अच्छा काम देने का गुण आ जाए, तो बाकी सब गुण अपने-आप आ जाएँगे। अतः हमारा अपना हित इसमें है कि हम इस एक गुण को विकसित करें। प्रतिदिन किसी न किसी को कुछ दें। एक माह के बाद ही हम अपने को एक बदला हुआ व्यक्ति पाएँगे। हमारी सदाशयता का भंडार इतना बढ़ जाएगा कि उदारता से उलीचने पर भी खाली नहीं होगा।

व्यावसायिक जीवन में सफलता के मूलाधार हैं तीन 'आर'

आज के जमाने में सफलता के मानदंड बदल चुके हैं और सारा दारोमदार रेजुमे, रोलोडेक्स तथा रेपुटेशन पर हो गया है

एक बिजली-कंपनी में मेरे एक मित्र के पिता जी ने 41 वर्षों तक काम किया। हर दिन उन्हें पक्का मालूम रहता था कि सुबह उन्हें कहाँ जाना होगा।

लेकिन, समय पर दफ्तर पहुँचने और पाँच बजे शाम तक अपना सारा काम निबटा लेने का अब यह मतलब नहीं रहा कि आपकी नौकरी जिंदगी-भर बनी ही रहेगी। आज कर्मचारियों के सामने यह संभावना बनी रहती है कि वे कई बार नौकरी बदलेंगे और कामयाब होने के लिए अधिकाधिक जिम्मेदारी लेंगे।

अब पेशे की दुनिया के तीन 'आर' हो गए हैं—रेजुमे (जीवनवृत्त), रोलोडेक्स (पेशागत संबंध) और रेपुटेशन (साख)। आपको अच्छी तरह काम करना आता है और आप विश्वास-पूर्वक अपने काम के बारे में शेखी बघार सकते हैं, यह तो हुआ आपका रेजुमे। अपने पेशेंवर जीवन में जो संबंध आप बनाकर रखते हैं—रोलोडेक्स है। और वैसे लोग जो आपके काम की कसम खाकर तारीफ़ कर सकते हैं, आपकी रेपुटेशन यानी साख के सूचक हैं।

अपने जीवनवृत्त को दमदार रखने और अपने पेशागत संबंधों को विस्तृत करने के लिए ये दस उपाय अपनाएँगे, तो अपनी साख और अपने व्यावसायिक जीवन को कामयाबी की राह पर डाल सकते हैं आप।

1. **लोगों को याद दिलाते रहें कि आपने उनके लिए कितना**

काम किया है : शिकागो इलाके के एक बॉक्स-निर्माता की स्थिति यह है कि अभी हाल तक उसने अपने जिस ग्राहक को जो समय दे दिया, उसे उसी समय काम करके दिया। इसलिए पिछले दस वर्षों से बॉस ने मासिक बीजक में एक कॉलम जोड़ा है, जिसमें ग्राहक द्वारा दी गई तारीख, माल की डिलीवरी की तारीख और दोनों के बीच का फ़र्क़ लिखा रहता है। समय पर काम पूरा करने के इस छोटे-से स्मरणपत्र के कारण उसका व्यवसाय जबरदस्त बढ़ गया। अपने-आपको आगे बढ़ाने का काम चतुराई से किया जाए, तो इसके अच्छे परिणाम निकल सकते हैं।

2. **दूसरों को श्रेय दें :** कुछ लोग ऐसा दिखाते हैं, जैसे दूसरों के योगदान को उन्होंने मान लिया तो वे स्वयं खत्म हो जाएँगे। लेकिन दूसरों को उनका वाजिब श्रेय देने में आपका कुछ नहीं जाता, उलटे इससे आपको अत्यधिक लाभ होता है।

सत्य तो यह है कि जिस व्यक्ति ने छः महीने पहले यों ही कहा था, 'लगता है, इस बार गर्मियाँ कुछ जल्दी ही शुरू हो जाएँगी,' वह सोचता है कि बाद में आपने जो कूलर बेचकर चाँदी काटी, उसका श्रेय उसी को जाता है। अपने हिसाब से उसने सही वक्त पर आपको सही संकेत दिया। इसलिए उसे श्रेय दें! अव्वल तो यह है कि उसकी बात में दम है; लेकिन बड़ी बात यह है कि इससे आपकी साख बनती है।

3. **धन्यवाद देना कभी न भूलें :** वर्षों पहले मैं एक ऐसे बॉस के नीचे काम करता था, जिसे अपने कठोर होने पर गर्व था। किंतु हर शाम वह दस-पंद्रह संक्षिप्त धन्यवाद-टिप्पणियाँ लिखता था (मसलन, सुरेश, तुम्हारा यह सुझाव जबरदस्त था। उम्मीद है, तुम उस पर अमल करोगे—के. के.)। उसकी खूबी थी कि वह दूसरों को अपना परम भक्त बना लेता था। सकारात्मक दिशा में किया गया पुष्टीकरण का असर दूर तक जाता है; अधिकांश लोग इसे न तो दे पाते हैं, न ही उन्हें यह मिलता है।

4. **छोटी-छोटी जीतों का संचय करें :** उन्हें चाहें तो रुक्का ही कह लें, किंतु छोटी-छोटी जीतें बड़ी जोड़ की होती हैं। अमेरिका के तत्कालीन उपराष्ट्रपति जॉर्ज बुश रिपब्लिकन सदस्यों के चुनाव-अभियानों के लिए देश-भर में अनथक दौरे करते रहे, इस तरह 1988 में होनेवाले राष्ट्रपति पद के चुनावों तक उन्होंने समर्पित लोगों की दीवार खड़ी कर ली थी।

छोटी-छोटी बातें भी महत्त्व रखती हैं। पिछले वर्ष समाचारपत्र-प्रकाशकों को दिए गए भाषण में मैंने एक अखबार की शिकायत की कि वह मुझे खूब सवेरे नहीं मिलता। अगली सुबह मेरा अखबार 5.05 पर पहुँच गया। उसके प्रकाशक ने मेरी वार्ता सुनी थी और मेरी शिकायत दूर करने के लिए समय निकाला था। इससे कोई फर्क नहीं पड़ता कि भविष्य में वह अखबार मेरे साथ क्या करता है, पर मुरगे की बाँग के साथ अखबार मिलने की बात मुझे हमेशा याद रहेगी।

5. **छिपी शक्तियों को ढूँढ़ें :** शक्ति बहुधा छोटे-छोटे विवरणों में छिपी रहती है और इन छिपी शक्तियों की सतत खोज काफी लाभकारी हो सकती है। वैसे तो

आप छोटी-छोटी बातों के लिए परेशान रहने की बदनामी झेलना नहीं चाहते, फिर भी विवरणों के लिए निजी स्तर पर परेशान होना महत्त्वपूर्ण बात है। अपने तईं आप खुद को संसार का सर्वश्रेष्ठ वक्ता मान सकते हैं, किंतु अगर प्रेक्षागृह की ध्वनि-प्रणाली स्थैतिक गा रही हो तो—खैर, इसे छोड़ें।

6. **अंतर्संबंधों की शक्ति पहचानें :** मैं जिन सबसे तेज लोगों को जानता हूँ, वे संबंधों का जाल बिछाने में अत्यंत चतुर होते हैं। वे हर जगह हर किसी को जानते हैं—और उन्होंने उनमें से अधिकतर के साथ अभी-अभी लंच लिया होता है।

मैकिंजी एंड कंपनी नामक सलाहकार-फर्म का बॉस अपने कर्मचारियों से निवेदन करता था कि लंच का समय वे रिपोर्टों में घिरे अकेले बरबाद न करें। उसे पता था कि विपणन का काम केवल विश्लेषण तक सीमित नहीं है, बल्कि यह लंच के वक्त की गतिविधि भी है।

फोन का इस्तेमाल करें और हर तरह के समारोहों और पार्टियों में जाएँ। ऐसे आयोजनों में आप संपर्क बनाएँगे तो मिलने-जुलने से कोई सौदा भी हो सकता है।

7. **शिष्टता बनाए रखें :** ध्यान रखें कि छोटी बातों पर भी कभी आपकी भर्त्सना न की जा सके—बैठकों में समय पर पहुँचें, पारंपरिक ढंग की पोशाक पहनें, अधिक बन-ठनकर न रहें, जबान पर लगाम रखना सीखें और किसी को सार्वजनिक रूप से कभी लज्जित न करें। कई विशेषज्ञ अपनी बुद्धि का निर्लज्जता से प्रदर्शन करके और खास तौर से लोगों को सार्वजनिक रूप से लज्जित कर अपना असर भोथरा कर देते हैं

8. **गहन अध्ययन करें :** लेखक, व्यवसायी और प्रबंधन गुरु हारवी मैके ने उन 66 सवालों की सूची तैयार की है अपने ग्राहकों के बारे में जिनका जवाब देने के काबिल आपको होना ही चाहिए। उन सवालों में ग्राहकों के विवाह की तारीख भी शामिल है। मैके सही है—अपने ग्राहकों, बॉस, सहकर्मी के बारे में अन्य व्यक्ति से अधिक जानें; फिर समझिए, आपको सहारा मिल गया।

कई साल पहले मेरी उस व्यक्ति से मुलाकात हुई थी, जो बोइंग का रक्षा संबंधी हेलीकॉप्टर-व्यवसाय चलाता था। उसका पक्का नियम था—ग्राहक से मुलाकात के हर मिनट की तैयारी के लिए एक घंटा। अगर उसे सऊदी सरकार के किसी वरिष्ठ अधिकारी से मुलाकात करने के लिए बीस मिनट मिलते थे, तो इसका अर्थ होता था कोई बीस घंटे का अध्ययन—वंशवृक्ष का।

9. **बाहर अपनी विश्वसनीयता बनाएँ :** आज की दुनिया में कंपनी से बाहर के आपके संबंध भी आंतरिक संबंधों से कम महत्त्वपूर्ण नहीं। बाहरी लोगों के लिए आप अपरिहार्य हो गए, तो तय है कि अंदर लोग आप पर उँगली उठाने की हिम्मत भी नहीं करेंगे। यह कौशल मैकिंजी के सुपरस्टार के निची ओमाई के लिए चमत्कारी साबित हुआ, जो कंपनी के जापान में व्यापार का लंबे अरसे तक अध्यक्ष रहा।

ओमाई ने किताबें लिखीं, वह जापानी राजनीति में शामिल रहा तथा अर्थशास्त्र और प्रबंधन के प्रतिष्ठित टीकाकार के रूप में प्रसिद्ध हुआ।

मैकिंजी चाहती भी तो उसे कभी न हटा पाती।

10. **लोग भावनात्मक प्रतिबद्धता को महसूस कर सकते हैं :** मैं इंडियन बैंक में एक कनिष्ठ पद पर काम करता था तो लगता था, मैं काफी काम कर रहा हूँ (लोग, बहरहाल ऐसा ही कहते थे)। रहस्य यह था कि जिन मुद्दों से मेरा वास्ता था, मैं उन पर भूत की तरह लगा रहता था, जबकि दूसरे लोगों की कार्यसूची में अव्वल नहीं थे। मेरी दृढ़ता को महसूस करने के बाद मेरे विरोधी मुझसे झगड़ने में समय बरबाद करने के बजाय प्रायः मुझे अपनी राह पर चलने को छोड़ देते थे। लोग मीलों दूर से प्रतिबद्धता को सूँघ लेते हैं।

कोई भी सफलता बिना असफलताओं के हासिल नहीं की गई। जीत उसी की होती है, जो लचीला होता है। कई लोग बस हड़बड़ी में दौड़ पड़ते हैं और धराशायी हो जाते हैं; दूसरे, ठोकर खाते हैं, गिर पड़ते हैं; उठते हैं, फिर गिरा दिए जाते हैं, लेकिन डटे रहते हैं—और अंत में विजयी होते हैं।

योजना बनाकर उसे अमल में लाएँ

रमेश ने जनवरी माह में अवकाश लेकर भारत-भ्रमण का विचार किया। उसने अपने मित्र नरेश से, जो भारत-भ्रमण पर हो आया था, परामर्श किया। उससे आवश्यक जानकारी लेकर उसने पत्रिकाओं के पर्यटन विशेषांक देखे, पर्यटन विभाग से कुछ और जानकारी ली। फिर भारत का नक्शा और रेलवे समय-सारिणी खोलकर एक विस्तृत यात्रा-क्रम बनाया—दिल्ली से किस गाड़ी से कब चलेगा, कब बड़ोदरा पहुँचेगा, कब अजंता-एलोरा होता हुआ मुंबई पहुँचेगा, कब पुणे होता हुआ गोवा, फिर मैसूर, बंगलौर, त्रिवेंद्रम होता हुआ रामेश्वरम, कन्याकुमारी पहुँचेगा। किस तारीख को किस गाड़ी से कलकत्ता होता हुआ दिल्ली वापस आएगा।

योजना बनाएँ लेकिन उसमें आवश्यकता के अनुसार फेर-बदल की गुंजाइश रहनी चाहिए

उसने इस सारे विवरण को लिखकर रेलवे को दे दिया। फिर अपना व परिवार के सदस्यों का टिकट बनवाया और निश्चित तारीखों में विभिन्न रेलगाड़ियों में आरक्षण करवाया। रास्ते में खर्च का अंदाजा किया, आधा पैसा नकद साथ रखा, आधे के ट्रैवलर्स चैक लिए। जहाँ-जहाँ जान-पहचान थी, वहाँ सूचित किया, जहाँ नहीं थी वहाँ किसी होटल में प्रबंध किया या धर्मशाला के पते लिए। यह सब करके वह निश्चित तिथि को भ्रमण पर निकल पड़ा। 95 प्रतिशत व्यवस्था पूर्वनिर्धारित कार्यक्रम के अनुसार पूरी हुई। रमेश निश्चित तारीख को दिल्ली वापस आ गया।

इसके विरीत सुधाकर बिना विस्तृत कार्यक्रम बनाए रवाना

हो गया। एक माह के लिए निकला था और डेढ़ माह में वापस लौटा। कहीं आरक्षण मिला, कहीं नहीं मिला। कहीं होटल में जगह मिली, कहीं नहीं मिली, रेलवे-प्लेटफार्म पर ही सोना पड़ा। परेशान होकर लौटे परिवारवालों ने भी भ्रमण से तौबा की।

योजना से सुविधा रहती है

भारत-भ्रमण रमेश व सुधाकर दोनों ने किया, एक ने आराम से, दूसरे ने परेशानी से। रमेश का खर्च भी कम हुआ। दोनों के कार्य आरंभ करने में अंतर था। रमेश ने योजना बनाकर शुभारंभ किया था, यथासंभव संभावित कठिनाइयों के समाधान का प्रबंध कर लिया था। सुधाकर ने कोई योजना नहीं बनाई थी और वैसे ही यात्रा पर निकल पड़ा था।

पहले तो 'योजना' शब्द के बारे में अधिक नहीं सुनाई पड़ता था, पर जब से देश में पंचवर्षीय योजनाएँ आरंभ हुई हैं, यह शब्द बहुत सामान्य हो गया है। पंचवर्षीय योजना क्या है? देश के वित्तशास्त्री और विशेषज्ञ बैठकर तय करते हैं कि अगले पाँच वर्ष में कौन-कौन से काम करने हैं, उनके लिए कितना पैसा है, कितनी कमी पड़ सकती है, इस कमी को किस तरह पूरा किया जा सकता है। फिर उसी योजना के अनुसार कार्य हाथ में लिए जाते हैं।

यह योजना हर समय हर संस्थान में उपयोगी होती है, चाहे दफ्तर हो या घर। एक दिन लेखक अपने एक प्रबंधक मित्र के कमरे में गया। उनके सामने लकड़ी का एक अच्छा पॉलिश किया हुआ तिकोना बोर्ड रखा था। उस पर एक तरफ सफेद अक्षरों में लिखा था : 'काम ही पूजा है'। दूसरी तरफ लिखा था, 'योजना बनाओ और उस पर अमल करो'। जरा गौर से सोचने पर उनके दफ्तर की कुशलता का राज समझ में आ गया।

बाधाएँ तो आएँगी ही, पर दूर भी हो जाएँगी

किसी भी कार्य को करने के विषय में दो प्रमुख सूक्तियाँ हैं, जिन्हें ध्यान में रखकर हम अपने कार्यकलापों को वह मोड़ दे सकते हैं कि कार्यसंपन्न होने में कोई बाधा न पड़े। पहली है, 'हर कार्य का प्रारंभ कठिन होता है। चाहे जो भी कार्य हम आरंभ करें, कठिनाइयाँ तो आएँगी ही।' यह सबका, सब जगह सामान्य रूप से अनुभव रहता है। वह नौकरी हो, व्यापार हो या कोई कला सीखनी हो या कोई नया अभियान आरंभ करना हो, काम हाथ में लिया नहीं कि कठिनाइयों के बादल छाने लगते हैं। कभी-कभी तो इतने गहरे कि रास्ता ही ओझल होने लगे। पर ये बादल बरसाती नहीं होते, जाड़े-गर्मी के होते हैं। आए, छाए, एक-दो दिन बरसे और चले गए। अतः इनसे घबराना तो चाहिए ही नहीं।

कार्यकुशल व्यक्ति जानता है कि प्रारंभ की कठिनाइयाँ टिकाऊ नहीं होतीं।

लगन, अध्यवसाय, धैर्य और हिम्मत से निर्धारित पथ पर बढ़ते रहने से कुछ समय बाद वे कठिनाइयाँ स्वतः ही दूर होने लगती हैं और लक्ष्य निकट आता जाता है।

अतः जब भी हम किसी काम को हाथ में लें, तो यह मानकर चलें कि कठिनाइयाँ, बाधाएँ तो आएँगी ही। हमें उनका निबटारा करते हुए चलना है। उनका सामना करने के लिए मानसिक रूप से तैयार रहना है। उनसे डरना नहीं है, मुकाबला करना है। यहीं पर तो योजना का महत्त्व स्पष्ट होता है।

कार्य की रूपरेखा तैयार कर लेने से आगे आनेवाली कठिनाइयों का पूर्वाभास हो जाता है, जिनसे निबटने के उचित प्रबंध पहले ही किए जा सकते हैं। जब मानसिक रूप से हम बाधा झेलने के लिए तैयार रहते हैं तो उसके आने पर हम परेशान नहीं होते, पर जब अप्रत्याशित रूप से कोई समस्या एकदम अचानक आ खड़ी होती है तो संतुलन बिगड़ने लगता है।

अच्छा आरंभ

दूसरी उक्ति है, 'यदि किसी काम का आरंभ अच्छा हो गया तो समझिए कि आधा काम तो हो ही गया।' हम जो भी कार्य करने का निश्चय करें, यदि उसका आरंभ सही ढंग से, पूर्ण उत्साह और उमंग से करें, तो सफलता उसी समय निश्चित हो जाती है।

भावावेश में कोई काम हाथ में लेने से काम होता नहीं। यदि किसी को सिगरेट पीने और पान खाने की आदत है और भावावेश में वह यह कहता है कि इन आदतों को छोड़ देगा, तो जरा मुश्किल होगी। दृढ़ निश्चय न होने से सिगरेट पीने का समय होते ही मन अपना खेल आरंभ कर देता है। फुसलाने की कोशिश करता है। हो सकता है कि व्यक्ति चूक जाए, पर यदि सोच-समझकर निश्चय किया है तो उसमें कुछ समय तक बेचैनी सहने की शक्ति भी होगी। यदि कुछ समय तक बेचैनी सह ली, तो 90 प्रतिशत विजय तो पा ही ली पर यदि आरंभ में ही डगमगा गए तो बस, गए। नए काम पर, नई नौकरी में तो इसका बहुत महत्त्व है। आरंभ करने से पहले हमें समस्त पहलुओं पर विचार करना चाहिए। अपनी रुचि, अपनी इच्छा तथा अन्य बातों का यथासंभव अंदाज ले लेना उत्तम होता है। यदि सोच-समझकर आत्मविश्वास से कोई कार्य आरंभ करेंगे तो मनोकामना पूर्ण होगी। इसी को योजनाबद्ध कार्य कहते हैं।

लचीली होनी चाहिए योजना

यह ठीक है कि योजना बनाकर उसके मुताबिक काम किया जाए, पर ध्यान रखना है कि योजना लोहे का चौखटा बनकर न रह जाए। उसमें फेरबदल की गुंजाइश रहनी चाहिए। योजना लचीली होनी चाहिए। यदि किसी समय बदलाव आवश्यक प्रतीत हो, तो उसे आवश्यकतानुसार बदलने में हिचकना नहीं चाहिए।

योजना तो कार्य-संपादन का साधन है, उसे ही साध्य मानने की गलती नहीं करनी चाहिए। हम कितने भी विस्तार में जाकर योजना बनाएँ, पर कार्य के दौरान कुछ न कुछ ऐसा अवश्य होगा कि समस्या पैदा हो जाएगी। उस समय भी सोच-विचार-कर निर्णय करना होगा।

अंग्रेजी में एक कहावत है, 'बर्न योर बोट्स' यानी अपनी नाव जला दो। इसके पीछे एक रोचक कहानी है। प्राचीन समय में जूलियस सीजर अपना जहाजी बेड़ा लेकर इंग्लैंड के तट पर उतरा था। उसे युद्ध में काफी नुकसान हुआ था। उसके नाविकों का उत्साह मंद हो गया था। उन्होंने आगे बढ़ने से इनकार कर दिया और वापसी की जिद करने लगे।

उस समय सीजर ने उन नावों को जला देने का आदेश दिया, जिनमें वे लोग आए थे। सारी नावें जल गईं। वापसी का रास्ता बंद हो गया। उसने नाविकों से कहा, अब तुम वापस नहीं जा सकते। आगे बढ़ो, यही रास्ता है। तब वे आगे बढ़े और जीते।

इसी प्रकार एक व्यक्ति ने एक कंपनी में कार्य करते हुए दूसरी कंपनी में नौकरी के लिए आवेदन-पत्र दिया। छुट्टी लेकर उसके लिए प्रयत्न किया। लेकिन ज्यादा फिक्रमंद नहीं हुआ, क्योंकि उसे ध्यान रहता था कि यदि सफल न हुआ तो पुरानी नौकरी तो है ही। उसका चुनाव नहीं हुआ। उसने अपने एक मित्र से सलाह ली। उसने सोच-समझकर राय दी कि अगली बार जब आवेदन दो तो वर्तमान पद से इस्तीफा दे देना और पूर्ण मनोयोग से प्रयत्न करना।

अगली बार उसने ऐसा ही किया। पिछली नौकरी से संबंध टूट जाने से नई नौकरी पाने की आवश्यकता बढ़ गई थी। जीवन-मरण का प्रश्न था, अतः उसने जी-जान से प्रयत्न किया और सफल हुआ। जब तक लौटने का रास्ता होता है, हम नए काम को पूर्ण उत्साह व उमंग से नहीं करते। फलस्वरूप सफलता संदिग्ध ही रहती है।

दैनिक जीवन में भी है योजना का महत्त्व

योजना का महत्त्व हमारे दैनिक जीवन में भी है। एक बार दैनिक जीवन में इसका समावेश हो जाए तो भविष्य के लिए एक अच्छी आदत पड़ जाती है। हमें दिन में बीसियों छोटे-बड़े काम करने पड़ते हैं। यदि सारे काम सिलसिलेवार तरीके से न किए जाएँ तो हो सकता है, अधिकांश पूरे हों ही नहीं और अनकिए कामों के लिए जवाबदेही हो जाए।

अस्त-व्यस्त तरीके से काम करने से गलती होने की संभावना भी बढ़ जाती है। यदि प्रतिदिन शाम को अगले दिन के कार्यक्रम की रूपरेखा तैयार कर ली जाए और कार्यों की प्राथमिकता निश्चित कर ली जाए, यानी योजना तैयार कर ली जाए तो दूसरे दिन उसके अनुसार, केवल कार्य निबटाना रह जाता है। मानसिक शांति

रहती है। अतः 90 प्रतिशत काम निबट जाते हैं। कोई महत्त्वपूर्ण काम बचता नहीं। इस स्थिति में अगले दिन कार्य करने का उत्साह रहता है।

सवेरे उठना जरूरी

योजनाबद्ध कार्य करने के दौरान एक और महत्त्वपूर्ण बात का ध्यान रखना आवश्यक है। योजनाबद्ध काम करने और सवेरे उठने में चोली-दामन का साथ है। काम करने का समय दिन का ही होता है। शाम और रात को लोग अपनी थकान मिटाते हैं या मनोरंजन करते हैं। अतः दूसरों से संबंधित कार्य सूर्य ढले नहीं हो सकते। दिन का समय जिसके पास जितना अधिक होगा, वह उतना ही अधिक काम कर सकेगा।

गर्मी के महीनों में सवेरे छः बजे से शाम सात बजे तक रोशनी रहती है। यदि इसमें से सवेरे के दो-तीन घंटे सोने में निकल जाएँ; तो बारह के बजाय नौ घंटे ही काम के लिए बचते हैं। कुछ समय इसलिए भी कम हो जाता है, क्योंकि जो लोग सवेरे उठ चुके हैं, उनसे तालमेल नहीं बैठ पाता। जो काम बारह घंटों में आराम से किए जा सकते हैं, उन्हें आठ घंटे में करने के प्रयास में जल्दी-जल्दी करना होता है। हर काम में जल्दी होती है। बीच में आराम न मिलने से थकान होती है और फिर कोई काम बिगड़ भी सकता है।

अतः योजनाबद्ध तरीके से कार्य आरंभ करें। यह मानकर चलें कि बाधाएँ तो आएँगी ही। प्रारंभ तो कठिन होता ही है। उत्साह व उमंग से कार्य को अच्छी तरह शुरू करें। जब सफलता के पास पहुँचें, तो अपने सहारे को नाव की तरह जला दें। दैनिक जीवन में सवेरे उठने की आदत डालें और योजना को अपने जीवन का आवश्यक अंग बना लें।

नैतिक मूल्यों को व्यावसायिक रणनीति का आधार बनाएँ

क्षणभर के चिंतन से ही स्पष्ट हो जाता है कि नैतिकआधार-शिला के बिना अंततः कोई व्यवसाय सफल नहीं हो सकता। इसके बावजूद, आम धारणा इसके ठीक विपरीत है। हाल ही में दिल्ली के एक प्रतिष्ठित संस्थान में व्यवसाय-प्रबंधन के स्नातकोत्तर विद्यार्थियों के समक्ष व्याख्यान देते हुए मुझे विपणन यानी मार्केटिंग में नैतिक मूल्यों के महत्त्व को रेखांकित करने का मौका मिला।

अंत में प्रश्नोत्तर-सत्र के दौरान एक विद्यार्थी ने खड़े होकर बड़ी रुखाई से कहा, 'सर, मार्केटिंग और नैतिक मूल्य कभी साथ नहीं चल सकते।' इससे भी ज्यादा आश्चर्य मुझे यह देखकर हुआ कि उसके इस कथन को कक्षा में अन्य विद्यार्थियों का प्रबल समर्थन मिला।

मूल्यों निष्ठाओं व आस्थाओं से रहित प्रबंधन नुकसान ही कर सकता है

ब्रांड वादे और प्रतिज्ञा का दूसरा नाम है

किसी ब्रांड या उत्पाद का चुनाव करते समय क्या ग्राहक नहीं पूछता कि वह स्तरीय और विश्वसनीय है या नहीं? और खरीदने के बाद अगर ग्राहक उसे अपनी अपेक्षाओं के अनुरूप नहीं पाता, तो क्या वह इस उत्पाद को दोबारा खरीदेगा या उस ब्रांड पर दोबारा भरोसा करेगा?

ब्रांड अगर विक्रेता और क्रेता के बीच ब्रांड के मूल्यों के संबंध में एक वादा और प्रतिज्ञा (कैबिनेंट) नहीं है, तो और क्या है?

आज के भीड़-भरे बाजार-स्थल पर, जहाँ ग्राहक अनेकानेक ब्रांडों में से चुनाव करने के लिए स्वतंत्र है, क्या कोई व्यवसाय ग्राहकों के साथ दीर्घकालीन संबंध स्थापित किए बिना लंबे समय तक अपना अस्तित्व बनाए रखने की आशा कर सकता है? क्या यह संबंध ईमानदारी और विश्वास के आधार के बिना स्थापित किया जा सकता है?

नैतिक व्यवहार

क्या कोई कंपनी तब तक प्रतिभाशाली लोगों को आकर्षित कर सकती है और रोके रख सकती है, जब तक कि वह एक अच्छा कार्यस्थल न हो? क्या अच्छे नैतिक व्यवहार के बिना अच्छे मानवीय संबंध कायम रह सकते हैं?

क्या किसी संगठन में सभी संबंधित व्यक्तियों की नीतियों और मूल्यों के प्रति उच्चस्तरीय प्रतिबद्धता के बिना उच्च कोटि की प्रेरणा, मनोबल, टीम-वर्क, रचनात्मकता, उत्पादकता और अभिनवता मौजूद रह सकता है?

क्या विक्रेता और आपूर्तिकर्ता जानना नहीं चाहते कि कारोबार करने की दृष्टि से कंपनी अच्छी है या नहीं? क्या यही सवाल डीलरों, वितरकों और एजेंटों के दिमाग में भी सर्वोपरि नहीं रहता, जो कंपनी के उत्पाद स्टॉक करते और बेचते हैं? क्या वे नहीं जानना चाहेंगे कि कंपनी अपनी वचनबद्धताओं का पालन करेगी और अपनी डीलिंग में ईमानदार रहेगी या नहीं?

और संभावित निवेशकों व शेयरधारकों के बारे में क्या खयाल है? किसी कंपनी में निवेश करने का निश्चय करने से पहले वे भी यह जानना चाहेंगे कि उसका प्रबंधन ईमानदार और दक्ष व्यक्तियों द्वारा किया जा रहा है या नहीं?

अगर किसी कंपनी का प्रबंधन बेईमान के रूप में कुख्यात हो, तो क्या कोई बैंक उसे ऋण देगा? दूसरे शब्दों में, क्या कोई संस्था नैतिक व्यवहार के बिना अपने किसी भी हितधारी से संबंध बना सकती है?

केस-स्टडी-I

तमिलनाडु के एक कल्पनाशील व्यवसायी अमोल करनाड द्वारा स्थापित और संचालित अलेक्रिटी फाउंडेशंस प्रा. लि. एक ऐसी भारतीय कंपनी है, जिसने मूल्यों के प्रति निष्ठा को अपनी व्यावसायिक रणनीति का केंद्रबिंदु बनाया है और उल्लेखनीय सफलता हासिल की है।

लोगों के लिए घर बनाने के रीयल एस्टेट बिजनेस में संलग्न अलेक्रिटी ने गुणवत्ता और सेवा के उत्कृष्ट मानदंड कायम करके अपने ग्राहकों और जनता के बीच अच्छा नाम कमाया है। अपने ईमानदार आचरण, भ्रष्टाचारहीनता और स्थानीय जनता की सच्ची सेवा के चलते उसकी अच्छी समझ बन गई है।

कंपनी का कॉरपोरेट-मिशन एक सुस्पष्ट सामाजिक मिशन से युक्त है। 'यह

प्रयास करना और सिद्ध करना कि मूल्यों के प्रति अत्यधिक प्रतिबद्ध संगठित व्यवसाय समाज को बेहतर जीवन की ओर अग्रसर करने के लिए सर्वोत्तम तरीके से लैस होता है।'

अलेक्रिटी के कॉरपोरेट-दर्शन में कुछ मजबूती से अपनाए गए विश्वास शामिल हैं, जैसे :

● व्यक्ति के जीवन की गुणवत्ता सच्चे अर्थों में तभी बढ़ाई जा सकती है, जबकि समाज, जिसमें व्यक्ति जीता है, के जीवन की गुणवत्ता सुधरती है।

● कोई संस्था तभी व्यावसायिक परिपूर्णता हासिल कर सकती है, जब वह सामाजिक-राष्ट्रीय उद्देश्यों के लिए अपने योगदान की जवाबदेही स्वीकार करे।

● वही व्यावसायिक मिशन सार्थक और सह्य होता है, जो राष्ट्रीय लक्ष्यों और प्राथमिकताओं के अनुरूप हो।

● व्यावसायिक आचरण में जानबूझकर किसी का नुकसान न करने की प्रतिबद्धता ही एकमात्र नैतिक कसौटी है और उत्कृष्ट कार्यनिष्पादन का एकमात्र निकष।

● व्यावसायिक विकास सामाजिक-राष्ट्रीय विकास के साथ तभी जोड़ा जा सकता है, जब नियम-कानून के प्रति अटल सम्मान हो और निष्ठापूर्वक उनका पालन किया जाए।

काम शुरू करने के दसेक साल के भीतर ही अलेक्रिटी मद्रास में आवासीय फ्लैटों की सबसे बड़ी निर्माता बन गई—बिना 'काले' धन का सहारा लिए और बिना एक पैसे की भी घूस दिए।

केस स्टडी-II

नैतिक मूल्यों का अपनी व्यावसायिक रणनीति का आधार बनाकर अत्यधिक सफलता हासिल करनेवाली कंपनी का एक अन्य उल्लेखनीय उदाहरण है बॉडी शॉप, जिसे अनिता रॉडिक ने स्थापित किया है।

'नैतिक' सौंदर्य प्रसाधन उत्पाद बनाने और बेचने के लिए इंग्लैंड के एक छोटे-से कस्बे में 25 वर्ष पहले एक वन वुमैन शॉप के रूप में शुरू हुई बॉडी-शॉप आज दुनिया के 80 से ज्यादा देशों में कार्यरत कंपनियों के एक सार्वभौमिक नेटवर्क में तबदील हो चुकी है।

इसके बिजनेस-कोड में निम्नलिखित घोषणाएँ शामिल हैं :

● बॉडी-शॉप के लक्ष्य और मूल्य उतने ही महत्त्वपूर्ण हैं, जितने इसके उत्पाद और लाभ। इसकी नीतियाँ और उत्पाद कंपनी के भीतर और बाहर, दोनों के असली लोगों की जरूरतें पूरी करने के हिसाब से बनाए जाते हैं।

● ईमानदारी, निष्ठा और जिम्मेदारी कंपनी की आधारशिलाएँ हैं, जो हमारे हर कृत्य में से प्रवाहित होनी चाहिए।

● हम व्यक्तियों के रूप में एक-दूसरे की परवाह करते हैं। हम कार्यस्थल में अर्थवत्ता और प्रसन्नता लाने के प्रयत्न करते रहेंगे।

● हम अपने ग्राहकों की परवाह करते हैं और बाजार-स्थल में मानवीयता के समावेश की हमारी कोशिश जारी रहेगी।

● हम व्यवसायी समुदाय को मानवीय बनाने के लिए प्रयत्नशील हैं। हम यह दिखाते रहेंगे कि सफलता व लाभ और आदर्श व मूल्य साथ-साथ चल सकते हैं।

मूल्यरहित प्रबंधन हानिकर

उत्कृष्ट प्रबंधन-चिंतक पीटर ड्रकर ठीक ही लिखते हैं : 'प्रबंधन हमेशा उस संगठन में जीता और कार्य करता है, जो इस बंधन से बंधा मानव-समूह होता है कि परिवार के बंधन के बाद सबसे सशक्त मानवीय बंधन है कार्य-बंधन। बेशक, चूँकि प्रबंधन मनुष्यों से संबंध रखता है, वस्तुओं से नहीं, अतः मूल्यों, निष्ठाओं और आस्थाओं से रहित प्रबंधन केवल नुकसान ही कर सकता है।'

शीर्ष प्रबंधन भी हो सकता है प्रगति में रोड़ा

शायद इस बात-से बहुत से लोग अवगत न हों कि किसी कंपनी में वांछित परिवर्तन लाने के मार्ग में उसका शीर्ष प्रबंधन ही सबसे बड़ा बाधक होता है। यह बाधा इतनी जबरदस्त होती है कि उसको आसानी से पार कर पाना संभव नहीं होता, क्योंकि शीर्ष प्रबंधन सबसे ऊँचे पायदान पर होता है, जिसके आगे किसी का कोई चारा नहीं चलता। वह आम तौर पर नई चुनौती से निपटने के लिए जरूरी परिवर्तन करने के मुद्दे पर खानापूर्ति ही करता है। वह दिखावे के रूप में कोई ऐसा कदम भी उठा सकता है, जिससे ऐसा लगे कि वह वास्तव में परिवर्तन के लिए ही ऐसा कर रहा है। वह छोटी या मामूली लगनेवाली बातों के लिए परिवर्तन करने को भी राजी नहीं होता, जो किसी बड़े परिवर्तन की दिशा में आगे बढ़ने के लिए जरूरी है।

शीर्ष प्रबंधन को परंपरागत खयाल छोड़कर खुद को नए माहौल में ढालना चाहिए

सारा काम खुद करना

कुछ वर्ष पहले मैंने मुंबई-स्थित मध्यम श्रेणी की एक बहुराष्ट्रीय कंपनी की स्थिति का अध्ययन किया था। कंपनी के प्रबंध-निदेशक ने वहाँ अपना कार्यकाल एक डिस्पैच-क्लर्क के रूप में शुरू किया था और समय के साथ पदोन्नति पाते-पाते वह एकाउंट्स-क्लर्क, एकाउंट्स-ऑफिसर, प्रशासन-प्रबंधक, प्रशासन-निदेशक और आखिरकार प्रबंध-निदेशक के पद तक पहुँच गया। प्रबंधन की शब्दावली में वह 'एक ही कंपनी का

आदमी' था और समर्पित व मेहनती था।

वह प्रबंध-निदेशक के पद पर पाँच वर्षों तक बना रहा। इस अवधि के दौरान कंपनी जहाँ थी, वहीं खड़ी रही। प्रबंध-निदेशक की कमजोरियाँ बहुत छोटी-छोटी बातों में थीं, जो आगे चलकर एक बड़ा गतिरोध बन गईं। उदाहरण के लिए, वह कोई चिट्ठी या रिपोर्ट 'लिखवा' नहीं पाता था। वह खुद ही अपनी सधी हुई सुंदर लिखावट में हर पत्र लिखता था। ऊपर से वह एक पूर्णतावादी भी था। वह एक ही चिट्ठी को बार-बार तब तक लिखता और सुधारता रहता था, जब तक कि वह संतुष्ट न हो जाए कि उसने सबसे उपयुक्त शब्दों व मुहावरों का सही क्रम में इस्तेमाल किया है। जब उसे किसी ऐसे पत्र का अंतिम ड्राफ्ट तैयार करना होता था, जिसे ब्रिटेन-स्थित कार्यालय या सरकार के किसी मंत्रालय के पास भेजा जाना होता था, तब वह एक समिति बनाकर लिखता था। मतलब यह कि पत्र पर बहस करने के लिए वह हर किसी को—मार्केटिंग, परचेज, फाइनेंस, प्रशासन और उत्पादन, सभी विभागों के प्रधानों को बुला लेता था।

क्षमायाचनाओं का ढेर

इस बीच कंपनी की विकास-दर पूरे उद्योग की विकास-दर की तुलना में कम ही बनी रही, जबकि उसका ब्रिटेन-स्थित कार्यालय बाजार में नया उत्पाद उतारने, क्षमता-विस्तार करने, नया लाइसेंस प्राप्त करने और विविधीकरण लाने में उसकी अक्षमता (क्योंकि विदेशी हिस्सेदारी 40 फीसदी से अधिक थी) और विफलता के बारे में उसके द्वारा की गई क्षमायाचनाओं से भर गया।

इस सबके बावजूद मौजूदा उत्पादों के लिए बेहतर मार्केटिंग-रणनीति तैयार करने, उत्पादन-प्रौद्योगिकी में सुधार लाने, कर्मचारियों की कार्यक्षमता बढ़ाने के लिए उन्हें बेहतर प्रशिक्षण-सुविधा मुहैया कराने, बेहतर व जल्दी निर्णय के लिए एक अधिक सूचनात्मक प्रबंधन-सूचना-व्यवस्था विकसित करने और उठाए जा रहे कदमों की विसंगतियों को दुरुस्त करने या आर्थिक व क्षमता-संबंधी सुधार लाने हेतु कोई सक्षम वितरण-व्यवस्था सुनिश्चित करने के लिए कुछ भी नहीं किया। यहाँ प्रबंध-निदेशक कंपनी की प्रगति के मार्ग में मुख्य बाधा बना हुआ था। यदि प्रबंध-निदेशक ने केवल पत्र या रिपोर्ट बोलकर लिखवा सकने की क्षमता विकसित कर लेने की जहमत उठा ली होती तो कंपनी के शेयरधारक अपने शेयर-मूल्य बढ़ने से और कर्मचारी बेहतर विकास व कैरियर संभावनाओं के चलते खुश बने रह सकते थे। तब उसके पास कंपनी के विकास के लिए योजनाएँ बनाने के वास्ते समय बच सकता था, जो कि उसका प्रमुख कार्य था।

अधीनस्थों को अधिकार

एक अन्य कंपनी में प्रबंध-निदेशक एक ऐसा व्यक्ति था, जिसने अपना

कैरियर एक सेल्समैन के रूप में शुरू किया था और बाद में धीरे-धीरे वह मार्केटिंग-सहायक, सहायक बिक्री-प्रबंधक, बिक्री-प्रबंधक, मार्केटिंग-प्रबंधक के पदों से तरक्की पाता हुआ प्रबंध-निदेशक के पद तक पहुँचने में कामयाब रहा था। वह भी काफी समर्पित कार्यकर्ता था, जो काफी देर तक काम करता रहता था, पर इसलिए नहीं कि कंपनी में काम बहुत था, बल्कि इसलिए कि उसने अधिकार दूसरों को प्रत्यायोजित यानी डेलीगेट कर सकने की क्षमता का विकास नहीं किया था। उसकी सेल्समैनवाली मानसिकता और प्रवृत्ति प्रबंध-निदेशक के पद पर पहुँच जाने के बाद भी बनी रही। शायद वह दूसरों पर विश्वास नहीं करता था। शायद वह यह सोचता था कि कोई दूसरा व्यक्ति उस काम को उतनी अच्छी तरह से नहीं कर पाएगा, जितनी अच्छी तरह वह खुद कर सकने में सक्षम है।

1970 के दशक के शुरू में कंपनी ने दो प्रबंधक-प्रशिक्षु भर्ती करने का निर्णय लिया, जो उस कंपनी में आधुनिक प्रबंधन-तकनीक ला सकें क्योंकि कंपनी अब तक ऐसे ही एग्जीक्यूटिवों से भरी हुई थी, जिनकी कोई अकादमिक प्रबंधन-पृष्ठभूमि नहीं थी और जिनकी लघु अवधि के प्रबंधन-कोर्स करने में भी कोई दिलचस्पी नहीं थी।

दोनों नौजवान अपने काम में अच्छी तरह जम गए। दो वर्षों तक सबकुछ ठीक-ठाक चलता रहा। किसी भी कंपनी में नए आनेवाले व्यक्ति उसकी परिसंपत्ति होते हैं और इस कंपनी के मामले में तो ऐसा था ही, जिसे नई चिंतन-प्रक्रियाओं की सख्त जरूरत थी। वे दोनों एक समझदार मार्केटिंग-मैनेजर के अधीन काम करते थे, जिसने उन्हें प्रोत्साहन दिया और उनकी कुछ तकनीकें सीखने और समझने की भी कोशिश की, जिन्हें वह नहीं जानता था।

नए विचारों की उपेक्षा

कंपनी एक महत्त्वपूर्ण नया उत्पाद बाजार में उतारने जा रही थी। वह शोध के आधार पर तैयार, बाजार में मौजूद दूसरे प्रतिस्पर्धी उत्पादों से अधिक खूबियोंवाला उत्पाद था। उत्पाद को बाजार में उतारने के लिए व्यापक तैयारी की जरूरत थी, क्योंकि उससे कंपनी के टर्नओवर में पहले ही से 1 करोड़ रुपए से अधिक की वृद्धि हो जाने की उम्मीद थी। इसके लिए प्रत्येक छोटी से छोटी गतिविधि की योजनापूर्वक तैयारी किए जाने की जरूरत थी। एक पूर्व प्रबंधन-प्रशिक्षु राजीव ने, जो अब जूनियर मार्केटिंग-एग्जीक्यूटिव हो गया था, बहुत सोच-विचार और प्रयत्न करके और कंपनी के सभी संबंधित विभागों से तथ्यों की पुष्टि कर लेने के बाद एक साफ और सटीक पीईआरटी चार्ट तैयार किया।

मार्केटिंग-प्रबंधक इस काम से बहुत प्रभावित हुआ। उसने उसमें यह टिप्पणी जोड़कर कि 'यह बेहतरीन चार्ट राजीव ने तैयार किया है और इसे अब सभी गतिविधियों के लिए कार्यक्रम तैयार करने व उनका नियंत्रण करने के लिए उपयोग

में लाया जाएगा', उसे मार्केटिंग-निदेशक के पास भेज दिया, इस आशा से कि वे इस बेहतरीन कार्य के लिए राजीव का हौसला बढ़ाएँगे। लेकिन जो हुआ, वह उसका ठीक उलटा था। मार्केटिंग-निदेशक, जो अब भी एक सेल्समैन की तरह ही सोचता था, इस पर बिफर उठा, 'क्या इसी तरह हमारे एमबीए इन नए-नए उपजनेवाले विचारों में वक्त बरबाद करते रहते हैं? हमने इन बीस वर्षों में ऐसे कई उत्पाद बाजार में उतारे हैं, पर कभी ऐसे समयसाध्य चार्टों व ग्राफों की मदद नहीं ली। हम अपनी समयसिद्ध पद्धतियों के सहारे ही अच्छा कर सकते हैं, बिना किसी एमबीए द्वारा किसी मुश्किल स्थिति को और अधिक जटिल बनाए,' उसकी प्रतिक्रिया थी।

इस प्रतिक्रिया से मार्केटिंग-प्रबंधक को तो कोई परेशानी नहीं हुई, क्योंकि वह इस तरह के बहुत-से अनुभव पहले भी झेल चुका था, पर उन दोनों एमबीए धारियों को यह निश्चय ही बहुत बुरा लगा। वे दोनों छः महीने के अंदर ही नौकरी छोड़कर दूसरी जगह चले गए। उस परंपरागत खयालोंवाली कंपनी ने उसके बाद कभी किसी एमबीए को नौकरी में नहीं लिया।

ये दोनों उदाहरण उद्धृत करने का आशय यह नहीं कि एग्जीक्यूटिवों को निचले स्तर से शीर्ष तक नहीं पहुँचने देना चाहिए। वस्तुतः हममें से बहुतों के लिए शीर्ष तक पहुँचने का दूसरा कोई रास्ता हो भी नहीं सकता। ये उदाहरण केवल शीर्ष प्रबंधन के उस खतरे की ओर इशारा करते हैं, जिनकी वजह से मानसिक जड़ता, अवसाद व तनाव बढ़ता है।

कब बदलेगा माहौल

उपर्युक्त दो उदाहरण अपवाद नहीं हैं। भारत के कई हिस्सों में कई कंपनियों में इस तरह के उदाहरण मिल जाएँगे। इसलिए सेल्स-कर्मचारियों के प्रशिक्षक के रूप में मुझे कभी आश्चर्य नहीं हुआ, जब प्रशिक्षण-कार्यक्रम के समापन पर प्रतिभागी मुझसे पूछते थे कि 'हम इस प्रणाली से सहमत तो हैं, इसकी लाभप्रदता की बात भी समझ में आती है, पर आप यही बात हमारे बॉस लोगों को क्यों नहीं बताते?' और एक धैर्यवान प्रशिक्षक केवल यही आशा कर सकता है कि यह स्थिति तब बदल जाएगी, जब ये लोग आखिरकार अपने-अपने संस्थानों में शीर्ष प्रबंधन के पायदान तक पहुँच जाएँगे।

आदर्श प्रबंधक राजर्षि जैसा

यदि रीडिंग (पढ़ना), राइटिंग (लिखना) और अर्थमेटिक (अंकगणित) अध्ययन के तीन 'आर' हैं, तो प्रबंधन के तीन पवित्र 'आर' हैं : रेस्पेक्ट (सम्मान), रिलेशनशिप (संबंध) और रेस्पांसिबिलिटी (जिम्मेदारी)। ये तीनों परस्पर-संबंधित और अन्योन्याश्रित हैं। उदाहरण के लिए, यदि आप दूसरों का सम्मान नहीं करते, तो आप भी उनसे सम्मान पाने की उम्मीद नहीं कर सकते। और न आप एक-दूसरे का 'सम्मान' किए बिना और जिम्मेदारी स्वीकार किए बिना पारस्परिक विकास का संबंध ही कायम कर सकते हैं।

हर आदमी—चाहे वह चपरासी हो या राष्ट्रपति, लिपिक हो या मुख्य कार्यपालक—सम्मान पाने का पात्र है। दूसरों के विचारों, मूल्यों, भावनाओं और स्वाभिमान का सम्मान करना सीखना प्रभावशाली प्रबंधक बनने की पहली शर्त है।

आदर्श प्रबंधक में राजा की वीरता और ऋषि की साधुता का मेल होता है

कोई भी दो आदमी समान नहीं हैं। हर आदमी में अलग गुण हैं, योग्यताएँ हैं, दिमाग है जो सोच सकता है और दिल है जो महसूस कर सकता है। सोचने, महसूस करने और आत्म-संतुष्टि खोजने की शक्ति ही मनुष्य को अन्य प्राणियों से इतना विशिष्ट और अलग बनाती है। पर इसे समझने और इसकी प्रासंगिकता को कार्य-स्थिति में ढाल पाने में हमारी असमर्थता ने अधिकांश प्रबंधन-व्यवहारों को इतना निष्प्रभावी, व्यर्थ और अनुत्पादक बना दिया है।

सारे प्रबंधन-विद्यालय संगठनात्मक प्रभावोत्पादकता के लिए लोगों के बीच बेहतर संप्रेषण (कम्युनिकेशन) की आवश्यकता

पर बल देते हैं, पर हमारे आधुनिक समाज का यह अजीब विरोधाभास है कि हालाँकि संप्रेषण-टेक्नोलॉजी चरम ऊँचाइयों पर पहुँच चुकी है, पर लोगों के बीच वास्तविक संप्रेषण दुर्लभ हैं। आम तौर पर लोग संप्रेषण को यांत्रिक प्रक्रिया—सुंदर लिखाई या वाकपटुता—समझते हैं, पर ऐसा है नहीं। वास्तविक संप्रेषण एक प्रक्रिया के बजाय परिणाम होता है। दो या ज्यादा लोगों के बीच कारगर संप्रेषण वाचिक या लिखित शब्दों के यांत्रिक संचार के बिना भी घटित हो सकता है। अकसर सर्वाधिक प्रभावोत्पादक संप्रेषण के भीतर मौन निहित रहता है। कवियों-शायरों ने तो इसका खूब उल्लेख किया है।

हालाँकि संप्रेषण सुधारने के लिए कतिपय कौशल सीखे जा सकते हैं, पर कारगर संप्रेषण मूलभूत आस्था और आपसी विश्वास के अंतर्निहित आधार के बिना संभव नहीं। अच्छा संप्रेषक (कम्यूनिकेटर) वह है, जो लोगों को समझता है और जिसे लोग समझते हैं तथा उस पर भरोसा करते हैं। संप्रेषण वस्तुतः एक जीवन-शैली है, जिसे हमेशा सीखते, हासिल करते और विकसित करते रहना जरूरी है। इसे किसी दो-चार दिन की कार्यशाला में नहीं सीखा जा सकता।

जानकारी, आत्मविश्वास, गैर ईमानदारी के गुणों से युक्त कुशल वक्ता एक सशक्त संप्रेषक और प्रभावशाली नेता होता है। इसके विपरीत, इन गुणों से रहित कुशल वक्ता भीड़-उकसाऊ मात्र होता है जो बहुत हानिकारक साबित हो सकता है। और इन तीनों में से भी ईमानदारी या निश्छलता का प्रभाव श्रोताओं पर सर्वाधिक पड़ता है। प्रयोजन की ईमानदारी और पारदर्शी निश्छलता की बदौलत ही महात्मा गांधी भारत के ही नहीं, विश्वभर के लोगों पर गहन प्रभाव छोड़ पाए थे।

संबंध

प्रबंधकीय नेतृत्व के समक्ष असली चुनौती यह होती है कि हरेक व्यक्ति के भीतर से उसका सर्वोत्तम कैसे उजागर किया जाए और संगठन के लोगों को अत्यधिक कारगर टीमों के रूप में कैसे बुना जाए। इस लिहाज से प्रबंधन अनिवार्यतः संबंध बनाने का मामला है। कर्मचारियों, ग्राहकों, आपूर्तिकर्ताओं (सप्लायरों), शेयरधारकों और अन्य पणधारियों (स्टेकहोल्डर्स) के साथ स्थायी संबंध बनाना ही एकमात्र तरीका है, जिससे कंपनियाँ दीर्घकालिक स्थायी प्रतिस्पर्धात्मक लाभ पैदा कर सकती हैं और आज के अस्त-व्यस्त समय में अपना अस्तित्व बनाए रख सकती हैं।

स्थायी संबंध आस्था, खुलेपन और निष्पक्षता के आधार पर ही बनाए जा सकते हैं। आस्था का दूसरा पहलू विश्वसनीय होता है, जो कि ईमानदार संबंधों का फल होता है। आस्था के अभाव में लोग पहल करने से बचते हैं। पारस्परिक आस्था, आत्मविश्वास और सामूहिक कार्य (टीम-वर्क) किसी संगठन में रचनात्मकता, नवीनता और जीवंतता की अनिवार्य शर्तें हैं। खुला संवाद और जानकारी का आदान-

प्रदान लोगों को सोचने और अपमानित या दंडित होने के भय से मुक्त होकर अपने विचार अभिव्यक्त करने के लिए प्रोत्साहित करते हैं। सबका सहयोग हासिल करने का यह सर्वाधिक कारगर तरीका है। जैक वैल्स के वजनदार शब्दों में, 'उत्पादकता–असली और असीम उत्पादकता–लोगों की उस टीम से आती है, जिसे चुनौती, शक्ति, उत्तेजना और पुरस्कारों से नवाजा जाता है। वह संगठन के प्रत्येक मस्तिष्क को संलग्न (इन्वॉल्व) करने से आती है।'

जिम्मेदारी

स्टीफन कोवी ने जिम्मेदारी यानी 'रेस्पोंसिबिलिटी' की एक बड़ी खूबसूरत परिभाषा दी है। उनके अनुसार यह 'रेस्पांस-एबिलिटी' है–'रेस्पांड' करने यानी प्रत्युत्तर देने की योग्यता। इसका अर्थ है बहाने बनाए बिना या दूसरों पर उँगलियाँ उठाए बिना खुद जिम्मेदारी स्वीकार करना। संगठन में आदमी जितने ऊँचे पद पर होगा, दूसरों के साथ जिम्मेदारी से पेश आने का उसका उतना ही बड़ा दायित्व होगा एक कमजोर प्रबंधक मीठा-मीठा तो गप कर लेता है, और कड़वा-कड़वा थू कर देता है यानी अच्छे का श्रेय तो खुद लपक लेता है और गड़बड़ी के लिए दूसरों को जिम्मेदार ठहरा देता है, पर एक समर्थ, आत्मविश्वासी प्रबंधक इसका ठीक उलटा करता है–वह गड़बड़ी की जिम्मेदारी खुद लेता है और अच्छे कामों का श्रेय दूसरों को देता है। फिर भी वह नुकसान में नहीं रहता, क्योंकि सम्मान और कर्मठता के रूप में दूसरे उसे दोगुना करके लौटाते हैं, जिससे अपने वरिष्ठों की नजरों में भी वह ऊँचा स्थान हासिल कर लेता है, जबकि असमर्थ प्रबंधक जल्दी ही बेनकाब होकर सबकी नजरों से गिर जाता है।

अफसोस की बात है कि दक्ष समझे जानेवाले प्रबंधक का जिक्र करते समय लोग कभी-कभी बिना विचारे कटुभाषी, नीच, बेरहम, मूर्ख जैसे शब्दों का प्रयोग करते हैं। एक 'शक्तिशाली' प्रबंधक उसे समझा जाता है, जो अपनी शक्ति का इस्तेमाल लोगों को डराने-धमकाने के लिए करता है। इस धारणा के गलत होने के प्रचुर प्रमाणों और उससे होनेवाले नुकसानों के बावजूद यह मान्यता बनी हुई है। इससे एक घटना याद आती है। महाप्रबंधक के पद पर पदोन्नत किए जाने पर एक सज्जन अपना नया दफ्तर दिखाने के लिए अपने बेटे को साथ ले गए। पिता की शान से प्रभावित होकर बच्चे ने उनके द्वारा सद्यःअर्जित शक्ति का नजारा देखने की आकांक्षा से उनसे कहा, 'पिता जी, बुलाइए किसी को और झाड़िए उसे मेरे सामने!'

एक प्रभावशाली प्रबंधक सही माने में एक 'कर्मयोगी' होता है, जो स्वयं पर, अपने अहं पर विजय हासिल कर लेता है और लोगों के प्रति निःस्वार्थ नजरिया रखता है।

ऐसे व्यक्ति के नेतृत्व में लोग अपने-आपको सामर्थ्यवान महसूस करते हैं और उसके आह्वान का उमंग और उत्साह से उत्तर देते हैं। पर इसके लिए ठोस समर्पण,

दृढ़ता, कौशल, अत्यधिक रचनात्मक दृष्टिकोण, लोगों के प्रति सच्चा स्नेह और प्रार्थनापूर्ण हृदय चाहिए। आदर्श प्रबंधक एक राजर्षि जैसा होता है, जिसमें राजा की वीरता और ऋषि की साधुता का मेल होता है।

अंत में, यह सिद्धांत हमारी समस्त गतिविधियों पर लागू होना चाहिए। दूसरों यानी अपने अधीनस्थों, उच्चाधिकारियों, सहकर्मियों, ग्राहकों, सप्लायरों, शेयरधारकों और अन्य हितधारकों के साथ वैसा व्यवहार करें, जैसा आप स्वयं के साथ चाहते हैं यानी ईमानदारी, निष्ठा और जिम्मेदारी-भरा व्यवहार।

निर्णयकारिता

अनिर्णय की स्थिति खतरनाक है

दो जहाज एक बंदरगाह पर सामान लादने के लिए लंगर डाले हुए थे। अचानक ही दोनों कप्तानों ने देखा कि कुछ दूर एक ज्वालामुखी सक्रिय हो गया है और आग उगल रहा है। खतरा सामने था। एक कप्तान ने तुरंत निर्णय लेकर नाविकों को लंगर उठाकर बिना सामान लादे समुद्र की ओर जाने का आदेश दे दिया। दूसरा कप्तान पसोपेश में पड़ा रहा। ज्वालामुखी के प्रभाव से कुछ ही घंटों में भयानक भूकंप आया। बंदरगाह नष्ट हो गया। साथ ही ढुलमुल कप्तान भी। दृढ़निश्चयी कप्तान तब तक समुद्र में सुरक्षित दूरी पर पहुँच गया था।

अगस्त, 1942 में कोलंबस अपने 87 नाविकों के साथ तीन छोटे जहाजों पर हिंदुस्तान की खोज में निकला था। समय गुजरता गया, पर भूमि के दर्शन नहीं हुए। उसके साथी हिम्मत हारने लगे। कुछ समय बाद वे विद्रोह पर उतर आए और वापस लौटने का आग्रह करने लगे। कोलंबस को निर्णय लेना था कि आगे बढ़े या वापस चला जाए। उसने आगे बढ़ने का निश्चय किया। वे आगे बढ़े, तो जल्दी ही किनारा दिखाई दे गया।

सही समय पर निर्णय लेने में ही छुपी है सफलता की कुंजी

दो हजार साल पहले रोमन बादशाह जूलियस सीजर ने अपनी फौज इंग्लैंड के तट पर उतारी। उसके सैनिक आगे बढ़ने से हिचकिचाए। सीजर ने कुछ सोचा और फिर आदेश दिया कि वे सारे जहाज, जिनमें वे आए हैं, जला दिए जाएँ। पल-भर में जहाजों से आग की लपटें निकलने लगीं। फिर उसने

सैनिकों से कहा, अब तो एक ही रास्ता है कि आगे बढ़ो और विजय पाओ। वापसी का रास्ता बंद हो जाने से वे निर्द्वंद्व होकर आगे बढ़े और जीते।

नेपोलियन जब तय कर लेता था कि सेना इस रास्ते से और इस प्रकार जाएगी, तो फिर निर्णय बदलता नहीं था। यदि रास्ते में गड्ढा भी आ जाता, तो उसे सैनिकों से पाटकर उसके ऊपर से सेना ले जाता था। निर्णय का धनी होने से ही वह इतिहास में अपना नाम छोड़ गया।

समय पर निर्णय

इतिहास गवाह है कि समय पर निर्णय लेकर जो आगे बढ़ा, वह सफल हो गया। पर जो ऊहापोह में पड़ा रहा, निर्णय लेने से बचता रहा, समय ने खुद उसके बारे में निर्णय लेकर उसे नष्ट कर दिया।

जीवन में पल-पल विभिन्न तरह के निर्णय लेने पड़ते हैं, जैसे पारिवारिक, व्यापारिक, व्यावसायिक, प्रशासनिक आदि। यदि ये निर्णय समय पर ले लिए जाते हैं, तो जीवन-संग्राम में विजय मिलती है। नहीं तो परिवार का विघटन होता है, व्यापार चौपट होता है, कारखाने बंद हो जाते हैं। जीवन दुखमय हो जाता है। अतः अनिर्णय के भयावह परिणामों को देखते हुए समय पर निर्णय लेने की आदत डालना ही हमारे लिए हितकर है।

जीवन में समय का बहुत महत्त्व है। बीता हुआ एक पल भी वापस नहीं आता। हर क्षण गुजरने के साथ हमारी दौड़ समाप्त होने के करीब आती जाती है। देर करने का मतलब हारना होता है। टालू प्रवृत्ति आपसे अवसर छीनती चलती है। किसी भी क्षेत्र में प्रभावशाली होने के लिए जोखिम उठाते हुए भी आत्मविश्वास के साथ निर्णय लेना पड़ता है। सहजानुभूति पर भरोसा कर निश्चय करना उचित होता है। कभी अपनी छठी इंद्रिय पर विश्वास कर जोखिम उठाते हुए छलाँग लगानी पड़ती है। इससे हिचकिचाना नहीं चाहिए।

अवचेतन की भूमिका

निर्णय लेने में अवचेतन मन एक महत्त्वपूर्ण भूमिका अदा करता है। अंतर्ज्ञान के आधार पर लिए गए निर्णय अवचेतन मन की सतत कार्यशीलता के परिणाम होते हैं। हम लगातार अपने वातावरण में अपनी ज्ञानेंद्रियों के माध्यम से संकेत व सूचनाएँ ग्रहण करते रहते हैं। ये संकेत पहले चेतन मन में प्रवेश पाते हैं। वह उनका विश्लेषण कर, उन्हें उपयोगी और अनुपयोगी के रूप में वर्गीकृत करता है। बाद में काम में लाए जा सकनेवाले उपयोगी संकेत संग्रह के लिए अवचेतन मन को प्रेषित कर दिए जाते हैं। वहाँ वे स्मृति के रूप में संगृहीत रहते हैं। जब भी उनसे संबंधित कोई समस्या आती है, तो इन संगृहीत सूचनाओं का उपयोग होता है। अवचेतन मन तमाम पुराने अनुभवों के आधार पर समस्या की जाँच करके निर्णय

के लिए विश्लेषित सामग्री उपलब्ध कराता है।

निर्णय लेने के लिए विचार की आवश्यकता है। सही विचार से ही सही निर्णय लिए जा सकते हैं। विचार के दो मुख्य भाग होते हैं। प्रथम तो है, मात्र सूचनाओं को तथ्यों से अलग करना। हर समस्या की बाबत हमारे पास काफी सामग्री होती है, पर सारी सामग्री तथ्यों पर आधारित नहीं होती। फिर तथ्यों को प्रमुख व गौण, दो हिस्सों में बाँटना होता है। जो भी तथ्य लक्ष्य-प्राप्ति की ओर ले जाते हैं, वे होते हैं प्रमुख, बाकी गौण। प्रमुख तथ्यों के आधार पर ही निर्णय लिए जाते हैं। हर निर्णय के दो या तीन विकल्प होते हैं। हर विकल्प के अच्छे-बुरे परिणामों की सूची बनाकर उसी विकल्प को अपनाना उचित है, जिसमें कम से कम जोखिम हो और जो लक्ष्य की ओर अग्रसर करता हो। निर्णय लेकर दृढ़ निश्चय से उसे क्रियान्वित करने में जुट जाना ही सफलता की पहली सीढ़ी है।

निर्णय-प्रतिभा अर्जित की जा सकती है

सही निर्णय लेने की प्रतिभा हमेशा जन्मजात नहीं होती। प्रयत्न करके उसे अर्जित किया जा सकता है। हम सब सही विचारक बनकर उपर्युक्त प्रक्रिया द्वारा सही व समायोजित निर्णय लेने की कला सीख सकते हैं। प्रभावशाली व्यक्तित्ववाले व्यक्ति, जिनमें परिवार-प्रमुख, व्यापारी, व्यवसायी, अधिकारी, प्रबंधक, सब आते हैं, अपने अवचेतन मन को समस्या सौंपकर उससे अधिकाधिक काम लेते हैं। जब सोचने का सारा काम अवचेतन मस्तिष्क करता है, तो स्वयं के पास समय की उपलब्धता बढ़ जाती है। हर निश्चय का धनी अपने इस सहायक को हमेशा साथ रखता है। इसी की बदौलत वह सही समय पर सही निर्णय ले पाता है।

यही सोचकर हमेशा नहीं रुके रहना चाहिए कि सही ही निर्णय लिया जाए। समय पर उपयुक्त निर्णय नहीं लेने से उसका महत्त्व कम हो जाता है। राष्ट्रपति रूजवेल्ट का कहना था कि 'यदि मैं 75 फीसदी भी सही हो जाऊँ तो इससे अच्छी कोई बात नहीं हो सकती।' इस दृष्टिकोण से हम और आप यदि 50 फीसदी भी सही हों तो बड़ी बात है। तुरंत निर्णय लेने की विलक्षण क्षमता रखनेवाले लौहपुरुष सरदार पटेल का भी कहना था कि 'उपयुक्त समय पर गलत निर्णय ले लेना अच्छा है, बजाय इसके कि गलत समय पर उपयुक्त निर्णय लिया जाए।'

किंतु आवेश में आकर बिना आगा-पीछा सोचे तुरंत निर्णय लेना अकसर ही पश्चात्ताप का कारण बना है। निर्णय जल्दी अवश्य लें, पर ठंडे दिलोदिमाग से, सभी पहलुओं को संतुलित ढंग से निरख-परखकर। यदि समस्या गंभीर हो और आवेश दामन न छोड़ता हो, तो एक रात गुजर जाने के बाद दूसरे दिन उस पर निर्णय लें।

समय के साथ होड़

हर किसी की समय के साथ बाजी लगी हुई है। चाल हमें ही चलनी है। जल्दी

निर्णय लेकर चलेंगे, तो समय मदद करेगा। खड़े रहेंगे, तो समय नष्ट कर देगा। हम हमेशा सही चाल नहीं चल सकते, पर यदि काफी चालें चलेंगे तो सही चालों की संख्या भी काफी हो जाएगी और हमें औसत के नियम का लाभ मिलेगा। संसार माफ कर देगा यदि गलती हो जाएगी, पर निर्णय ही नहीं लेंगे तो क्षमा नहीं मिलेगी।

निर्णय लेने के बाद सामान्यतः उस पर अटल रहने से कार्य पूरा होने की संभावना बलवती रहती है। पर यदि परिस्थितियाँ एकदम बदल जाएँ, तो बिना प्रतिष्ठा का प्रश्न बनाए आवश्यकतानुसार अपने निर्णय या योजना में परिवर्तन कर लेना श्रेयस्कर है।

जो व्यक्ति तुरंत निर्णय ले सकता है, वह यदि एक बार गलती भी कर दे तो कोई फर्क नहीं पड़ता, क्योंकि वह अपनी गलती को जानकर उससे सबक ले दूसरा निर्णय लेकर आगे बढ़ जाता है। ऐसे व्यक्ति की तुलना में ढुलमुल निश्चयवाला आदमी कभी अपने लक्ष्य को नहीं पहुँच सकता क्योंकि हर कदम उठाने से पहले वह घंटों सोचता है कि पता नहीं, अगला कदम रखते ही वह दलदल में तो नहीं धँस जाएगा! विफलता की आशंका से वह कोई भी काम शुरू करते डरता है। एक शायर के अनुसार ऐसा आदमी 'इरादे बाँधता है, सोचता है, तोड़ देता है, कहीं ऐसा न हो जाए, कहीं वैसा न हो जाए।' नतीजा यह कि वह कभी कोई काम शुरू ही नहीं कर पाता। लेकिन दुनिया कार्यारंभ करने के बाद विफल हो जानेवाले व्यक्ति को उससे श्रेष्ठ मानती है, जो विफलता के डर से कार्यारंभ ही नहीं करता।

टालू प्रवृत्ति से बचें

यदि दो समान योग्यतावाले व्यक्तियों को समान अवसर दिए जाएँ तो हम पाते हैं कि उनमें से एक तो सफल हो जाता है, दूसरा असफल। एक छलाँग मारकर आगे बढ़ता है, तो दूसरा घिसटकर। दोनों में अंतर मात्र तथ्यों का विश्लेषण करने की योग्यता का होता है। सफल व्यक्ति इसलिए सफल होता है, क्योंकि वह प्रमुख व गौण तथ्यों में अंतर कर सकता है, दूसरा ऐसा नहीं कर पाता। परिणामस्वरूप एक-सी परिस्थितियों में दोनों भिन्न-भिन्न निर्णय लेते हैं, जिनसे सफलता-असफलता की नींव पड़ती है।

तथ्यों का विश्लेषण

जिम्मेदारी को टाला जा सकता है, लेकिन जिम्मेदारी टालने के परिणामों को नहीं

प्रमुख तथ्यों का उपयोग व्यक्ति को एक उत्तोलक (लीवर) का लाभ देता है और वह कम मेहनत में अधिक काम कर सकने में समर्थ होता है। सही विचारधारावाला व्यक्ति अपना निर्णय सुनी-सुनाई बातों पर आधारित नहीं करता। वह तथ्यों पर आधारित उपलब्ध सामग्री का विश्लेषण करके ही निर्णय लेता है।

विचारधारा सकारात्मक व नकारात्मक, दो प्रकार की होती है। सकारात्मक विचारधारावाले व्यक्ति में प्यार, नम्रता, दोस्ती, आशा आदि की भावनाएँ प्रबल होती हैं, जबकि नकारात्मक विचारधारावाले व्यक्ति में ईर्ष्या, द्वेष, लोभ, स्वार्थ आदि की प्रमुखता रहती है। सकारात्मक विचारधारा से रचनात्मक विचार आते हैं, जिनसे सही निर्णय लेने में सहायता मिलती है।

सही निर्णय-प्रक्रिया

स्पष्ट है कि हममें सही विचारक बनने की शक्ति है। इसलिए यदि हम चाहें तो सही निर्णय लेनेवाले व्यक्ति बन सकते हैं। इसमें निम्नलिखित प्रक्रिया सहायक रहती है :

- जिस समस्या के संबंध में निर्णय लेना है, उसकी स्पष्ट व सही व्याख्या करना,
- अपने लक्ष्य के परिप्रेक्ष्य में परिस्थिति की जाँच करना,
- फिर उपयोगी व प्रासंगिक तथ्य एकत्र करना,
- सूचनाओं को तथ्यों से अलग करना,
- तथ्यों को प्रमुख व गौण, दो वर्गों में बाँटना,
- समस्या के विभिन्न वैकल्पिक हल तैयार करना,
- विभिन्न हलों की अच्छाई व बुराई और लाभ-हानि की सूची बनाना,
- फिर लक्ष्य-प्राप्ति में सहायक सबसे कम जोखिमवाले प्रभावशाली विकल्प को स्वीकार करते हुए निर्णय लेना, और
- फिर उस निर्णय को दृढ़ता से कार्यान्वित करना।

इस प्रक्रिया को अपनाते हुए हर कोई तुरंत निर्णय ले सकता है। प्रभावशाली अधिकारी व सामान्य अधिकारी में एक ही अंतर होता है। प्रभावशाली अधिकारी अपने अवचेतन मन का अधिक से अधिक उपयोग करता है। जब सोच-विचार का सारा काम अवचेतन मन करता है, तो उसके पास निर्णय लेने का यथेष्ट समय रहता है। प्रभावशाली प्रबंधक के पास यह स्वामिभक्त सेवक (अवचेतन मन) हमेशा सेवा के लिए तत्पर रहता है।

समयाभाव का रोना

अनिर्णय की स्थिति भयावह होती है। उसमें विचार-शक्ति पर कोहरा छा जाता है, वह कुंद हो जाती है जिससे समय नष्ट होता है। संबंधित व्यक्तियों में असंतोष फैलता है। स्वयं के पास अनकिए व अधकिए कामों का अंबार लग जाता है। अकसर यह समय की कमी से होता है। समय पर नियंत्रण रखकर समय बचाया जा सकता है।

समय की कमी का रोना रोने से काम नहीं चलता। विस्तृत विश्लेषण करने से पता चलता है कि समय व्यर्थ के कामों में जाया होता है। मुलाकातों, टेलीफोन-कॉलों, बैठकों आदि पर अपेक्षाकृत अधिक समय खर्च हो जाता है। कार्यालय की कार्यप्रणाली सुधारकर, अपने कार्यक्षेत्र का दौरा करके और बहुत-से काम उस दौरे के दौरान ही निपटाकर बहुत समय बचाया जा सकता है। यही बचा हुआ समय कठिन समस्याएँ हल करने में लगाया जा सकता है।

इस सिलसिले में कुछ और बातों पर भी ध्यान दिया जाना चाहिए, वरना अपेक्षित परिणाम नहीं मिलेंगे। उदाहरण के लिए :

● निर्णय सही समय पर लेना चाहिए। तभी वह प्रभावी होता है। ऐसा निर्णय नहीं लेना चाहिए, जिसे क्रियान्वित न किया जा सके।

● निर्णय तकनीकी व प्रशासनिक तौर पर उचित होना चाहिए। वह संबंधित व्यक्तियों को स्वीकार्य भी होना चाहिए। जो निर्णय सहयोगियों व मातहतों द्वारा स्वीकार नहीं किए जाते, वे निर्णयकर्ता अधिकारी को प्रभावहीन बनाकर उसकी छवि धूमिल करते हैं।

● फुरसत से सोच-विचारकर सही निर्णय लेने के बहाने से निर्णय टालना नहीं चाहिए। समय पर निर्णय न लेने से, चाहे वह गलत ही क्यों न हो, उसका महत्त्व घट जाता है। अमेरिकी राष्ट्रपति रूजवेल्ट का कहना था कि यदि मैं 75 फीसदी भी सही होऊँ, तो इससे अच्छी कोई बात नहीं हो सकती। हम और आप अगर 50 फीसदी भी ठीक हों तो बड़ी बात है।

● निर्णय हमेशा उपयुक्त व सक्षम व्यक्ति द्वारा ही लिया जाना चाहिए। जब भी निर्णय लेने का अवसर आए, तो देखना उचित होगा कि क्या यह निर्णय लेने का काम अपने कार्यक्षेत्र या अधिकारक्षेत्र में आता है? निर्णय उसे ही लेना चाहिए, जो समस्या से जूझ रहा हो। उच्च अधिकारी उसका पुनरीक्षण कर सकता है। दूसरे के क्षेत्र में कभी दखलंदाजी नहीं करनी चाहिए।

● निर्णय को क्रियान्वित करने की जिम्मेदारी भी उपयुक्त व्यक्ति को सौंपनी चाहिए। उसे करने या न करने में उसका व्यक्तिगत स्वार्थ आड़े नहीं आना चाहिए।

● अपने निर्णय को अकाट्य मानना उचित नहीं। एक खास परिस्थिति व माहौल में लिए गए निर्णय में बदली हुई स्थिति में परिवर्तन करने की आवश्यकता पड़ सकती है। उसे प्रतिष्ठा का प्रश्न बनाना ठीक नहीं, क्योंकि यदि अंत में बात बिगड़ी तो बहुत महँगी पड़ सकती है।

● सामान्यतः निर्णय लेने में कोई ढील नहीं बरतनी चाहिए। यदि पूरे तथ्य उपलब्ध न हों तो उन्हें फौरन एकत्र करवाकर निर्णय लेना चाहिए। टालने का परिणाम भयंकर होता है। हम अपनी जिम्मेदारी तो टाल सकते हैं, पर जिम्मेदारी टालने के परिणामों को नहीं टाल सकते। टालू प्रवृत्ति से भावात्मक असंतुलन पैदा होता है।

● निर्णयकर्ता को अपनी सीमाएँ जाननी चाहिए। अपने वित्तीय व प्रशासनिक अधिकारों की सीमा लाँघना दुखदायी हो सकता है।

● निर्णय लेकर आदेश दे देने भर से काम नहीं चलता। उसके वांछित परिणाम भी अपेक्षित होते हैं। अतः जिन लोगों को उस पर अमल करना है, उन्हें प्रेरित करना आवश्यक है।

कार्यप्रणाली से संबंधित निर्णय लेते समय अत्यंत सावधानी की जरूरत है।

लोग परिवर्तन से घंबराते हैं। इस तरह के परिवर्तन धीरे-धीरे कर्मचारियों को विश्वास में लेते हुए करने चाहिए। उनसे सलाह ली जाए, विचार-विमर्श किया जाए, समझाया जाए, तभी वे ऐसे निर्णयों के कार्यान्वयन में सहयोगी बनते हैं।

विफलता की आशंका से टाले जाते हैं काम

हम सबको काम टालने की आदत है। टालने की इस आदत को कभी-कभी 'आज करै सो काल कर' वाली कला भी कहा जाता है। हर व्यक्ति काम टालना चाहता है, विशेष कर कठिन और अच्छे न लगनेवाले काम प्रायः टाल दिए जाते हैं। उदार क्षणों में हम इस आदत को मनुष्य की साधारण कमजोरी मानकर नजरअंदाज कर देते हैं। लेकिन जब इसी आदत के कारण हम ऐसे काम भी नहीं कर पाते, जिन्हें करके हम निश्चिंत हो जाना चाहते हैं, तो फिर यह आदत घातक हो जाती है।

दीर्घसूत्री विनश्यति

टालने के बहाने वस्तुतः हमारे अंतर्द्वंद्व के लक्षण होते हैं

'डू इट नाउ : हाउ टु स्टॉप प्रोक्रैस्टिनेटिंग' पुस्तक के लेखक अमेरिकी मनोवैज्ञानिक विलियम क्लाउस का कहना है, 'काम टालने की आदतें हमारे जीवन के कई वर्ष खराब कर सकती है। यह आदत हमारी शक्ति, भावना और समय नष्ट कर डालती है। दीर्घसूत्री यानी आलसी, काम टालनेवाला या काम में देर लगानेवाला व्यक्ति अरुचिकर वस्तुओं, कामों आदि के प्रति असहिष्णु होता है। उसमें अपने प्रति संशय और संदेह घर कर जाते हैं, जिसके कारण वह अधिक शराब पीने का आदी हो सकता है और चिंता व विषाद का शिकार हो सकता है।'

क्या यह बुरी बात नहीं? टालने की यह आदत क्या समय

के बेढंगे उपयोग या सीधे-सादे शब्दों में कहें तो आलस्य की पुरानी बीमारी नहीं है? कैलिफोर्निया की मनोवैज्ञानिक लेनोरा एम. यूएन और जेन बी. बर्का का विचार है कि काम टालने की आदत 'जटिल मनोवैज्ञानिक समस्या है, जो साधारण इलाज से ठीक नहीं हो पाती।' इस आदत से पीछा छुड़ाने के लिए सबसे पहले आपको यह देखना होगा कि आप किस तरह से और किसलिए काम टालते रहते हैं।

बहाने आखिर बहाने हैं

चूल्हे की सफाई या ऐसे और भी काम टालने के पीछे आपके कारण चाहे बिलकुल ठीक दिख पड़ते हों, लेकिन अगर आप अपने इन बहानों पर गहराई से विचार करेंगे तो आपको लगेगा कि वे कारण उतने युक्तियुक्त नहीं हैं, जितने आप पहले समझते थे। हम खुद से ही जो छोटे-मोटे झूठ बोलते रहते हैं, वे वास्तव में आत्मसंदेह और परेशानी से बचने के लिए उठ रहे हमारे अंतर्द्वंद्व के ही लक्षण होते हैं।

क्लाउस का कहना है, 'जो लोग आदतन काम टालते रहते हैं, उनमें अयोग्यता की भावना होती है जिसके कारण उन्हें विफलता की आशंका जकड़ लेती है। वे काम शुरू करने के बजाय इस डर से ग्रस्त रहते हैं कि उनसे वह काम ठीक से नहीं हो पाएगा और इस कारण वे उसे टाल जाते हैं...टालते ही रहते हैं।'

पूर्णतावादियों में आत्मसंदेह की पराकाष्ठा होती है। पूर्णतावादी किसी भी काम के इतने ऊँचे मानदंड निश्चित कर बैठते हैं कि वे उस दिशा में कदम उठाने से ही घबराते हैं। उदाहरण के लिए एक ऐसे युवा वकील को लीजिए, जिसे यह चिंता सताती रहती है कि छात्र-जीवन में उसका रिकॉर्ड जितना अच्छा रहा था, अब शायद वह उतनी सफलता प्राप्त नहीं कर सकेगा। इस कारण उसे अपने मुकदमे की तैयारी अंतिम क्षणों में करने की आदत हो जाती है। अब यदि उसकी तैयारी बहुत अच्छी नहीं हो पाती, तो उसे सदैव यह कहने का मौका रहता है, 'यदि मुझे एक हफ्ते का समय और मिला होता, तो मैं इससे कहीं अच्छी तैयारी कर सकता था।' इस तरह युवा वकील के पूर्णता के भ्रम की कभी परीक्षा ही नहीं हो पाती। क्लाउस का यह भी कहना है कि परेशानी से बचनेवाले लोग इसीलिए काम टालते जाते हैं, क्योंकि उन्हें यह डर सताता रहता है कि कोई काम शुरू करने पर वे चिंता या परेशानी से घिर जाएँगे। चूँकि हर काम जीवन में तनाव और निराशा उत्पन्न करता है, इसलिए परेशानी से बचनेवाले लोग सदैव काम टालते रहते हैं।

आत्मप्रवंचना

दीर्घसूत्री लोग प्रायः आत्मप्रवंचना से भी ग्रस्त रहते हैं। वे लगातार अपने सामर्थ्य को कम करके आँकते हैं। उदाहरण के लिए वे सोचते रहते हैं—न जाने यह काम कितने दिन में पूरा हो! जिन दिनों यूएन बर्कले में कैलिफोर्निया विश्वविद्यालय

में पढ़ा रही थीं, तब सवेरे नौ बजे की कक्षा में उनका एक छात्र हमेशा देरी से पहुँचता था। किंतु जब उन्हें पता चला कि उसे उठकर तैयार होने, नहाने, कपड़े पहनने और विश्वविद्यालय तक आने में केवल पंद्रह मिनट का ही समय लगता है, तो उन्हें वास्तव में आश्चर्य हुआ।

यूएन और बर्का काम टालने की आदत छुड़ाने की कक्षाओं में सबसे पहले अपने छात्रों से कहती हैं कि वे उन बहानों की सूची तैयार करें, जिन्हें वे काम टालने के लिए इस्तेमाल करते हैं। इन बहानों में कोई लिखता है, 'मैं अब तक बहुत परिश्रम करता रहा हूँ, इसलिए अब मुझे थोड़ा आराम करना चाहिए,' तो कोई यह कि 'जब तक मुझे काम शुरू करने की प्रेरणा नहीं मिलेगी, मैं प्रतीक्षा करूँगा।' इन सबसे भी बहुत पुराना बहाना यह रहता कि 'कल यह काम करने के लिए मेरे पास काफी समय होगा।' इन बहानों की सूची बना लिए जाने पर छात्रों से कहा जाता है कि इन पर ध्यानपूर्वक विचार करके पता लगाएँ कि इनमें किस हद तक टालमटोल की गई है।

सोचने और करने के बीच की खाई पाटें

यह जान लेना कि हम किस तरह से टालमटोल करते हैं, समस्या सुलझाने का पहला चरण ही है। किंतु कोई काम करने का विचार बनाने और वास्तव में शुरू कर देने के बीच की खाई हम कैसे पाट सकते हैं? यदि हम नीचे लिखी बातों पर अमल करने लगें, तो कोई काम शुरू करने में हमें किसी तरह की कठिनाई नहीं होगी :

- अपने उद्देश्य निश्चित और स्पष्ट निधारित कीजिए। यूएन के अनुसार काम टालनेवाले लोग काम के दुनिया भर के पहलुओं पर विचार करने लगते हैं। आगे बढ़ने के लिए वे अपने रास्ते का कूड़ा-कचरा साफ कराने के बजाय पहले दुनिया का कूड़ा-कचरा साफ करा लेना चाहते हैं।
- यह मानकर चलिए कि समाप्त किया गया काम हर दृष्टि से पूर्ण नहीं हो सकता।
- एकदम सारा काम शुरू कर देने के बजाय काम को कुछ भागों में बाँट दीजिए और फिर जितना भी समय मिले, उसमें थोड़ा-थोड़ा करके उसे निपटा दीजिए। इस तरह आप कोई काम आसानी से शुरू कर सकेंगे। हर घंटे, आध घंटे में काम थोड़ा आगे बढ़ा हुआ दिखेगा, जिसे आप एक सफलता मानने लगेंगे और इसी तरह थोड़ा-थोड़ा करके एक दिन आप वह सारा काम खत्म कर डालेंगे।
- एक बार जब आप काम में लग जाएँ, तो एक काम खत्म करके अपनी शक्ति दूसरे काम में लगा दीजिए। उदाहरण के लिए, महिलाएँ रसोई का सामान ठीक तरह रखने के बाद वह पत्र लिखना शुरू कर सकती हैं, जिसे वे कई दिनों से लिखना चाह रही थीं। ऐसा करने पर आप जानेंगे कि नए सिरे से शुरू करने की

अपेक्षा एक काम खत्म करते ही दूसरा काम शुरू कर देना कहीं आसान है। उबाऊ या अच्छा न लगनेवाला काम खत्म करके कोई ऐसा काम कीजिए, जिसे आप मन लगाकर करना चाहते हों।

काम टाल देने की आदत से पीछा छुड़ाने के प्रयत्नों के परिणाम आपको तुरंत मालूम नहीं होंगे। याद रखिए, काम टालने की आदत छोड़ने में कुछ समय अवश्य लगेगा, लेकिन छोटी से छोटी हर सफलता लक्ष्य तक पहुँचने में हमारी सहायता करती है।

जोखिम तो हर फैसले में निहित है

एक अच्छे एग्जीक्यूटिव और प्रभावशाली नेता की निशानी होती है निर्णय लेने की क्षमता। ऐसे निर्णय, जो सही हों ताकि उसके काम का प्रदर्शन हमेशा अच्छा रहे और वह एक सफल एग्जीक्यूटिव माना जाए।

लेकिन हममें से अधिकतर लोग 'निर्णय लेने में भय' की ग्रंथि से पीड़ित होते हैं। हम बार-बार इस बात से घबराते हैं कि कहीं हम गलत निर्णय न ले लें और उसकी हमें बहुत बड़ी कीमत न चुकानी पड़े। पर हम यह भूल जाते हैं कि निर्णय न लेना तो उससे भी महँगा पड़ सकता है। हर निर्णय जोखिम से भरा तो होता ही है।

जोखिम के डर से अच्छा एग्जीक्यूटिव फैसले लेने में हिचक नहीं दिखाता

बड़े से बड़े और सफल से सफल नेता भी कई बार ऐसे निर्णय ले लेते हैं, जो बाद में चलकर गलत सिद्ध हो जाते हैं। नेपोलियन ने रूस पर जाड़े में आक्रमण किया, फिर हिटलर ने भी यही गलती की, इसी तरह चर्चिल और गालीपोली की लड़ाई, जॉन केनेडी और पिग्स की खाड़ी, ईरान से अमेरिकी बंधकों की मुक्ति, यह सूची अनंत है। इन नेताओं के निर्णयों के अध्ययन से बहुत-कुछ सीखा जा सकता है।

चार श्रेणियाँ

निर्णय लेने में कमजोर एग्जीक्यूटिवों की चार श्रेणियाँ होती हैं। इनमें पहली श्रेणी के अधिकारी कोई निर्णय लेते ही नहीं। ये गोल-गोल बातें करते हैं, कतराते हैं और जिम्मेदारियों से

भागने की कोशिश करते हैं। फैसला न ले पाने की अपनी अक्षमता का दोष या तो दूसरों पर डालते हैं या परिस्थितियों पर।

दूसरी श्रेणी के अधिकारी दूसरों से निर्णय लेने को कहते हैं जबकि हकीकत में वह निर्णय खुद उन्हें ही लेना चाहिए था। ऐसे में निर्णय यदि आगे चलकर लाभप्रद सिद्ध हुआ तो उसका श्रेय स्वयं ले लेंगे और उस निर्णय से यदि नुकसान हुआ तो दायित्व दूसरे पर मढ़ देंगे।

तीसरी श्रेणी में वे एग्जीक्यूटिव हैं, जो किनारे बैठकर लगातार अपना निर्णय बदलते रहते हैं। यही नहीं, किसी भी नए प्रभाव से इनके विचार तुरंत बदल जाते हैं।

चौथा वर्ग उन अधिकारियों का है, जो निर्णय लेने में देरी करते हैं। अंततः जब वे किसी निर्णय पर पहुँचते हैं तो इतनी देरी हो चुकी होती है कि उनका निर्णय बदली हुई स्थितियों में अप्रासंगिक हो जाता है।

बहानों की आड़

श्याम भारत-स्थित एक छोटी बहुराष्ट्रीय कंपनी का मुख्य कार्यपालक अधिकारी (सीईओ) था। वह 42 वर्ष की आयु में सीईओ बना और उसने अपनी सेवानिवृत्ति से पहले 18 वर्ष कार्य किया। कंपनी भारत में 40 साल से चल रही थी, लेकिन इस दौरान कंपनी का कारोबार केवल 15 करोड़ रुपए ही बढ़ा। ऐसा इसलिए हुआ कि श्याम कभी भी सही निर्णय नहीं ले सका। जहाँ आईटीसी लिमिटेड जैसी अन्य बहुराष्ट्रीय कंपनियाँ एआरटीपी और फेरा प्रावधानों की तमाम बाधाओं के बावजूद अपना व्यापार बढ़ाने के नए-नए तरीके ढूँढ़ रही थीं, वहीं श्याम ने हमेशा इक्विटी के प्रति सरकारी नीतियों, नए उत्पादों या कॉरपोरेट मुख्यालयों के रवैये जैसे बहानों की आड़ लेने की कोशिश की। वह कहता कि इन समस्याओं के चलते कंपनी का विस्तार करना मुमकिन नहीं है।

समय गुजरने के साथ-साथ कंपनी के सबसे अच्छे और महत्त्वाकांक्षी प्रबंधक उसका साथ छोड़कर जाते गए क्योंकि वे वहाँ न तो कंपनी के लिए और न ही अपने खुद के लिए प्रगति की कोई संभावना देख रहे थे। श्याम हमेशा सही दिशा में निर्णय लेने से डरता रहा। लेकिन सही निर्णय न ले पाने का दोष दूसरों पर मढ़ते हुए वह अपनी जिम्मेदारियों से भागता रहा।

एक अन्य कंपनी के मुख्य कार्यपालक अधिकारी प्रकाश पर कंपनी का घाटा कम करने का दबाव था। आगतों की लागत बहुत ज्यादा बढ़ी हुई थी, पर कीमत पर सरकारी नियंत्रण के कारण बिक्री-मूल्य में वृद्धि संभव नहीं थी।

निर्णय से सरोकार

उसने मार्केटिंग विभाग के निदेशक गोपाल से चर्चा की। दोनों में इस बात पर

सहमति हुई कि उनके सामने खुले रास्तों में से एक यह है कि फील्ड-कर्मचारियों की संख्या में कटौती की जाए। उन कर्मचारियों को हटाया जा सकता है, जिनकी नियुक्ति हाल ही में हुई है और जिन्हें अभी स्थायी नियुक्ति नहीं मिली है। इससे लागत में काफी कटौती की जा सकती है।

गोपाल ने अगले ही महीने यह निर्णय लागू कर दिया। इसकी बहुत तीखी प्रतिक्रिया हुई। निकाले गए फील्ड-कर्मचारियों की तरफ से यूनियनों ने आवाज उठाई। सीईओ परिदृश्य से गायब हो गया। इस निर्णय से उसने कोई सरोकार नहीं दिखाया। यह विचार तो गोपाल ने सुझाया था। गोपाल ने एक गलत फैसले को लागू कर यह समस्या खड़ी कर दी थी।

दूसरी तरफ राज जैसे लोग तो बहुत कम ही मिलते हैं। उसे अपनी मझोले आकार की कंपनी की कंप्यूटर प्रणाली को बेहतर या आधुनिक बनाने का कार्य सौंपा गया। वह हर हफ्ते एक पक्का फैसला लेता। उसका फैसला उससे मिलने आनेवाले नए-नए बिक्री-दलों की इस क्षमता पर निर्भर करता था कि वे किस प्रकार राज को अपने उत्पाद की खूबियों के बारे में आश्वस्त कर पाते हैं।

बाला बहुत वर्ष पूर्व मुंबई की एक बड़ी कंपनी का व्यापारिक निदेशक था। उसने हमें उपभोक्ता-उत्पादों की एक श्रृंखला की वितरण-प्रणाली और वितरण-लागत का अध्ययन करने के लिए बुलाया। देर शाम तक हमारी लंबी-लंबी बैठकें चलतीं। फिर हम उसके समक्ष एक प्रस्ताव पेश करते। बाला उस पर विचार करने का वादा करता। लेकिन छः-आठ महीनों तक उसकी कोई प्रतिक्रिया नहीं मिलती। तब वह एक बार फिर हमें बुलाता और योजना के मापदंडों में कुछ परिवर्तन करता। फिर से लंबी बैठकों का सिलसिला चलता, फिर से प्रस्ताव प्रस्तुत किए जाते। अगले छः-आठ महीने तक वह उन प्रस्तावों पर विचार करता। और एक बार फिर उसका मन बदल जाता। हम तीसरी बार के बाद फिर से उसके पास गए ही नहीं।

दफ्तर के बाहर

निर्णय लेने की प्रक्रिया केवल दफ्तर के दायरे तक ही सीमित नहीं है। अपने ऐसे एग्जीक्यूटिव सहयोगियों से सावधान रहें, जो खाने पर आपका निमंत्रण स्वीकार करते हैं और जब आप पूछते हैं कि क्या खाना पसंद करेंगे तो कहते हैं कि कुछ भी चलेगा। दरअसल इसका मतलब यह है कि वह निर्णय लेने में कमजोर है और उसका यह अवगुण उसके दफ्तरी कामकाज को भी प्रभावित करेगा।

दूसरी ओर, कुछ लोगों के लक्ष्य सुनिश्चित होते हैं। वे अपने निर्णय से संबंधित हर जानकारी एकत्रित कर उसके तमाम पहलुओं का मूल्यांकन करते हैं, संभावित फायदे-नुकसानों की सूची बना लेते हैं और तब सोच-समझकर निर्णय लेते हैं। इस तरह के लोग फैसला लेते समय भावुकता के बदले तार्किकता पर जोर देते हैं। वे जानते हैं कि फैसला लेते समय उन्होंने समझदारी से काम लिया है। यदि उनका

निर्णय गलत सिद्ध हो जाता है तो उसके कुप्रभावों का सामना करने के लिए भी वे तैयार होते हैं।

मेरा एक मित्र था गोपू। उसे भूख बहुत लगती थी। काम से लौटकर साथ-साथ घर जाते हुए जब हम रास्ते में कुछ खाने-पीने के लिए रुकते थे तो वह होटल में बैठते ही तुरंत आदेश देता था, 'मेरे लिए दो हॉट डॉग और एक प्लेट चीज-सैंडविच, और तुम क्या लोगे डॉक्टर?'

मेरे खयाल से निर्णय इसी तरह से लिए और कहे जाने चाहिए—तुरंत और तत्परता के साथ।

समय पर लिया गया निर्णय ही सार्थक होता है

राजमणि ने अपने मित्र विनोद की सिफारिश पर रामरतन को अपनी फैक्टरी का मैनेजर नियुक्त किया। कुछ समय तो रामरतन ने ठीक काम किया, पर फिर विनोद की जान-पहचान का लाभ उठाकर न केवल काम में ढील देने लगा, बल्कि यहाँ-वहाँ हाथ भी मारने लगा। राजमणि को पता चला, तो वह पसोपेश में पड़ गया। रामरतन को रखता तो कारखाना हाथ से जाता, और उसे निकालता तो विनोद से दोस्ती खटाई में पड़ जाती। अंततः राजमणि ने सोच-विचारकर रामरतन को निकालने का निर्णय लिया। निर्णय सही रहा, फैक्टरी तो बची ही, विनोद की दोस्ती भी बची रही। विनोद ने अकुशल और संबंधों का नाजायज फायदा उठानेवाले कर्मचारी को निकाले जाने का बुरा नहीं माना।

सही निर्णय लेने में चिंतन-प्रक्रिया का प्रमुख स्थान है

सूर्यकांत की फैक्टरी में काम बढ़ रहा था। कर्मचारी बढ़ने से स्थान कम पड़ने लगा था। उसकी समझ में आया कि कार्यालय में कंप्यूटर लगा लेने से कर्मचारियों की वृद्धि पर अंकुश लग सकता है, जिससे स्थान की समस्या अपने-आप हल हो जाएगी। उसने अपने कार्यालय के प्रबंधक रामेश्वर को इस बारे में छानबीन कर रिपोर्ट देने के लिए कहा। रामेश्वर को लगा कि अगर कंप्यूटर लग गए तो कर्मचारी नहीं बढ़ेंगे, जिससे भविष्य में उसकी पदोन्नति की संभावनाएँ भी कम हो जाएँगी। फलतः उसने कंप्यूटर लगाने के खिलाफ रिपोर्ट दी। सूर्यकांत के समक्ष स्थान की समस्या निरंतर बनी रही।

आगे बढ़ना ही एकमात्र विकल्प

दो हजार साल पहले रोमन बादशाह जूलियस सीजर ने इंग्लैंड को जीतने का निश्चय किया। अपना अजेय जहाजी बेड़ा लेकर वह इंग्लैंड के तट पर उतर गया। उसके सैनिकों को विजय में संदेह था। वे आगे बढ़ने में हिचकिचाए। सीजर ने समस्या पर गौर किया और आदेश दिया कि तमाम जहाज, जिन पर वे आए थे, जला दिए जाएँ। आज्ञा की देर थी, जहाजों से लपटें उठने लगीं। उसने सैनिकों से कहा, 'अब एक ही रास्ता है, आगे बढ़कर जीतो या यहीं खत्म हो जाओ।' वे आगे बढ़े और जीते।

अखिलेश का कारखाना अच्छा चल रहा था। माल की खपत बढ़ रही थी। ऑर्डर पर ऑर्डर आ रहे थे। उसे सलाह दी गई कि उत्पादन बढ़ाकर बाजार पाट दिया जाए। अखिलेश ने स्थिति का विश्लेषण किया। उसने पाया कि माल बाजार में जा तो रहा है, पर उधारी पर जा रहा है और पैसे की वसूली धीमी है। उसे लगा कि यदि उत्पादन एकदम बढ़ाया गया और उधारी की वसूली कम या धीरे हुई तो कार्यशील पूँजी कम हो जाएगी। फलतः कच्चे माल की खरीद में दिक्कत होगी, जिससे भयावह स्थिति पैदा हो सकती है। उसने सलाह नहीं मानी और उत्पादन नाममात्र बढ़ाकर संतोष कर लिया। इन्हीं स्थितियों में विपिनबिहारी को हरा-हरा सूझा। उसने कच्चा माल उधार लेकर उत्पादन दोगुना कर दिया। उधारी पर माल देकर बाजार पाट दिया। अपनी साख रखने के लिए अपनी उधारी तो समय से चुकाई, पर बाजार से माल की कीमत वसूल न होने से नकदी की कमी हो गई। कर्मचारियों का वेतन रुक गया, कच्चे माल की खरीद पर भी असर पड़ा। वह एक दुष्चक्र में फँस गया। नौबत कारखाना बंद करने की आ गई।

सही समय पर सही निर्णय

उपर्युक्त उदाहरणों में सही समय पर सही निर्णय लेने या न लेने के परिणामों का विवेचन है। राजमणि ने दोस्ती का खयाल न कर अपनी फैक्टरी को बचाने का समय रहते निर्णय लिया। जूलियस सीजर ने समय की नजाकत को पहचानकर जहाज जलाने का निर्णय लेकर विजय प्राप्त की और अपनी व अपने सैनिकों की प्रतिष्ठा बढ़ाई। अखिलेश ने उत्पादन न बढ़ाने का निर्णय लेकर स्थिति नहीं बिगड़ने दी। दूसरी ओर, सूर्यकांत ने गलत निर्णय लेकर, गलत व्यक्ति को काम सौंपकर अपने-आपको कठिन स्थिति में डाल लिया, तो विपिनबिहारी ने गलत निर्णय लेकर अपनी फैक्टरी से हाथ धो लिया। हर किसी के पास विकल्प थे। कुछ ने सोच-विचारकर सही निर्णय लिया, कुछ ने गलत।

जीवन में पल-पल पर निर्णय लेना पड़ता है। कामकाजी व्यक्ति को एक तरफ आजीविका-संबंधी निर्णय लेने होते हैं, तो दूसरी तरफ सामाजिक व पारिवारिक

जिम्मेदारियाँ वहन करने के संबंध में। यदि सही समय पर सही निर्णय लिए जाते हैं तो परिणाम सुखद रहता है, पर यदि अनिर्णय की स्थिति रहती है या टालू प्रवृत्ति अपनाई जाती है तो ठोकर खानी पड़ती है। पारिवारिक जीवन में गलत निर्णय या अनिर्णय की स्थिति परिवार का विघटन करती है। दफ्तर में अधिकारी सही निर्णय न लेने पाए तो नौकरी पर आँच आ सकती है।

जीवन की रफ्तार इतनी तेज हो गई है कि अविलंब सही निर्णय लेना पड़ता है। जो व्यक्ति ऐसा कर सकता है, वही अपने कार्यक्षेत्र में सफल होता है।

मनुष्य में निर्णय लेने का गुण जन्मजात नहीं होता। अपने ज्ञान, बुद्धि, पहल-शक्ति व सहजानुभूति के आधार पर ही निर्णय लिए जाते हैं। ज्ञान, बुद्धि व पहल-शक्ति को बढ़ाना अपने हाथ में होता है।

अंतर्मन का इस्तेमाल

जिस अनुपात से ये बढ़ते हैं, उसी अनुपात में सहजानुभूति में भी वृद्धि होती है। शिक्षा के दौरान अनेक विषय पढ़ने से मस्तिष्क का इतना विकास हो जाता है कि किसी भी समस्या पर भली भाँति विचार किया जा सकता है। हर निर्णय आत्मविश्वास, विवेक-बुद्धि व सामान्य तथ्यों के आधार पर लिया जा सकता है। पर कभी-कभी मात्र तथ्यों के आधार पर निर्णय लेना कठिन हो जाता है, तो जोखिम उठाते हुए अपने अंतर्मन के निर्देश पर निर्णय लेना पड़ता है, इस आशा के साथ कि निर्णय सही होगा।

निर्णय लेने की प्रक्रिया में अवचेतन मस्तिष्क प्रमुख भूमिका अदा करता है। हमारे मस्तिष्क के दो प्रमुख हिस्से हैं—चेतन और अवचेतन। चेतन मन बाह्य इंद्रियों, यथा—आँख, कान, नाक, जिह्वा और त्वचा के जरिये वातावरण व प्रकृति से संकेत व सूचनाएँ ग्रहण करता रहता है। इन सूचनाओं को जाँचकर चेतन मन उन्हें उपयोगी व अनुपयोगी, दो वर्गों में विभक्त करता है। अनुपयोगी संकेत भुला दिए जाते हैं व उपयोगी अवचेतन को प्रेषित कर दिए जाते हैं। अवचेतन मन उन्हें वर्गों में विभाजित करके स्मृति के भंडार में रख लेता है। अवचेतन मन की भंडारण-क्षमता असीम है। जब किसी विषय पर निर्णय लेने की आवश्यकता पड़ती है, तो अवचेतन अपनी स्मृति में संचित उस समस्या से मिलती-जुलती सूचनाएँ निकालकर निर्णय के लिए उपलब्ध करा देता है। उपलब्ध तथ्यों व अवचेतन मन द्वारा प्रेषित सामग्री के आधार पर निर्णय लिए जाते हैं।

चिंतन-प्रक्रिया का महत्त्व

निर्णय लेने में चिंतन-प्रक्रिया का स्थान प्रमुख है। सही चिंतन-प्रक्रिया से सही निर्णय संभव है। सही चिंतन-प्रक्रिया के दो प्रमुख अंग हैं। प्रथम तो उपलब्ध सामग्री में से तथ्यों व मात्र सूचनाओं को अलग किया जाए, क्योंकि बहुत-सी

सूचनाएँ तथ्यों पर आधारित नहीं होतीं। फिर तथ्यों को दो हिस्सों में विभक्त करना चाहिए—प्रमुख व गौण। जो तथ्य लक्ष्य की ओर एक कदम भी ले जाते हैं, वे प्रमुख होते हैं और जो इस काम नहीं आते, वे गौण। अतः उपयोगी तथ्यों को छाँटकर उनके आधार पर निर्णय लेना उत्तम होता है।

एक गलत फैसला ढहा सकता है सफलता की इमारत

इन दिनों परिवर्तन की बहुत बात होती है। इतनी तेज गति से परिवर्तन हो रहा है कि हममें से कई लोग, विशेष कर कॉरपोरेट-जगत में, हक्के-बक्के रह जाते हैं। प्रबंधन-गुरु इस परिवर्तन से कदम-ताल मिलाने के नुस्खे बाँट रहे हैं, जैसे संगठनात्मक तबदीलियाँ, व्यवसाय का पुनर्गठन, पदों के बीच अंतर में कमी, नियंत्रण के दायरे में बढ़ोतरी, सृजनात्मक गतिविधियों को बढ़ावा, कर्मचारियों का सशक्तीकरण आदि। हमारी बहुत-सी कंपनियों में, जो पहली बार प्रतिस्पर्धा का अनुभव कर रही हैं, गिरावट का दौर शुरू हो गया है। जो प्रतिस्पर्धा का सामना कर रही हैं, वे विदेशी प्रतिस्पर्धा से, जिसने भारत में अपनी उपस्थिति दर्ज करानी शुरू कर दी है, जरूरत से ज्यादा भयाक्रांत नजर आती हैं। कुछ अन्य कंपनियाँ इस तरह के नुस्खे हासिल करने के लिए भाग-दौड़ कर रही हैं और इसके लिए उन्होंने विदेशी सलाहकार फर्मों को और कुछ भारतीय सलाहकारों को भी अपनी 'मुक्ति का मार्ग' तलाशने के लिए नियुक्त कर दिया है।

परिवर्तन की जरूरत होने या न होने के बीच अंतर को समझना महत्त्वपूर्ण है

आश्चर्यजनक फैसला

लेकिन ऐसा भी समय होता है और ऐसी भी कंपनियाँ होती हैं जिनके मामले में सबकुछ ठीक चलता रहता है। ऐसा वहाँ होता है, जहाँ एक ऐसे मजबूत संगठन का निर्माण करने के लिए बहुत सावधानी बरती जाती है जो एक अच्छी हालत में

रखी गई मशीन की तरह काम कर रहा होता है और जो वर्तमान व भविष्य को देखने में सक्षम होता है। इसके बावजूद एक दिन यह देखने में आता है कि वह शीर्ष अधिकारी, जिसने खुद इस उत्कृष्ट ढाँचे को खड़ा किया होता है, इसे तोड़ने लगता है और मिट्टी के ढेर में तबदील करने लगता है। आसपास के लोगों को आश्चर्य होता है कि वह ऐसा क्यों कर रहा है? आखिर कौन-सी ऐसी बाध्यकारी ताकतें हैं, जो उसे ऐसा करने पर मजबूर कर रही हैं? कैसे इतना अक्लमंद व प्रभावशाली व्यक्ति उस चीज को नष्ट कर सकता है, जिसका निर्माण उसने इतनी मेहनत से किया हो?

भारत में परिचालन शुरू करनेवाली एक अमेरिकी बहुराष्ट्रीय कंपनी में सैम नाम का एक नौजवान प्रबंध-निदेशक था। इस पद पर उसकी नियुक्ति अमेरिकी मुख्यालय द्वारा अतीत में उसके द्वारा हासिल की गई उपलब्धियों और अमेरिका-आधारित बहुराष्ट्रीय कंपनियों में वरिष्ठ स्तर पर काम करने के उसके अनुभव के आधार पर की गई थी। सैम को कंपनी की पूरी जिम्मेदारी सौंप दी गई और इसमें निदेशक-मंडल के अलावा अमेरिकी कंपनी का कोई और दखल नहीं रखा गया। सैम ने कंपनी की शुरुआत बहुत अच्छी की। उसने छः वरिष्ठ प्रबंधकों का चयन किया, जिनका अन्य कंपनियों में सफलता का रिकॉर्ड था और जिनकी उम्र 30 से 35 साल की थी। इस चयन की छाप नीचे की सभी नियुक्तियों में दिखाई दी। कंपनी की खूब जोरदार शुरुआत हुई। कंपनी ने हर साल 200 फीसदी वृद्धि दर्ज की और कम अंतराल पर नए उत्पाद पेश करती रही। नौजवान लोगों की टीम प्रतिदिन औसतन 14 घंटे काम करती और वे सब काम को बड़े उत्साह व प्रसन्नता से करते। इस प्रक्रिया में वे बहुत-कुछ सीख रहे थे। उनमें से कई अविवाहित थे और उद्योग के मानकों के हिसाब से उन्हें अच्छी तनख्वाह मिलती थी और उन्हें न तो कोई शिकायत थी और न ही वे ज्यादा पाने को आतुर थे। उन्हें अपने-आपमें आनंद आ रहा था और वे इस बात को जानते थे कि जैसे-जैसे बिक्री व लाभ बढ़ेगा, वैसे-वैसे कंपनी के शेयरों की कीमत में भी इजाफा होगा। और इसके साथ ही उनका वेतन भी बढ़ेगा।

गलती पर गलती

इसके बाद एक गहरा धक्का लगा। तीन साल की निरंतर सफलता के बाद और एक सामंजस्य के साथ काम करनेवाली सुगठित टीम तैयार होने के बाद, सैम ने एक मार्केटिंग-निदेशक की नियुक्ति की। इस मामले में सैम ने कई गलतियाँ कीं। उसने अपने मार्केटिंग-प्रबंधक से वादा किया हुआ था कि अगर उसने अच्छा प्रदर्शन किया तो उसे पदोन्नति देकर मार्केटिंग-निदेशक बना दिया जाएगा। मार्केटिंग-प्रबंधक ने अच्छा प्रदर्शन किया, लेकिन वादे को नहीं निभाया गया। इससे भी खराब बात यह थी कि नया मार्केटिंग-निदेशक—राज—योग्यता, अनुभव व प्रदर्शन के

मामले में मार्केटिंग-प्रबंधक की ही प्रतिलिपि था। उसकी खासियत बस यह थी कि उसकी उम्र ज्यादा थी, पहली छवि के रूप में उसके व्यक्तित्व का प्रभाव अच्छा पड़ता था और उसमें झाँसा देने की क्षमता थी, जिसका प्रभावी इस्तेमाल उसने साक्षात्कार के दौरान किया था। सैम ने अच्छे नतीजे दे रहे एक सुगठित प्रयास में जबरदस्ती का एक पेंच डाल दिया। इन गैर-खुशगवार प्रक्रियाओं के चलते कंपनी का खुशनुमा माहौल खत्म होने लगा। कंपनी छोड़कर बाहर जानेवाला सबसे पहला व्यक्ति सेल्स-प्रबंधक था। उसे नौकरी के बाजार में अपनी असली कीमत पता थी। इसके बाद मार्केटिंग-प्रबंधक भी बेहतर तनख्वाह पर कंपनी छोड़ गया। उत्पाद-प्रबंधक अपने साथ कुछ वित्त व व्यावसायिक एग्जीक्यूटिवों को भी लेकर चला गया। इस तरह, इतनी मेहनत व लगन से तैयार की गई टीम को जानबूझकर नष्ट कर दिया गया।

इसके बाद सैम ने राज को नियुक्त करने की अपनी गलती को दुरुस्त करना चाहा और इसके तहत मार्केटिंग-संगठन को दो शाखाओं में विभक्त कर दिया— उपभोक्ता वस्तुएँ व टिकाऊ उपभोक्ता वस्तुएँ। उसने राज को उपभोक्ता वस्तुओं का प्रभारी बनाया और दूसरी शाखा के लिए, टिकाऊ उपभोक्ता-वस्तुओं का निर्माण करनेवाली एक बड़ी कंपनी में श्याम को नियुक्त किया, जहाँ उसे काफी समय से पदोन्नत नहीं किया गया था। उसे राज से ज्यादा तनख्वाह पर रखा गया। इस बात से राज नाखुश हुआ कि उसकी जिम्मेदारियों को कम कर दिया गया और समान पद के लिए श्याम को ज्यादा वेतन दिया जा रहा है। एक साल बाद सैम को लगा कि श्याम भी पद के लायक नहीं, तो उसने श्याम की मदद के लिए एक विज्ञापन-कंपनी से एक वरिष्ठ एग्जीक्यूटिव को लाकर नियुक्त कर दिया। एक साल बाद उपभोक्ता उत्पाद विभाग के सेल्स-प्रबंधक को पदोन्नत करके मार्केटिंग-निदेशक (उपभोक्ता विभाग) बना दिया गया और राज को पदावनत करके वाणिज्यिक नियंत्रक के रूप में स्थानांतरित कर दिया गया। उसे इससे कोई फर्क नहीं पड़ा, वह वैसे का वैसा बना रहा। आखिर उसे और कहाँ इतना अच्छा वेतन मिलता, जो उसे यहाँ सिर्फ उसकी क्षमताओं का गलत मूल्यांकन किए जाने के चलते मिल रहा था।

इस तरह से एक संगठन ने, जिसने इतनी अच्छी शुरुआत की थी, नुकसान उठाया। उसने आर्थिक नुकसान उठाया, जो एक अल्पावधि नुकसान था। उसने सांस्कृतिक रूप से भी नुकसान उठाया, जो ज्यादा दीर्घकालीन नुकसान था। अमेरिकी मुख्यालय को अब तक स्थिति समझ में आ चुकी थी, हालाँकि काफी देर हो गई थी। उन्होंने सैम का ट्रांसफर एक विदेशी सब्सिडियरी में कर दिया। उन्हें देर से समझ आया कि सैम बाबर की तरह था, जो विजय और विस्तार का ज्यादा अभ्यस्त था। लेकिन इस समय कंपनी को एक अकबर की जरूरत थी, जो प्रशासन व सुदृढ़ीकरण में ज्यादा माहिर हो। उन्होंने एक नया प्रबंध-निदेशक नियुक्त किया। उन्होंने उच्च वेतन का प्रलोभन देकर एक तरह से सैम को निर्वासित ही कर दिया।

बाबर नहीं, अकबर

इस तरह के इतिहास देखकर मुझे कई बार आश्चर्य होता है कि क्यों कुछ सफल लोग सफलता की उस नींव को ही नष्ट कर देते हैं, जिसे उन्होंने खुद तैयार किया था, और इस तरह खुद को भी नष्ट कर देते हैं? क्यों मोहम्मद-बिन-तुगलक ने बड़े उत्साह से एक पूरी नई राजधानी का निर्माण किया और फिर फैसला किया कि यह व्यर्थ है और वापस पुरानी राजधानी में आ गया? अगर इसके पीछे कोई कारण था, तो उसने उसे पहले क्यों नहीं देखा? क्यों एम. एफ. हुसैन स्पेन में इतनी विशाल, अनमोल पेंटिंग बनाते हैं और फिर उन्हें जला देते हैं? क्यों सैम जैसे अक्लमंद लोग इतनी अच्छी शुरुआत करते हैं, इतनी भव्य इमारत का निर्माण करते हैं, जिस पर वे गर्व करें और दूसरे रश्क, और फिर खुद ही एक गलती से उसे नष्ट कर देते हैं, उस गलती को ठीक करने के लिए दूसरी गलती करते हैं और फिर गलती करते रहते हैं, जब तक ऊपर बैठे लोगों की पकड़ में सबसे बड़ी गलती न आ जाए?

व्यवसाय की इस अटपटी दुनिया में, जहाँ हमेशा हमें यह इबारत देखने को मिलती है कि 'बाजार का एक ही स्थायी तत्त्व है—परिवर्तन।' यह पुरानी प्रार्थना ही ज्यादा सही प्रतीत होती है, 'हे ईश्वर, हमें उन चीजों को बदलने का साहस दे जिन्हें बदला जा सकता है, उन चीजों को बरदाश्त करने का धैर्य दे जिन्हें बदला नहीं जा सकता और इनके बीच के अंतर को जानने की समझ दे।'

ऐसे ही व्यक्तियों में से महान प्रबंधक उभरते हैं।

सही निर्णय लेने में सहायक रहती है अंतःप्रेरणा

निर्णय-प्रक्रिया के एक प्रबंधकीय उपकरण के रूप में अंतःप्रज्ञा का महत्त्व प्रबंधन-साहित्य में हाल तक उपेक्षित रहा है। चूँकि इसे तार्किक या बौद्धिक रूप में या ठोस तथ्यों व आँकड़ों के माध्यम से स्पष्ट नहीं किया जा सकता, अतः लंबे अरसे तक इसे अवैज्ञानिक समझा जाता रहा है। किंतु सजग ध्यान या विवेचन के बिना सत्य का त्वरित बोध कराने की इसकी क्षमता के कारण धीरे-धीरे कार्यपालकों में इसकी स्वीकार्यता बढ़ती जा रही है। अपूर्वानुमेय, अनिश्चित और प्रतिस्पर्धात्मक व्यावसायिक माहौल में तार्किक विवेचन से युक्त अंतःप्रज्ञात्मक चिंतन उपयुक्त निर्णय लेने में कार्यपालकों की खास तौर से मदद करता है।

निर्णयकारिता और प्रबंधन

सफलतम निर्णयों में विचार और अनुभूति का समन्वय होता है

निर्णयकारिता पर नोबेल पुरस्कार से सम्मानित हर्बर्ट साइमन का कहना है कि प्रबंधन और निर्णयकारिता एक ही चीज हैं। निर्णयकारिता किसी समस्या की पहचान से शुरू होती है, और एक बार समस्या पहचान ली जाए और स्पष्ट हो जाए, तो प्रतिकूल स्थिति को अनुकूल स्थिति में बदलने के विकल्प ढूँढ़ लिए जाते हैं।

पीटर ड्रकर निर्णय को विवेक (जजमेंट)–विकल्पों के बीच चुनाव–के रूप में परिभाषित करते हैं। प्रबंधक ज्ञात और अज्ञात, दोनों प्रकार की स्थितियों का सामना करते हैं, जहाँ उन्हें चुनाव

करना होता है या निर्णय लेना होता है। भारतीय संदर्भ में व्यावसायिक माहौल उदारीकरण और वैश्वीकरण के कारण अधिकाधिक प्रतिस्पर्धात्मक और अनिश्चित होता जा रहा है, और प्रबंधकों को अत्यल्प आँकड़ों—मुख्यतः पूर्वानुमानों के आधार पर निर्णय करने पड़ते हैं।

जब लोग विकल्प सृजित करते हैं, तो वे पूर्वानुमान और प्राक्कलन करते हैं कि उनका अमुक परिणाम होगा। परिस्थिति-विशेष में कौन-सा विकल्प सर्वोत्तम होगा—यह कहना आसान नहीं। मूल्यों, विश्वासों, रवैयों, व्यक्तित्व और पूर्वानुमान में वैयक्तिक भिन्नताएँ निर्णय-प्रक्रिया के हर चरण में प्रविष्ट होती हैं और समस्याओं के निरूपण, लक्ष्य-निर्धारण और विकल्पों के चयन में मानवीय प्राथमिकताएँ उभर आती हैं।

मानक और आदर्श प्रतिमान

निर्णय किस प्रकार किए जाने चाहिए—यह दर्शाने के प्रयासों को मानक और आदर्श प्रतिमान कहा जाता है। मानक प्रतिमान युक्तिमूलक प्रतिमान, व्यवस्थित प्रतिमान या आर्थिक प्रतिमान भी कहे जाते हैं, जिनमें एक दी गई स्थिति में एक विकल्प-विशेष का चयन करने के लिए विकल्पों की एक व्यापक शृंखला खोजी जाती है।

निर्णयों का वर्गीकरण

साइमन ने निर्णयों को दो वर्गों में विभाजित किया है : पूर्वयोजित यानी प्रोग्रैम्ड और अ-पूर्वयोजित यानी नॉन-प्रोग्रैम्ड। पूर्वयोजित निर्णय मनोवैज्ञानिक प्रक्रियाओं जैसेकि आदत, याददाश्त, साधारण चालाकी और प्रतीकात्मकता पर निर्भर करते हैं। परिस्थिति से निर्णयकर्ता कमोबेश परिचित रहता है, क्योंकि उसे ऐसी समस्याओं का प्रत्यक्ष या परोक्ष अनुभव रहता है। दूसरी ओर, अ-पूर्वयोजित स्थिति में समस्या के समाधान में किसी न किसी प्रकार की अन्वेषणात्मक गतिविधि शामिल रहती है, जिसके लिए प्रबंधक के पास मूल्यांकन-कौशल होने अपेक्षित हैं। प्रबंधन-साहित्य में कचरा-पेटी मॉडल, युक्तिमूलक समस्या-समाधान मॉडल आदि दृष्टिकोण उपलब्ध हैं।

तर्क सदैव सहायक नहीं

विशुद्ध तर्क प्रबंधक के लिए ही नहीं, किसी के लिए भी सही निर्णय करने में सदैव सहायक नहीं होता। सुबह की सैर पर निकले संता सिंह ने देखा कि एक आदमी ने चिड़िया मारने की बंदूक से ऊपर आसमान में उड़ते एक कबूतर पर गोली चलाई और थोड़ी ही देर में तड़पता-फड़फड़ाता कबूतर नीचे धरती पर आ गिरा। इस पर संता सिंह से नहीं रहा गया। बोला, 'तुमने गोली बेकार चलाई।' आदमी ने पूछा, 'क्यों?' तो संता सिंह ने तर्क दिया, 'इतनी ऊपर से गिरकर तो

कबूतर वैसे ही मर जाता।' तर्क सही हो सकता है, पर वह सही निष्कर्ष पर भी पहुँचा देगा, आवश्यक नहीं। फ्रांसीसी लेखक एक्सयूपेरी ने ठीक ही कहा है, 'हम केवल दिल से देख सकते हैं। तात्त्विक चीज आँखों के लिए अदृश्य रहती है।' सफलतम निर्णयकर्ता विचार और अनुभूति को समन्वित कर देते हैं और दूसरों के विचार और अनुभूति दृष्टिगत रखते हैं। समस्या-समाधान की विधि किसी एक पद्धति या स्रोत पर निर्भर नहीं होती, क्योंकि वे एक एकीकृत ढंग से काम करते हैं। इसलिए इस सारी प्रक्रिया को समझने के लिए अंतर्दृष्टि, अंतःप्रेरणा, अंतःप्रज्ञा, अंतर्ज्ञान, विवेक, सहजानुभूति जैसे शब्दों का प्रयोग किया जाता है।

अंतर्दृष्टि का महत्त्व

'इन सर्च ऑफ एक्सीलेंस' के लेखक-द्वय पीटर व वाटरमैन और 'मेगाट्रेंड्स' के लेखक जॉन नेसबिट जैसे प्रबंधन-लेखक निर्णयकारिता में अंतर्दृष्टि के महत्त्व को स्वीकार करते हैं। संज्ञानात्मक अनुसंधान के साक्ष्य से इतर, उन्होंने पाया है कि वस्तुपरकता, कार्यक्रम-मूल्यांकन और समीक्षा-तकनीक (पीईआरटी), पूर्वानुमान आदि द्वारा प्रबंधन पर अतिनिर्भरता अनिश्चित, अस्थिर, परिवर्तनशील, व्यावसायिक माहौल में फलदायी नहीं होती। जब अंतर्दृष्टि तार्किक चिंतन का विस्तार समझी जाती है, तो कार्यपालक एक प्रबंधकीय उपकरण के रूप में उसके प्रयोग में सुविधा महसूस करते हैं। लेकिन जब अंतर्दृष्टि कोई रहस्यमय अथवा 'स्त्रियोचित' चीज समझी जाती है, तो कार्यपालकों के लिए यह मानना कठिन हो जाता है कि आँकड़े अपर्याप्त होने पर उसे निर्णय करने में प्रयुक्त किया जा सकता है।

कार्ल जुंग ने पाया कि अंतर्दृष्टि-कौशल समस्त कार्यपालकों में मौजूद नहीं होता। लेकिन जिनमें होता है, उन्हें वह भीषण स्थितियों में भी नई संभावनाएँ और अवसर खोज सकने का सामर्थ्य प्रदान कर देता है। उनमें भविष्य की कल्पना का बोध होता है, इसलिए वे अपने संगठन को सही दिशा में ले जाने में समर्थ होते हैं। वे नई युक्तियाँ सोचने और पुरानी समस्याओं के नए समाधान निकालने, तेजी से बदलते माहौल में भी आराम से काम करने और संकट हल करने में निपुण होते हैं।

गूँगे का गुड़

वैलमैन के अनुसार अंतःप्रज्ञा कुछ हद तक अवचेतन मन है। अंतःप्रज्ञा से आप जान लेते हैं कि कुछ होनेवाला है या कि चुनी गई कार्रवाई सही है, पर यह स्पष्ट करने के लिए आपके पास ठोस कारण नहीं होते कि क्या होनेवाला है या आपने यही विकल्प क्यों चुना, दूसरा क्यों नहीं। आप बस जानते हैं, बता नहीं सकते। जैसे गूँगा गुड़ का स्वाद अनुभव तो करे, पर व्यक्त न कर सके। अंतःप्रज्ञा इस प्रकार चेतन विचार-प्रक्रियाओं का प्रयोग किए बिना जानना है। अकसर अपनी अंतःप्रज्ञा के आधार पर दूसरों को कायल और राजी करना कठिन होता है, पर कहावत है कि

आप दूसरों को तभी कायल कर सकते हैं, जब आप स्वयं कायल हों। वॉघिम अपनी पुस्तक 'अवेकनिंग इंट्यूशन' में उल्लेख करती हैं कि कैसे किसी दिए गए क्षण में व्यक्ति के ज्ञान में उसके द्वारा अहं की दीवारें पार करते हुए चेतन या अवचेतन रूप में अनुभव की गई या सीखी गई हर चीज शामिल रहती है।

मैककॉल और कपलान के अनुसार प्रबंधकीय अंतःप्रेरणा का व्यवहारात्मक आधार है। उनका तात्पर्य है कि समस्या की पहचान ज्यादा महत्त्वपूर्ण है। प्रभावी प्रबंधक मनुष्यों की समस्त कमजोरियों सहित गलत हो सकनेवाली सारी चीजों पर सोच-विचार करने में ज्यादा समय नहीं लगाते। इसके विपरीत वे अकसर अंतःप्रेरणा से काम लेते और करते हुए समस्याओं का पता लगाते हैं और उन्हें हल करते हुए आगे बढ़ जाते हैं।

असफलताओं से भी सीख

बेशक, वे इस प्रक्रिया में अनेक गलतियाँ करते या कर सकते हैं, पर वे उनसे तेजी से उबर भी जाते हैं और अपनी सफलताओं के साथ-साथ असफलताओं से भी सीखते हैं। वे छानबीन करते हैं, समस्या की तह तक जाते हैं और सूचना-प्राप्ति के स्रोत और कुछ सीखने के अवसर के रूप में दूसरे व्यक्ति के साथ अंतःक्रिया करते हैं। वे उचित प्रश्न पूछते हैं और ध्यान से उत्तर सुनते हैं। वे अपने वरिष्ठों, कनिष्ठों, समकक्षों, ग्राहकों, आपूर्तिकर्ताओं, यहाँ तक कि अपने प्रतिस्पर्धियों सहित विभिन्न स्रोतों से समस्त संभव सूचना एकत्र करते हैं। इससे उन्हें यह समझने में सहायता मिलती है कि वे सही दिशा में जा रहे हैं या कुछ गलती कर रहे हैं।

रचनात्मकता का स्रोत है अंतःप्रज्ञात्मक चिंतन

सुनना प्रभावशाली कार्यपालकों के व्यवहार का एक अत्यंत महत्त्वपूर्ण आयाम है। सुनने के लिए वे कान का ही नहीं, अन्य ज्ञानेंद्रियों का भी प्रयोग करते हैं, ताकि जो वे सुनते हैं, उसकी संपूर्ण झलक पा सकें। इस प्रकार सुनना और जाँच-पड़ताल करना निर्णय-प्रक्रिया में प्रभावी कार्यपालकों के व्यवहार की दो महत्त्वपूर्ण विशेषताएँ हैं। सांख्यकीय आँकड़ों और पूर्वानुमानों का होना अच्छी बात है, पर व्यक्तिगत अंतःक्रिया यह अनुभव करने में मदद करती है कि आसपास क्या घटित हो रहा है और दूसरों के दृष्टिकोण, मत और अनुमान क्या हैं?

अनिश्चितता और समयाभाव की स्थिति में अंतःप्रज्ञात्मक कौशल सर्वोत्तम ढंग से कार्य करते हैं

निर्णय करने की विभिन्न शैलियाँ

ड्राइवर, ब्रूसो और हंसेकर ने अपनी पुस्तक 'दि डायनेमिक डिसीजनमेकर' में प्रबंधकों की निर्णय-शैलियों पर विचार किया है। उनका कहना है कि कार्यपालकों की निर्णय करने की विभिन्न शैलियाँ होती हैं, जिसका मतलब उनकी निर्णय करने की भिन्न-भिन्न आदतों से है। उदाहरण के लिए कुछ प्रबंधक जोखिम उठाना पसंद करते हैं, तो दूसरे उससे बचने का भरसक प्रयत्न करते हैं। कुछ कार्यपालक अंतर्दृष्टि पर अत्यधिक आश्रित रहते हैं, तो अन्य सूचना के विस्तृत विश्लेषण के सहारे ही आगे बढ़ते हैं। एक ही सूचना की विभिन्न प्रबंधकों द्वारा की जानेवाली व्याख्या अलग-अलग समय पर अलग-अलग हो सकती है, जो उनके दृष्टिकोण और अनुभव पर निर्भर करती है।

अंतःप्रेरणा का सहारा

छोटे ढाँचे और थोड़े नियमोंवाले बंधनयुक्त और प्रवाहयुक्त संगठनों में सुविधा महसूस करनेवाले कार्यपालक पूर्वयोजनाओं और प्रक्रियाओं के बजाय अंतःप्रेरणा पर कहीं ज्यादा आश्रित रहते हैं। एम. के. श्रीवास्तव ने हाल ही में देश के निर्माण, बैंकिंग और सहकारिता क्षेत्रों के सात मुख्य कार्यपालक अधिकारियों का अध्ययन करके पाया कि उनमें से तीन महत्त्वपूर्ण निर्णय करते समय अंतःप्रेरणा से काम लेते थे, जबकि शेष चार उपलब्ध सूचना और आँकड़ों पर आधारित तार्किक विश्लेषण पर ज्यादा निर्भर रहते थे। उधर, जे. पारीख ने सूचित किया है कि जिन कार्यपालकों का उन्होंने अध्ययन किया, उनमें से 54 फीसदी का मानना था कि वे निर्णय करने के लिए विश्लेषणात्मक तर्कणा (रीजनिंग) से युक्त अंतर्ज्ञान का प्रयोग करते हैं।

शैपिरो और स्पेंसर का निष्कर्ष है कि कार्यपालक एक अधिमानित कालक्रम का अनुसरण करते हैं, अर्थात् समस्या-निरूपण के बाद अंतःप्रेरणा पर ध्यान देते हैं और फिर विश्लेषणात्मक तर्कणा पर। फिर इन दोनों को मिला देते हैं। किंतु इसका उलटा भी हो सकता है, अर्थात् विश्लेषणात्मक तर्कणा अंतःप्रेरणात्मक चिंतन से पहले भी घटित हो सकती है। चूँकि चेतन और अवचेतन का सह-अस्तित्व है और वे दोनों एक-दूसरे से पूर्णतः स्वतंत्र नहीं हैं, अतः हम उन्हें पूर्णतया अलग नहीं कर सकते।

अंतःप्रज्ञा से सफल निर्णय

'दि लॉजिक ऑफ इंट्यूशन : हाउ टॉप एग्जीक्यूटिव मेक इंपोर्टेंट डिसीजंस' में डब्ल्यू. एच. अगोर ने यह पता लगाने के लिए विस्तृत अध्ययन किया कि क्या कार्यपालक असली जीवन में सचमुच निर्णयकारिता के एक उपकरण के रूप में अंतःप्रज्ञा का प्रयोग करते हैं और यह कि वे कितने अंतःप्रज्ञ होते हैं?

उन्होंने पाया कि अंतःप्रज्ञात्मक योग्यता प्रबंधकीय स्तरों के अनुसार अलग-अलग होती है, अर्थात् शीर्षस्थ प्रबंधक मध्य और निचले स्तर के प्रबंधकों से ज्यादा अंतःप्रज्ञ होते हैं। प्रबंधकों के संबंध में अगोर के कुछ और निष्कर्ष इस प्रकार हैं :

(क) प्रबंधक सर्वाधिक महत्त्वपूर्ण निर्णय करने में एक मार्गदर्शी उपकरण के रूप में अंतःप्रज्ञा का वास्तव में प्रयोग करते हैं।

(ख) यह उनके निर्णयों को निर्देशित करनेवाले अनेक उपकरणों में से एक है।

(ग) अंतःप्रज्ञात्मक निर्णय तथ्यों और अनुभव से संयुक्त रहता है, जिसमें अन्य अवचेतन प्रक्रियाओं के प्रति अतिसंवेदनशीलता और खुलापन होता है।

(घ) अंतःप्रज्ञात्मक कौशल तब सर्वोत्तम ढंग से कार्य करते हैं, जब अत्यधिक अनिश्चितता होती है, समय कम होता है और तथ्य अपर्याप्त होते हैं।

कार्यपालकों ने उन्हें बताया कि अंतःप्रज्ञा से प्रेरित निर्णय वस्तुतः सफल निर्णय होते हैं।

निर्णयकारिता व्यक्ति की चिंतन-शैली से भी संबंध रखती है। जुंग और मायर्स व मायर्स के 'प्रकारों के सिद्धांत' में प्रत्यक्ष ज्ञान की संवेदनात्मक और अंतःप्रज्ञात्मक शैलियाँ रचनात्मकता के मामले में सर्वाधिक प्रासंगिक समझी जाती हैं। संवेदन-प्रकार, जो कि कम रचनात्मक होते हैं, बाहूय सूचना पर ज्यादा आश्रित होते हैं, स्थिति की वास्तविकताओं पर फोकस करते हैं और जो दिया गया है, उसी से कार्य करते हैं। वे प्रमाणित प्रक्रियाएँ प्रयुक्त करने को प्राथमिकता देते हैं और विस्तृत सूचना पर जोर देते हैं। इसके विपरीत, अंतःप्रज्ञात्मक प्रकार ज्यादा रचनात्मक होते हैं और उपलब्ध सूचना के पार जानेवाली संभावनाओं और संबंधों के अर्थ पर ध्यान केंद्रित करते हैं। अंतःप्रज्ञात्मक प्रकार बड़े चित्र को देखते हैं और समग्र प्रतिमानों को समझते हैं। आनुभाविक रूप से रचनात्मकतावाले नमूने अंतःप्रज्ञात्मक चिंतन के प्रति सशक्त प्राथमिकता दर्शाते हैं।

अंतःप्रेरणा का विकास

यदि अंतःप्रज्ञा इतनी महत्त्वपूर्ण है, तो अंतःप्रज्ञात्मक योग्यता किस प्रकार विकसित-पोषित की जा सकती है और कौन से कारक वैयक्तिक अंतःप्रेरणा के विकास में बाधक होते हैं ?

वॉघम ने निर्णयकारिता के लिए अंतःप्रेरणा के विकास के वास्ते कुछ दिशानिर्देश दिए हैं, जैसे :

(क) शारीरिक और मनोवैज्ञानिक विश्रांति,

(ख) अनुभवों के प्रति अतिसंवेदनशीलता, ग्रहणशीलता और खुलापन,

(ग) एक समर्थक वर्ग की उपस्थिति अर्थात् मित्र जिन्हें आप अपना अंतःप्रेरणात्मक अनुभव सुना सकें और जो आपका मूलयांकन नहीं करते।

(घ) अपने और अन्यों के साथ ईमानदारी बरतना।

महत्त्वपूर्ण निर्णय करते समय अंतःप्रेरणा के प्रयोग को बाधित करनेवाले कारक हैं समय का दबाव, शारीरिक और भावनात्मक तनाव, चीजों/विचारों/लोगों से लगाव, बेईमानी/आत्मप्रवंचना, भय के कारण आत्मविश्वास की कमी, चिंता या किसी मसले पर अपने सशक्त विचारों के बावजूद दूसरों के अनेकानेक दृष्टिकोणों-विचारों का समायोजन।

विश्रांति आवश्यक है

अंतर्दृष्टि संबंधी हमारे समस्त अध्ययन से जो एक बात स्पष्ट है, वह यह है कि विश्लेषणात्मक बुद्धिवाला विश्रांत व्यक्ति समझ सकता है कि एक दी गई स्थिति में क्या करना सही है। इस प्रकार ध्यान, प्रार्थना, व्यायाम, चुटकुलेबाजी, संगीत सुनना, शांति से समय बिताना जैसी विश्रांति की तकनीकें व्यक्ति को शारीरिक और मानसिक दोनों तरह से विश्रांत होने में मदद करेंगी।

कुछ मानसिक व्यायाम भी जरूरी हैं, जैसे एकाग्रता का अभ्यास करना, दुविधा बर्दाश्त करना, विचारों के प्रति लचीलापन और खुलापन, सपनों का विश्लेषण करना या समस्याओं पर अन्य सहकर्मियों के साथ विभिन्न परिप्रेक्ष्यों में चर्चा करना। इसका मतलब यह है कि अंतःप्रज्ञात्मक योग्यता अंततः व्यक्ति की जीवन-शैली पर निर्भर करती है।

अलग-अलग कार्यपालकों की निर्णय करने की शैलियाँ अलग-अलग होती हैं, पर वे सभी महत्त्वपूर्ण निर्णय करते हैं। ये निर्णय नाजुक होते हैं, क्योंकि वे लोगों, संगठनों और समग्र कारोबार के निष्पादन को प्रभावित करते हैं। एक अनिश्चित-अपूर्वानुमेय व्यावसायिक माहौल में कार्यपालक और प्रबंधक निर्णय करने के लिए उपलब्ध तथ्यों-आँकड़ों पर ही निर्भर नहीं रह सकते, क्योंकि मूल्य, विश्वास और भावनाएँ भी इस प्रक्रिया का अभिन्न अंग हैं।

वही कार्यपालक एक प्रभावशाली निर्णयकर्ता हो सकता है जो अपने और दूसरों के विचारों और भावनाओं को स्पष्ट रूप से समझता और उपलब्ध सूचना के अनुसार उनका विश्लेषण करता है।

सर्वसम्मति सबसे कारगर रूप

प्रबंधन-संस्थानों में या हर ऐसी जगह जहाँ प्रबंधन किसी न किसी रूप में कार्यान्वित किया जाता या सिखाया जाता है, पढ़ाए जानेवाले पहले प्रबंधन-पाठों में से एक यह है कि सर्वसम्मति कायम करने की प्रक्रिया के माध्यम से निर्णय लेना निर्णय-पद्धति का सबसे कारगर रूप है। अगर यह सच है, फिर तो ज्यादातर कंपनियों ने इस पद्धति को अपनाया हुआ होगा? और उस स्थिति में किन्हीं तीन ऐसी कंपनियों का नाम गिनाना भी मुश्किल नहीं होगा, जो सच्चे अर्थों में इस निर्णय-पद्धति पर अमल करती हों? इन जिज्ञासाओं के संबंध में यदि आपका जवाब 'हाँ' है, तो समझ लीजिए कि आप एक बहुत बड़े अपवाद हैं।

कल्पित समस्याएँ

गोपनीयता बरतने से कई किस्म की मुश्किलें आती हैं

मैंने अकसर वरिष्ठ प्रबंधकों से इस दुविधा को समझाने की गुजारिश की है कि अगर सर्वसम्मति दृष्टिकोण वाकई श्रेयस्कर है, तो ऐसा क्यों है कि बहुत थोड़ी कंपनियाँ ही इसे अपनाती दिखती हैं ? इसका ज्यादातर बताया जानेवाला कारण है : संगठनों में सर्वसम्मति दृष्टिकोण कार्यान्वित करने में आनेवाली भारी समस्याएँ। इन समस्याओं को दो मुख्य भागों में बाँटा जाता है :

(क) किसी भी महत्त्वपूर्ण विषय पर सर्वसम्मति पर पहुँचने में लगनेवाला अत्यधिक समय। बढ़ते प्रतिस्पर्धात्मक माहौल में,

जहाँ शीघ्र निर्णय लेना वास्तव में एक प्रतिस्पर्धात्मक उपकरण बन सकता है, यह समस्या और भी ज्यादा उल्लेखनीय हो जाती है।

(ख) निर्णय लेना हमेशा विश्लेषित या मूल्यवर्धित सूचना पर आधारित होता है। सूचना-आधार निर्मित करने और सूचना में मूल्य बढ़ाने की योग्यता संगठन-भर में नहीं, 'चुनिंदा कुछ' में निहित होती है। इतना ही नहीं, कुछ निर्णयों में एक विशिष्ट सूक्ष्मदृष्टि या दूरदर्शिता अपेक्षित होती है, अतः वे संगठन के उच्च सोपानकों में ही लिए जा सकते हैं।

इन दोनों समस्याओं की कल्पना करके प्रबंधन 'आइवरी टावर सिंड्रोम' यानी एकांत-लक्षण से ग्रस्त हो जाता है और निर्णय लेने की प्रक्रिया को लागू करने की वास्तविकता से अलग कर देता है। सही बात तो यह है कि सर्वसम्मति नजरिए में लगनेवाला कुल समय सामान्यतः कम होता है। दूसरे, यह नजरिया संगठनात्मक निर्णयों में सूचना, उसके विश्लेषण, सूक्ष्म दृष्टि या दूरदर्शिता को शामिल किए जाने का भी किसी तरह निषेध नहीं करता। स्वमूल्यांकन करने और अपनी परिचालन-क्षमताएँ बढ़ाने के प्रति उत्सुक संगठन इसे भली भाँति जानते-समझते हैं।

जापानी कंपनी की मिसाल

पिछले दिनों मुझे ऑटो-कंपोनेंट्स के कारोबार में संलग्न एक जापानी कंपनी के साथ कुछ समय बिताने का अवसर मिला। यह कंपनी भारत आने की इच्छुक थी और वहाँ इस परियोजन पर चर्चा चल रही थी। उनके द्वारा सर्वसम्मति दृष्टि-कोण पर जिस तरह सच्चे अर्थों में बल दिया गया, उससे मैं चमत्कृत रह गया।

वहाँ उत्पादन के क्षेत्र में सभी स्तरों पर सहयोगियों द्वारा सुधार सुझाए जाते हैं (इसके लिए कंपनी के सारे कर्मचारी बुलाए जाते हैं)। फिर इन सुझावों पर चर्चा की जाती है, संयंत्र के स्तर पर उनका मूल्यांकन किया जाता है और यदि उनमें कुछ दम होता है तो उन्हें लागू कर दिया जाता है। उनकी फैक्टरियों की सभी दुकानें सतत सुधारों के दर्शन पर अमल करती हैं।

शुक्रवार की दोपहर को भोजनावकाश में, जो कि सहयोगियों का अपना समय होता है और जिससे कंपनी का उत्पादन प्रभावित नहीं होता, सभी सहकर्मी संभव सुधारों पर चर्चा के लिए मिलते हैं। इन सुझावों के परिचालन में साधारण परिवर्तनों से लेकर दक्षता बढ़ाने या बड़े मशीन-डिजाइन और ले-आउट संबंधी परिवर्तन तक शामिल रहते हैं, जिनका नतीजा उत्पादन में वृद्धि या गुणवत्ता संबंधी अस्वीकृतियों (क्वालिटी-रिजेक्शंस) में अत्यधिक कमी के रूप में सामने आता है। कंपनी सहयोगियों को इन बैठकों में भाग लेने के लिए बाध्य नहीं करती, लेकिन प्रोत्साहित जरूर करती है। अधिकतम प्रोत्साहन उनके सुझाव स्वीकृत करने और अन्य निर्माण-स्थलों को भी उनकी सिफारिश करने के माध्यम से दिया जाता है। और चूँकि इन परिवर्तनों को कार्यान्वित करनेवाले सहयोगी या तो सुझाव देकर या उन्हें स्वीकृत करनेवाले

दल के सदस्य के रूप में खुद इन परिवर्तनों के अंग रहे होते हैं, अतः उनका कार्यान्वयन बड़े चाव से, उनके प्रणेता होने की भावना के साथ किया जाता है।

कंपनी की निर्णय-प्रक्रिया

आइए, इस कंपनी द्वारा भारत आने से पहले अपनाई गई निर्णय-प्रक्रिया पर नजर डालें। यह विचार भारतीय ऑटो-मार्केट के विकास की भारी संभावनाओं की रोशनी में कंपनी के अंतर्राष्ट्रीय प्रभाग ने दिया। तब आरंभिक ढाँचा-योजना (स्केल्टन-प्लान) हर विभागाध्यक्ष और शीर्ष प्रबंधन को प्रस्तुत की गई। इस पर हर विभागाध्यक्ष ने उसे अपने-अपने विभाग को सौंपा और हर विभाग ने उससे संबंधित हर जरूरी मुद्दे पर चर्चा की। सभी विभाग तब आंतरिक रूप से यानी विभागीय स्तर पर एक सर्वसम्मति पर पहुँचे। इसके बाद एक अंतर्विभागीय बैठक हुई, जहाँ सारे मुद्दों पर चर्चा की गई और सर्वसम्मति पर पहुँचा गया। कहने को इस पक्रिया ने एक लंबा समय लिया, पर अंततः इस सर्वसम्मत निर्णय से निम्नलिखित लाभ हुए :

(क) हर विभाग की विशेषज्ञता पहले चरण से ही शामिल कर ली गई, जिससे एक ओर विशेषज्ञता के लाभ अधिकतम हो गए, तो दूसरी ओर अहं के टकराव न्यूनतम हो गए जो एक विभाग के किसी व्यक्ति द्वारा दूसरे विभाग के कार्यों में हस्तक्षेप करने की स्थिति में आम होते हैं और इतना समय खराब कर देते हैं कि जिसकी कोई हद नहीं। साथ ही, इस निर्णय-प्रक्रिया ने यह भी सुनिश्चित कर दिया कि भारत में प्रवेश की रणनीति का हर पहलू गहराई से जाँच लिया गया है और उनके परिणामों का मूल्यांकन कर लिया गया है। इस तरह, इस पर बाद में समय लगने की गुंजाइश नहीं रही और अंतिम निर्णय-रणनीति सर्वोत्तम और सर्वांगपूर्ण रही।

(ख) सभी विभागों की अत्यधिक संलग्नता के कारण परियोजना के कार्यान्वयन के दौरान न्यूनतम समस्याएँ आईं। साथ ही, ऊपर (क में) बताए अनुसार रणनीति-निरूपण के चरण में हासिल की गई उसकी पूर्णता और व्यापकता ने उसके निर्बाध और शीघ्र कार्यान्वयन का मार्ग प्रशस्त कर दिया।

भारतीय नजरिया

इस नजरिए से ठीक उलटा नजरिया है आम भारतीय गोपनीय नजरिया, जिसमें विशेषज्ञों से केवल तभी परामर्श लिया जाता है, जब उसके बिना गाड़ी आगे नहीं बढ़ती, वरना तो ठेठ तरीका यह रहता है कि बोर्ड अपने-आप नई परियोजना पर निर्णय ले लेता है और अत्यधिक 'गोपनीयता' बरतते हुए आगे की कार्रवाई के लिए किसी वरिष्ठ प्रबंधक को छाँट लेता है। जाहिर है कि इससे कंपनी ऊपर उल्लिखित लाभों से वंचित रह जाती है।

आगे चलकर हुई संयुक्त उद्यम वार्ता (ज्वाइंट वेंचर नेगोशिएशन) के समय

दृष्टिकोणों में अंतर इतना स्पष्ट रहा कि जहाँ जापानी कंपनी के नेता (वरिष्ठ उपाध्यक्ष) ने उस पर कोई टिप्पणी करने से पूर्व अपने पूरे दल से बातचीत के सारे मुद्दों पर विचार-विमर्श किया, वहीं भारतीय कंपनी के नेता (इस मामले में निदेशक) ने अपने समझौता-वार्ता-दल के किसी सदस्य से चर्चा किए बिना ही मुद्दे पर तुरंत प्रतिक्रिया व्यक्त कर दी।

बेशक हर संयुक्त उद्यम वार्ता में सारी भारतीय कंपनियाँ इसी तरह पेश नहीं आतीं, कुछ का व्यवहार भिन्न भी रहता है, पर मैंने यह उदाहरण इसलिए चुना ताकि दोनों दृष्टिकोणों का अंतर स्पष्ट हो सके और सर्वसम्मति से निर्णय लेने के लाभ उजागर हो सकें।

ऐसे संकल्प कीजिए जो पूरे भी हो सकें

नववर्ष नजदीक आने के साथ ही एक नई तरह की गणना शुरू हो जाती है। तभी आप योजना बनाते हैं कि इस बार मोटापा घटाने का या धूम्रपान छोड़ने का प्रयास करना है या फिर व्यायाम का ही समय बढ़ा देना है।

कहना न होगा कि आप पहले भी ऐसी योजनाएँ निश्चित रूप से बना चुके होंगे। लेकिन आपके तमाम संकल्पों के बावजूद सर्दियाँ समाप्त होने से पहले ही वे बिसर भी चुकी होती हैं। तो क्या नए साल के आने के साथ किए जानेवाले ये संकल्प बेकार होते हैं?

'बिल्कुल नहीं,' कहना है उन लोगों का, जिन्हें इस क्षेत्र की जानकारी है। उनके अनुसार, ज्यादातर संकल्प उचित सोच-विचार और सुनिश्चित कार्यान्वयन के अभाव में दम तोड़ते हैं, और यह स्थिति ऐसा कोई संकल्प न करने से भी बदतर है। नए वर्ष पर लिए गए व्रत पर कैसे अडिग रहें, इस बारे में विशेषज्ञों की राय इस प्रकार हैं :

नए साल का आगमन आत्मोत्थान का बढ़िया अवसर है

पहले से योजना बनाएँ

'अकसर लोग तत्क्षण निर्णय कर लेते हैं और यह विचार भी नहीं करते कि वे इस पर अमल भला किस तरह करने जा रहे हैं।' कहना है वाशिंगटन विश्वविद्यालय के प्रोफेसर जी. एलन मार्लट का। साल के अंतिम दो सप्ताह अपनी उन आदतों को पहचानने के लिए आदर्श होते हैं, जिन्हें आप बदलना

चाहते हैं। फिर इसके अच्छे-बुरे का भी हिसाब लगाएँ। मोटापा घटाने के लिए खाना कम करने का लाभ होगा 'स्वास्थ्य और शरीर-सौष्ठव'। इसका नुकसान होगा 'दूसरों को तर माल खाता देख अपना मन खट्टा होना'। सावधानी से लाभ-हानि की तुलना करें। क्या लाभ आपको ये सारी परेशानियाँ उठाने के लिए प्रेरित करते हैं? अगर नहीं, तो फिलहाल संकल्प की बात टालना ही अच्छा है।

एक बार निश्चय कर लेने के बाद उसे लिखकर रख लीजिए। इसके लिए शब्दों का चुनाव करते समय आपके मन में यह सब और भी स्पष्ट होता है कि आप जो करने जा रहे हैं, उसे आखिर कैसे करेंगे?

यथार्थपरक लक्ष्य रखें

मार्लट ने ही कॉलेज के छात्र-छात्राओं से अपने निश्चय लिखने को कहा तो ज्यादातर ने औसतन तीन संकल्प लिखे, लेकिन कुछ ने दस-दस भी लिखे। उन लोगों ने आम तौर पर धूम्रपान छोड़ने, वजन घटाने और माता-पिता से बेहतर ढंग से पेश आने का निश्चय किया था। इसके बाद किए गए अध्ययन से यह निष्कर्ष निकला कि जिसने जितने ज्यादा निश्चय किए, उसके सफल होने की संभावना उतनी ही कम हो गई। 'एकदम ही सबकुछ बदल डालने की इच्छा पराभव के तत्त्व के लिए होती है,' कहते हैं मार्लट। अतः किसी एक महत्त्वपूर्ण चीज का लक्ष्य बनाना और पूरे मन से उसे पाने की कोशिश करना ही बेहतर है।

लक्ष्य सुस्पष्ट रखिए

अकसर नितांत अस्पष्ट-सा लक्ष्य निर्धारित कर लिया जाता है, मसलन 'मैं तो अपना बौद्धिक स्तर सुधारने की कोशिश करूँगा।' अब यह एक अमूर्त प्रक्रिया है। प्रभावी होने के लिए आप यह स्पष्ट कीजिए कि आप ठीक-ठीक करने क्या जा रहे हैं। यह मत कहिए कि 'मैं अधिक दोस्ताना व्यवहार करूँगा,' बल्कि कुछ ऐसा कहिए कि 'मैं रोज दफ्तर में सभी को नमस्ते करूँगा।' ऐसे स्पष्ट लक्ष्य से आप अपनी प्रगति को देख-परख सकेंगे।

आपके संकल्प में सिर्फ यही नहीं होना चाहिए कि आप क्या और क्यों करना चाहते हैं (मसलन, पूरा वेतन खर्च न करके घर बनाने के लिए पैसा बचाऊँगा), बल्कि यह भी होना चाहिए कि आप इसे हासिल कैसे करेंगे (मसलन, अधिक कमाईवाला काम तलाश करूँगा और बजट से ज्यादा खर्च नहीं करूँगा)। तभी आप लक्ष्य की तरफ बखूबी बढ़ सकेंगे।

सबसे पहले खुद को संतुष्ट कीजिए

सिएटल स्थित स्वास्थ्य अध्ययन केंद्र की मनोवैज्ञानिक स्यूजन करी धूम्रपान छोड़ने का निश्चय करनेवालों को दो वर्गों में बाँटती हैं : अपने मन से छोड़नेवाले और दूसरों यानी पत्नी वगैरह के कहने से छोड़नेवाले। अचरज नहीं कि अपने मन

से धूम्रपान छोड़ने का निश्चय करनेवालों में से ही ज्यादा लोग सफल हुए हैं।

करी कहती हैं कि यह बात आम तौर पर सभी निश्चयों पर लागू होती है। माँ-बाप के दबाव के चलते एक छात्र ने लगातार दो वर्षों तक निर्णय किया कि वह ज्यादा मेहनत से पढ़ेगा। लेकिन माँ-बाप के लाख दबाव के बावजूद उसके अंक पहले-जैसे ही रहे। आखिरकार जब उसने खुद ही अच्छा कर दिखाने की ठानी, तो उसके अंक एकदम से बढ़ गए।

मदद भी माँग लीजिए

अपने निश्चय को जगजाहिर कीजिए। अपने दोस्तों और परिवार में घोषणा कीजिए कि आप खर्च कम कर रहे हैं या नई नौकरी तलाश कर रहे हैं। ओरेगन अनुसंधान संस्थान के एडवर्ड लिंकटेंस्टाइन ने सफलतापूर्वक धूम्रपान छोड़नेवालों के बारे में अध्ययन किया तो पाया कि उनमें से 35 फीसदी ने दूसरों से कह दिया था कि वे धूम्रपान छोड़ रहे हैं।

मार्लट की तो सलाह यह है कि अपने निश्चय की सिर्फ घोषणा-भर मत कीजिए—अपने करीबी लोगों को यह भी बताइए कि इसमें वे लोग किस तरह से आपकी मदद कर सकते हैं। आप चाहते हैं कि वे आपको गलती पर टोकें, तो यही उनसे कह दें। बंगलौर के एक व्यक्ति ने निश्चय किया कि हफ्ते में तीन शाम व्यायाम करेगा। उसने अपनी पत्नी से कहा कि तुम सिर्फ इस बात का खयाल रखना कि इन तीन शामों में कोई और कार्यक्रम तय न हो। बदले में वह अपनी पत्नी को हफ्ते में एक रात खाना खिलाने बाहर ले जाने लगा।

विकल्प भी बनाइए

एक बुरी आदत छोड़ने का निश्चय करना मुश्किल है, जबकि इसकी तुलना में कोई अच्छा काम करने का निश्चय पूरा करना आसान है। उन्हीं संकल्पों को ज्यादा सफलता मिलती देखी गई है, जिनमें इन दोनों बातों का मेल होता है।

एक कार्यपालक ने अपना वजन घटाने का फैसला किया, तो उसने दूसरा निर्णय रात के खाने से पहले घर पहुँचकर कुछ न खाने का भी किया। उसने किरमिच के जूते खरीदे और दफ्तर से घर तक के 40 भवनों की दूरी पैदल नापने लगा। इससे व्यायाम तो निश्चित हुआ ही, वह घर भी ऐसे समय पहुँचने लगा कि खाने से पहले कुछ खाने का अवसर ही न आता।

अपनी चौकीदारी आप कीजिए

आप हर हफ्ते एक किताब पढ़ने का निश्चय करते हैं, तो इसे लिखकर अपने टीवी-सेट पर चिपका दें। आप देर रात का खाना बंद करना चाहते हैं, तो इस निश्चय को लिखकर फ्रिज पर चिपका दें। अपना वजन 10 किलो कम करने का निश्चय करनेवाली हैदराबाद की एक महिला ने एक मॉडल की तस्वीर के ठीक

ऊपर अपनी तस्वीर चिपका ली। इस तुलना ने उसे अपना वजन घटाने में भारी मदद की।

नकारात्मक व्रत मत कीजिए

'जब तक कर्ज नहीं चुक जाता, मैं नए कपड़े नहीं खरीदूँगा,' ऐसा निश्चय निश्चित रूप से असफल होनेवाला है। जब भी कहीं आपको 30 फीसदी छूटवाला स्वेटर बिकता दिखता है तो उसे खरीदते ही आपको अपना संकल्प टूट गया लगता है। सो ऐसा बजट बनाना बेहतर है जिसमें कभी-कभार ऐसे छिटपुट खरीदारी की भी गुंजाइश रहे।

ऐसे ही, पहली जून तक 25 किलो वजन घटाने का निश्चय 31 दिसंबर को करना भी व्यावहारिक नहीं है। दूर की तारीख का लक्ष्य टालूपन ला देता है। अतः बेहतर है कि पहली फरवरी तक चार किलो वजन घटाने-जैसा लक्ष्य सामने रखें।

फिर ऐसे यथार्थवादी लक्ष्यों के साथ भी लोभ और ढील रोकने की रणनीति अपनानी जरूरी है। धूम्रपान छोड़नेवाला एक व्यक्ति तलब उठने पर उस दौरान टाइप करना शुरू कर देता था।

मैदान मत छोड़िए

हर दिन नया दिन होता है और किसी भी दिन से अपना नया वर्ष शुरू कर सकते हैं। आखिर सरकार अपना वित्त-वर्ष अप्रैल से और रिजर्व बैंक अपना बैंक-वर्ष जुलाई से शुरू करता ही है। लिहाजा 15 फरवरी को भोजन कम करने के अभियान में कसर रह जाए तो 16 फरवरी से ही उसे फिर से लागू कर दीजिए। जब आपका मन खराब हो और आप बच्चों पर बिगड़ पड़े हों तो फिर उन्हें प्यार करने के लिए भी आप अगली जनवरी तक तो नहीं रुका करते न!

नववर्ष का आगमन आत्मोत्थान के लिए बढ़िया अवसर है। यह नई आशा, नए उत्साह का समय है। 'नववर्ष शुभ हो'—कहने-सुनने के तत्काल बाद आपको कहना चाहिए कि 'मैं निश्चय करता हूँ कि…' और इस बार तो आप यह भी जानते हैं कि इस पर अडिग कैसे रहना है।

●●●